高等学校创新性数智化应用型经济管理规划教材（金融系列）

总主编 / 李雪　　主审 / 徐国君

王国娜 ◎ 主编

谭晨　张军花 ◎ 副主编

风险管理

立信会计出版社
LIXIN ACCOUNTING PUBLISHING HOUSE

图书在版编目(CIP)数据

风险管理 / 王国娜主编. —上海：立信会计出版社，2024.1
ISBN 978-7-5429-7514-0

Ⅰ.①风… Ⅱ.①王… Ⅲ.①风险管理 Ⅳ.①F272.35

中国国家版本馆 CIP 数据核字(2024)第 008156 号

策划编辑　方士华
责任编辑　方士华
助理编辑　王悠然
美术编辑　吴博闻

风险管理
FENGXIAN GUANLI

出版发行	立信会计出版社				
地　　址	上海市中山西路 2230 号		邮政编码	200235	
电　　话	(021)64411389		传　真	(021)64411325	
网　　址	www.lixinaph.com		电子邮箱	lixinaph2019@126.com	
网上书店	http://lixin.jd.com		http://lxkjcbs.tmall.com		
经　　销	各地新华书店				
印　　刷	上海华业装潢印刷有限公司				
开　　本	787 毫米×1092 毫米　　1/16				
印　　张	14.5				
字　　数	352 千字				
版　　次	2024 年 1 月第 1 版				
印　　次	2024 年 1 月第 1 次				
书　　号	ISBN 978-7-5429-7514-0/F				
定　　价	49.00 元				

如有印订差错，请与本社联系调换

总 序

　　教材是高校实现人才培养目标的重要载体,教材及教材建设对高校发展具有举足轻重的作用。与培养模式相对应的教材是培养合格人才的基本保证,是实现培养目标的重要工具。由于历史的原因,在财经类教材的出版方面,相关出版社出版研究型本科或者高职高专、中等职业等层次的教材较多,应用型本科教材较少。虽然近年来一些应用型本科教材也陆续出版,但总体而言,这些教材还是缺乏权威性、普适性、实用性、创新性。造成这种状况的原因主要在于:出版社对财经类应用型本科教材的出版还不够重视,没有进行有效的组织工作;财经类应用型本科院校多为新建院校,教材建设相对滞后,主观上也较愿意使用研究型本科教材;在教材使用中存在比较严重的混用现象,教材目标读者群不明确,如不少教材既适用于研究型本科院校又适用于应用型本科院校,或者既适用于本科院校又适用于高职高专院校。

　　由于目前财经类应用型本科教材种类和数量匮乏或质量欠佳,财经类应用型本科院校不得不沿用传统研究型教材。这些教材本身的质量很好、级别很高,但是并不适用于应用型本科院校的教学,教师和学生普遍反映不好用。即使在全国范围看,也还没有相对成套、成熟的适合财经类应用型本科院校的教材。现有教材存在的主要问题包括:①教材的定位和要求过高;②教材的内容偏多、难度偏大;③教材着重于理论解释,相关案例、实训等内容较少,缺乏普适性、实用性。

　　与此同时,信息技术的快速发展使学生的学习习惯和阅读习惯发生了改变,不断朝个性化、自主学习的方向发展,传统的单一纸质教材已经无法适应这种变化。翻转课堂、慕课、微课等网络课程的兴起,混合式教学的不断推进,也对立体化教材建设提出了新的要求。教材作为一种课堂上的教学工具、一种传播媒介,理应顺势而为,随课堂形式、学生学习方式的改变而改变,朝着数字化、立体化、可视化的方向发展。因此,编写适应学生水平、便于学生接受的立体化财经类应用型本科教材亟不可待。

　　我们组织具有多年应用型人才培养经验的优秀教师和实务界专家编写了这套教材。本系列教材有《会计基本技能》《出纳实务》《基础会计》《中级财务会计》《成本会计》《管理会计》《会计信息系统》《财务管理》《审计学》《高级财务会计》《商业分析》《税法》《经济法》《金融学》等品种。为了保证教材的质量,本系列教材聘请了知名高校的专家教授进行专门指导和审核。每本教材至少有一名本学科的知名专家或学科带头人提出审核指导意见,至少有一名高等院校教学一线的高级职称教师组织编写,至少有一名行业协会、实务界专家或教学研究机构人员提出编写建议。

　　本系列教材的特色如下。

1. 应用性

　　应用型本科的教材建设应坚持培养应用型本科人才的定位,充分吸收和借鉴传统的普通本科教材与高职高专类教材建设的优点和经验,以就业为导向,做到理论上高于高职高专类教材、动手能力的培养上高于传统的本科院校教材。本系列教材体现了应用型本科的定位,体现了素质教育和"以学生发展为本"的教育理念,遵循了高等教育教学基本规律,重视知识、能力和素质的协调发展,根据应用型人才培养模式对学生的创新精神、实践能力和适应能力的要求,在内容选材、教学方法、学习方法、实验和实训配套等方面突出了应用性特征。

2. 针对性

本系列教材的编写符合会计学、财务管理和审计学等专业的培养目标、培养需求、业务规格和教学大纲的基本要求,与各专业的课程结构和课程设置相对应,与课程平台和课程模块相对应。教材在结构纵横的布局、内容重点的选取、示例习题的设计等方面符合教改目标和教学大纲的要求,把教师的备课、试讲、授课、辅导答疑等教学环节有机地结合起来。

3. 立体化

本系列教材为立体化教材,实现了由传统纸质教材向"纸质教材+数字资源"的转变,通过技术手段将晦涩难懂的理论知识转变为直观的具体知识,以立体化、数字化的方式呈现,包括图文、动画、音频、视频等多种形式,生动、有趣且易懂,不仅可以激发学生的学习兴趣,还有利于教学效果的提升。

4. 趣味性

本系列教材注重趣味性,使用了大量的例题和案例,每章都加入了"思政育人""相关思考""延伸阅读"等内容,使读者能够加深理解,便于掌握相关内容。在案例、例题等的设计选用上重点突出趣味性,易于引发读者的共鸣。

5. 先进性

本系列教材反映了应用型会计人才教育教学改革的内容,能够反映学科领域的新发展。教材的整体规划、每一种教材的内容构建等均体现了创新性。教材还强调了系列配套,包括了教材、学习参考书、教学课件等。立体化教材在内容修订上更具有明显优势,线上资源可以随时根据政策法规、理论知识或工作实务等的变化进行调整,更有利于保持教材内容的先进性。

6. 基础性

本系列教材将打破传统教材自身知识框架的封闭性,尝试多方面知识的融会贯通,注重知识层次的递进,体现每一门科目的基本内容,同时在具体内容上突出实际运用能力,做到"教师易教,学生乐学,技能实用"。

7. 易于自学

自学能力是大学生的一项基本能力。学生只有具备了自主学习的能力,才能最终建立起终身学习的保障体系,这也是应用型本科人才培养的客观要求。应用技术型高校的生源素质与普通高校相比存在一定的差距,除了一部分是高考发挥失误的学生,还有一部分学生在学习习惯、基础知识等方面存在一定的欠缺,这就要求教材能够调动这部分学生的学习积极性,在理论方面尽量通俗易懂,在实践方面尽量采用案例式教学。为了有利于学生课后自主学习,本系列教材配套了学习指导书和教学课件。

因此，本系列教材的定位准确，特色明显，适用于应用型本科院校教学，容易得到学生和市场的认可，便于学生的自学和教师的教学。

"十四五"高等学校创新性数智化应用型经济管理规划教材凝聚了众多领导、教授和专家多年来的经验和心血。当然，由于我们的经验和人力有限，教材中难免存在不足，我们期待着各位同行、专家和读者的批评指正。我们将伴随着经济发展和会计环境的变迁不断修订教材，以便及时反映学科的最新发展和人才培养的最新变化。

本系列教材自2014年出版后，得到市场的认可，深受广大高校师生的欢迎。为了更好地回馈读者，本系列教材从2017年起启动第二版的修订工作，2019年启动第三版的修订工作，2021年启动第四版的修订工作。各种教材的修订版将陆续出版。我们会一如既往地做好教材修订和相关服务工作，希望广大读者对本套系列教材继续给予支持。

李 雪

2024年1月

前　言

本书为"十四五"高等学校创新性数智化应用型经济管理规划教材之一,具有应用性、针对性、立体化、趣味性、先进性、基础性和易于自学的特点,在充分吸收和借鉴传统的普通本科教材与高职高专类教材建设的优点和经验的基础上,以就业为导向,做到在理论上高于高职高专类教材,在实务操作能力的培养上高于传统的普通本科教材。

本书共九章,第一章至第三章对风险管理进行概括性介绍,从风险管理的产生、基本理论、组织与文化到风险管理流程进行论述;第四章至第九章分别阐述了企业的战略风险管理、财务风险管理、运营风险管理、市场风险管理、法律风险管理及金融风险管理。本书既可以作为普通高等教育金融类专业教材,也可以作为行业通识类图书供相关专业人员参考。

本书特点如下。

1. 与时俱进,紧跟发展

本书根据行业前沿发展及最新政策进行编写,重点研究企业经营管理过程中面临的各种风险及其应对措施。

2. 思政元素,融入教材

本书与课程思政深度融合,每章开篇均设有思政育人模块,并在各章节体现课程思政。同时,通过延伸阅读模块和思政育人模块相结合,培养学生遵纪守法,以及爱岗敬业的工作态度,增强学生在工作岗位中的自我认同感和职业道德修养。

3. 结构清晰,资源丰富

本书章节框架设置条理清晰,案例分析、参考数据、延伸阅读等资料时效性强、表述简洁、通俗易懂,更适合应用型高校教学使用。另外,各章均加入相应二维码,方便学生扫码获取电子阅读资料。

本书由王国娜担任主编,谭晨、张军花担任副主编,其他编写人员有张晓霞、韩雨淑、隋雪、闫婷婷、姜林。各章撰写具体分工如下：第一章由王国娜编写,第二章和第三章由张军花编写,第四章由谭晨编写,第五章由韩雨淑编写,第六章由姜林编写,第七章由闫婷婷编写,第八章由隋雪编写,第九章由张晓霞编写。

在本书编写过程中,我们参考了大量相关教材及论著,在此向有关作者表示感谢,同时,向对教材编写工作给予大力支持的李雪教授、徐国君教授致以诚挚的谢意。

在本书编写过程中,编者进行过多次讨论研究,力求内容编排合理、避免错误,若书中存在考虑不周、表述不妥当的地方,敬请读者批评指正。

编　者
2024 年 1 月

目 录

第一章　风险与风险管理概述 ·· 1
　第一节　风险概述 ··· 2
　第二节　风险管理概述 ··· 13
　本章小结 ··· 19
　本章重要概念 ··· 19

第二章　风险管理组织与文化 ·· 20
　第一节　风险管理组织 ··· 21
　第二节　风险管理文化 ··· 26
　本章小结 ··· 28
　本章重要概念 ··· 28

第三章　风险管理流程 ·· 29
　第一节　风险识别 ··· 30
　第二节　风险分析 ··· 38
　第三节　风险应对 ··· 45
　本章小结 ··· 52
　本章重要概念 ··· 52

第四章　战略风险管理 ·· 53
　第一节　战略概述 ··· 55
　第二节　战略风险概述 ··· 65
　第三节　战略风险识别 ··· 69
　第四节　战略风险评估 ··· 74
　第五节　战略风险应对 ··· 78
　本章小结 ··· 84
　本章重要概念 ··· 84

第五章　财务风险管理 ·· 85
　第一节　财务风险概述 ··· 87
　第二节　筹资风险管理 ··· 91
　第三节　投资风险管理 ··· 100
　第四节　并购风险管理 ··· 107

本章小结 ……………………………………………………………………… 117
　　本章重要概念 …………………………………………………………………… 117

第六章　运营风险管理 ……………………………………………………… 118
　　第一节　运营风险概述 ………………………………………………………… 119
　　第二节　组织架构风险管理 …………………………………………………… 123
　　第三节　人力资源风险管理 …………………………………………………… 126
　　第四节　采购业务风险管理 …………………………………………………… 135
　　第五节　研究与开发风险管理 ………………………………………………… 140
　　本章小结 ……………………………………………………………………… 144
　　本章重要概念 …………………………………………………………………… 144

第七章　市场风险管理 ……………………………………………………… 145
　　第一节　市场风险概述 ………………………………………………………… 146
　　第二节　市场风险分析 ………………………………………………………… 151
　　第三节　市场风险监测与控制 ………………………………………………… 170
　　第四节　市场风险经济资本配置 ……………………………………………… 179
　　本章小结 ……………………………………………………………………… 181
　　本章重要概念 …………………………………………………………………… 181

第八章　法律风险管理 ……………………………………………………… 182
　　第一节　法律风险概述 ………………………………………………………… 183
　　第二节　法律风险管理概述 …………………………………………………… 189
　　第三节　法律风险管理体系 …………………………………………………… 192
　　本章小结 ……………………………………………………………………… 200
　　本章重要概念 …………………………………………………………………… 200

第九章　金融风险管理 ……………………………………………………… 201
　　第一节　金融风险概述 ………………………………………………………… 202
　　第二节　金融风险管理方法 …………………………………………………… 211
　　本章小结 ……………………………………………………………………… 219
　　本章重要概念 …………………………………………………………………… 219

第一章　风险与风险管理概述

- 内容提要
- 重点难点
- 学习目标
- 知识框架
- 思政育人
- 第一节　风险概述
- 第二节　风险管理概述
- 本章小结
- 本章重要概念

内容提要

本章主要讲解了风险概述及风险管理概述,具体包括风险的产生、概念、特征、类型,企业风险的形成及类别,以及风险管理的产生、概念、目标等内容。

重点难点

本章重点为风险的概念、风险管理的概念、风险的特征、风险管理的目标等;难点为企业风险的形成及类别。

学习目标

通过本章学习,学生应理解并掌握风险的产生、概念、特征、类型,风险管理的产生、概念、目标等,从而对风险及风险管理有个初步的了解。

知识框架

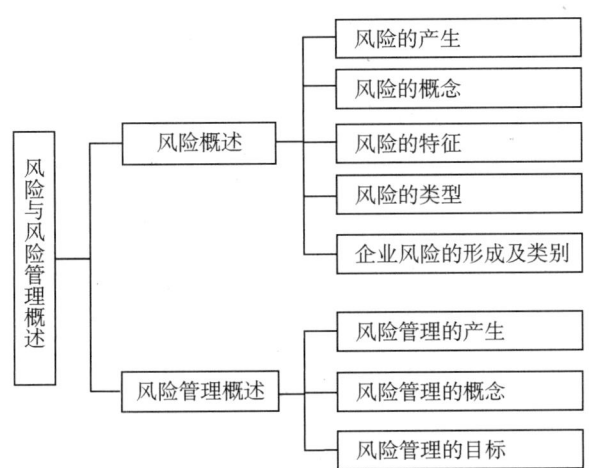

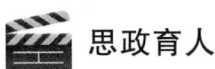 **思政育人**　　　　**增强忧患意识,居安思危**

2019年,美国对华为公司进行打击,对华为公司来讲,这是一个"生死存亡"的问题。它比华为公司的"冬天危机"更大,因为华为公司受到一个超级大国整个国家力量的打压。我们看一下华为公司是如何应对

风险的。

首先,我们分析华为公司是如何从业务上应对美国的打压的。第一,通过法律。华为公司在美国起诉美国政府,通过法律解决问题。第二,通过舆论。2019年,华为公司的创始人任正非接受采访的纪要文字数有几百万字,这就是通过舆论告诉全世界,华为公司不像美国政府描述的那样是一个盗窃知识产权、对世界有威胁的公司,它通过舆论把自己公司的真实情况告诉大家。第三,通过铁拳。华为公司需要提高自己产品的竞争力,使客户离不开华为产品,这就要求华为公司在技术上遥遥领先其他企业。这些都是从业务上应对风险的策略。

其次,华为公司趁机整理内部队伍。公司很多干部的奋斗精神已经消失,利用这次机会,公司提出,不管是高层干部还是普通员工,对工作懈怠的和能力平庸的都要下来,让有能力的人上位。华为公司借着美国这次打压,实现了队伍的换血,主动应对风险。其实不仅仅是华为公司,每个成功的企业都应该从风险里面找到正面要素,并且利用正面要素去预防下一次风险的发生。

从华为公司身上,我们看到企业必须增强忧患意识,居安思危,把自身做大做强,建立完善风险管控体系,预防规避风险。当风险真的到来时,也能够积极识别、应对风险,加强风险管理,为企业乃至整个经济的高质量发展提供保障。

资料来源:华为管理.华为风险管理案例及风险识别和管控措施[EB/OL].(2020-04-15)[2022-12-28]. https://www.shangyexinzhi.com/article/1685219.html.

第一节 风险概述

一、风险的产生

(一)"风险"一词的由来

"风险"一词由来已久,相传在远古时期,以打鱼捕捞为生的渔民们每次出海前都要祈求神灵保佑自己能够平安、顺利、满载而归。一旦出现大风并引起大浪,就有可能造成船毁人亡。捕捞活动使他们深刻认识到"风"会给他们带来无法预测、无法确定的灾难性危险,有"风"就意味着有"危险",这就是"风险"一词的由来。

可见,风险是一个与不确定性密切相关的事件。"风险"这一名词传承下来,延伸到许多领域。例如,用于投资方面,投资人可能收不回本金,意味着有投资风险;人吃东西不注意卫生,意味着有生病的风险。经济管理中的风险,是根据概率和概率分布的概念来进行计算的,是指一种特定的决策所带来的结果与期望的结果之间变动性的大小;系统工程学中的风险,是指用于度量在技术性能、成本进度方面达到某种目的的不确定性;指挥决策学中的风险,被理解为在不确定性的决策过程中,决策者所面临的无法保证决策方案实施后一定能达到所期望效果的危险。此外,还有医疗风险、安全风险、质量风险、战争风险、地震风险等。

(二)风险的形成

潜在的风险因素遇到"一定条件"后形成"风险事件",就会产生对目标的影响。其中"条件"至关重要,不具备一定的条件(客观和主观),风险是不会发生的。例如,"车祸"风险就是一个例子,车祸之所以会发生,不外乎三个因素条件:一是车本身的部件失灵出现故障,不能发挥它本身应发挥的功能,造成风险事故;二是开车司机违规操作或酒后驾车等,使车不能正常行驶,导致风险事故;三是外部条件的干扰,如大雨后发生洪水、泥石流或其他车辆违规行驶,使你的安全遭受侵害,受到风险事件的影响,使预期目标不能达到。

(三) 风险因素的转化

风险是事物本身所固有的,决定事物性质、面貌和发展的根本属性。风险的本质是不确定性,包括是否发生的不确定性、发生时间的不确定性和影响后果的不确定性。这种不确定性表现为潜在风险因素转化为风险事件和影响后果的不确定性。要认清风险的本质就必须深入分析风险因素的转化条件、风险事件和风险后果三个概念。

1. 转化条件

转化条件也称风险条件或风险因素,是指促使和增加风险发生概率和严重程度的因素。它是风险事件发生的重要原因,是造成后果的内在或间接原因。例如,开车前不认真检查车况、开车时不遵守交通规则、酒后驾车等都是增加车祸发生可能性和后果严重程度的条件。构成风险转化条件的因素越多,风险事件发生的概率及后果严重程度就越大。

转化条件根据其性质,可以分为有形条件和无形条件。

(1) 有形条件。它是指直接影响事物物理功能的物质性风险转化条件,又叫实质性的风险条件。例如,建筑物的结构及消防设施的分布等,对火灾来说就属于有形的风险转化条件。木质结构的房屋就比钢筋水泥结构的房屋发生火灾的可能性大。同类结构的房屋,一旦发生火灾,消防设施配置完善的房屋就会比配置不完善的的房屋损失要小得多。可见,建筑物的结构对风险发生的概率有影响,消防设施的配置虽然对损失发生的概率不发生作用,但可以影响发生损失的程度。

(2) 无形条件。它是指文化、习俗和生活态度等非物质的、影响风险事件发生可能性和后果的条件,它还可进一步分为道德风险条件和心理风险条件。

道德风险条件是与人的品质修养有关的无形因素,是指人们通过不诚实、不良企图、欺诈等行为,故意促使风险事故发生,或扩大已发生风险事故所造成的损失和条件,如欺诈、盗窃、抢劫、贪污等。对于在路上驾驶汽车的司机来说,故意违规就属于道德风险条件。

心理风险条件是与人的心理状态有关的无形因素,是指由于人的不注意、不关心、侥幸等心理,这会增加风险事故发生的概率和损失程度,如企业或个人投保了财产保险后放松对保险财产的保护措施等。

道德风险条件和心理风险条件均与人的行为有关,所以人们常将两者合并为人为风险条件。由于无形条件看不见摸不着,具有很大的隐蔽性,在许多情况下,等到人们发现,已经酿成了不良后果。通过分析诸多巨大风险事故可以发现,主要责任人的心理风险因素(或称风险条件)是一个重要原因。因此,在对风险进行管理时,不仅要注意防范有形风险的转化条件,而且还要切实关注防范无形隐患。

2. 风险事件

风险事件也称风险事故,是造成风险的偶发事件。它是潜在风险因素通过条件转化为风险后果的直接或外在的原因,是使风险造成后果的可能性转化为现实的媒介,是潜在风险形成风险后果的中间环节。风险只有通过风险事件的发生,才有可能导致风险后果。例如,酒后驾车造成车祸与人员伤亡,其中酒后驾车就是风险的转化条件,车祸就是风险事件。

有时风险条件与风险事件很难区分,某一事件在一定条件下是风险条件,在其他条件下则为风险事件。假如下冰雹造成路滑,引发车祸,这时冰雹就是风险条件,车祸是风险事件,若冰雹直接砸伤人,则它就是风险事件。因此,导致后果的直接原因是风险事件,间接原因是风险条件。

3. 风险后果

风险后果是指风险事件发生后形成的结果。从性质上看,后果具有"两重性",即机会与威胁。从表现形式上看,风险后果包括:一是能够以货币衡量的经济后果(收益或损失);二是无法用货币来衡量的后果(声誉或商誉)。后果又往往是非故意的、非预期的和非计划性的,影响后果还可分为直接影响后果和间接影响后果。直接影响后果是指直接引起的破坏或益处,包括后续效应和收入损失等,间接影响后果是风险后果的再生连带影响后果,如城楼失火殃及池鱼。

延伸阅读 1—1

透过政府工作报告看风险

2014—2022年,"风险"逐步成为政府工作报告的高频词,反映了中央对风险的重视程度持续提升,也折射出风险观念的变迁。其主要分为三个阶段。

一、2014—2017年,对风险的重视程度持续提升,主要关注金融风险隐患

在2014年的政府工作报告中,"风险"只出现了4次,主要是针对债务风险和金融风险而言,以"防范"为主旋律;2015年,"风险"出现的次数增长到8次,开始在防范的基础上强调"化解风险",强调要坚守住不发生系统性风险这一底线;2016年,"风险"出现次数达到了11次,首次出现"风险挑战"这一词汇,虽然还是强调金融领域风险,但是这两字的出现可以说是一个转折点,标志着它已经上升为一种长期挑战而非隐患。

二、2018—2019年,对风险的关注度进一步提升,着力强调应对风险挑战

在2017年的政府工作报告中,"风险"出现的次数多达14次,开始将"国内外诸多矛盾叠加、风险隐患交汇的严峻挑战"作为报告的开篇,强调2016年国际金融市场波动加剧、地区和全球性挑战突发多发;国内结构性问题突出、风险隐患显现、经济下行压力加大的多重困难等,说明风险已经不仅仅局限于金融部门,而是扩展到整个内外部经济系统中。2018年,不仅"风险"出现了20次,而且开始更多强调风险的"固有属性"。正如报告中说的:"我国经济正处在转变发展方式、优化经济结构、转换增长动力的攻关期,还有很多坡要爬、坎要过,需要应对可以预料和难以预料的风险挑战。"这一时期,政府开始把风险作为一种不得不面对的因素来看待,进一步凸显要在发展过程中科学地看待不确定性。2019年,"风险"二字出现了史无前例的24次,较5年前跃升了6倍,而且在政府工作报告中第一次提出了"当今世界面临百年未有之大变局"。

三、2020—2022年,直面重大风险挑战,以趋于常态化的视角应对风险

2020年,全球遭遇重大非连续性挑战,我国的政府工作报告的表述方式也发生了巨大变化,全篇1万余字,开篇就是直面风险挑战,此后更在关键位置6次提到了风险,2020年的报告中有一段很特别的内容,反映了风险、机遇、优势和信心的关系。"当前和今后一个时期,我国发展面临风险挑战前所未有,但我们有独特政治和制度优势、雄厚经济基础、巨大市场潜力,亿万人民勤劳智慧。只要直面挑战,坚定发展信心,增强发展动力,维护和用好我国发展重要战略机遇期,当前的难关一定能闯过,中国的发展必将充满希望。"2021年和2022年的政府工作报告回归了正常模式,其中风险分别被提及了11次和14次。除了传统分析,报告更加强调要居安思危,增强忧患意识,事不畏难、责不避险,有效防范化解各种风险隐患。

资料来源:嘉天.透过报告看风险——2022年政府工作报告学习与研究[EB/OL].(2022-04-02)[2022-12-25]. https://zhuanlan.zhihu.com/p/482485379.

二、风险的概念

(一) 风险概念的演变

风险是人们熟悉的概念,虽然人们经常使用"风险"这一词语,但是不同学科、不同工作

领域的人对风险的理解是有差异的。一般而言,风险常常与不确定性和损失性相联系。不确定性不一定就是风险,风险一定是不确定性或者可能性。风险与危险也有一定的区别,危险是可能更大的破坏性损失,带有强烈的价值判断,是人们拒斥的可能性后果。但是,如果对风险管理和利用得当,也会带来收益,正是如此才有投机风险。投机风险是指既能造成损失又可能产生收益的风险,投机风险所导致的损失是相对的,即某人虽然遭受损失,他人却可能因此而盈利,就整个社会而言,既无损失又没盈利。进而言之,对于不同的主体和领域来说,风险和收益往往是相对的:对于一些人是风险,对于另外一些人则可能是收益;对于一个领域是风险,对于另一个相关领域则可能是收益。

人类通过实践活动对风险的认识与理解也在不断地深入与发展,通常从以下三个角度对其进行考察和衡量:一是风险与人有目的的活动有关,人类从事某项活动,总是希望能够趋利避害,获得一个好的结果;二是风险同行动方案的选择有关,对于一项活动,总是有多种行动方案可供选择,不同的行动方案所面临的潜在风险是不同的;三是风险与事物的未来变化有关,当客观环境或者人们的思想意识发生变化时,面临的风险也会发生变化,其活动的结果也会有所不同。如果世界永恒不变,人们也不会有风险的概念。

企业在实现其目标的经营活动中,会遇到各种不确定性事件,这些事件发生的概率及其影响程度是无法事先预知的,这些事件将对经营活动产生影响,从而影响企业目标的实现程度。这种在一定环境下和一定限期内客观存在的、影响企业目标实现的各种不确定性事件就是风险。简单来说,风险是在特定的时间内和一定的环境条件下,人们所期望的目标与实际结果之间的差异程度。

有些学者认为,风险是生产目的与劳动成果之间的不确定性,大致有两层含义:一层含义强调风险表现为收益的不确定性。而另一层含义则强调风险表现为成本或代价的不确定性,若风险表现为收益或者代价的不确定性,说明风险产生的结果可能带来损失、获利或是无损失也无获利,属于广义的风险,金融风险属于此类;而风险表现为损失的不确定性,说明风险只能带来损失,没有从风险中获利的可能性,属于狭义的风险。风险和收益成正比,所以一般积极进取的投资者偏向于高风险是为了获得更高的利润,而稳健型的投资者则着重于安全性的考虑。

总之,学术界对风险的界定有多种说法,主要可归纳为三种学说:第一种是风险客观说。持该观点的学者认为,风险是客观存在损失的不确定性,因而风险是可以预测的,在对风险事故进行了足够观察的基础上,我们可以用客观概率对这种不确定性进行较为科学的描述和定义,并且用量(价值)来衡量各种结果。第二种是风险主观说。持该观点的学者虽然承认风险的不确定性,但认为风险主要来自主观因素。因为个体对未来不确定性的认识与估计,因个人的知识、经验、精神和心理状态等主观因素的不同而有所差异,不同的人对同样的事物(风险)会作出不同的判断。如赌博中的"押宝"风险、股票选购风险,经常出现各种不同的猜测,到头来都是几家欢乐几家愁。因此,风险的所谓不确定性是来自主观因素。第三种是风险因素结合说。持该观点的学者着眼于风险产生的原因与结果,认为人类的行为是风险事件发生的重要原因之一,风险是个人和风险因素的结合体,风险事件的发生及其后果与人为因素有着极为复杂的互动关系。风险是客观存在的,而且在时机、条件成熟时才会发生"风险事件",对目标带来影响,且影响程度也具有不确定性。

（二）国际标准化组织对"风险"的定义

2009年11月15日，国际标准化组织召开会议，有130多个国家的代表参加，与会代表对"风险"的概念进行投票表决后，正式发布了ISO31000：2009《风险管理原则与实施指南》等标准，明确指出风险是不确定性对目标的影响，是对风险主体目标的影响。该定义是人类对"风险"这一古老概念的最新认识和理解的总结与概括。

对这一权威的"风险"定义，可从以下五个方面加深理解：

（1）影响是指偏离预期目标的差异。影响可以是正面的也可能是负面的，前者称为"机会"，后者称为"威胁"，这颠覆了风险全是负面性影响的传统观念。

（2）目标包括多方面和多层面。前者如财务、健康、安全、环境等方面，后者如战略、组织、项目、产品和过程等层面。

（3）风险具有潜在特征。在风险没有充分暴露出来时，对它难以肯定与否定，包括事件、发生可能性及后果，或三者结合。

（4）风险通常用事件后果和事件发生可能性结合来表示。

（5）不确定性是指对与事件的后果及发生可能性有关的信息及完整状态缺乏了解。对事件是否发生及事件后果如何，不能肯定或否定，只能用概率来反映认识的程度。

三、风险的特征

1-1 风险的含义及特征

（一）客观性

风险是客观存在的自然现象和社会现象所引起的。自然界的地震、洪水、雷电、暴风雨等是自然界运动的表现形式，甚至可能是自然界自我平衡的必要条件。自然界的这种运动形成自然灾害，给人类造成生命和财产损失，因而对人类构成风险。自然界的运动是由其运动规律所决定的，而这种规律是独立于人的主观意识而存在的。人类只能发现、认识和利用这种规律，而不能改变它。同样，战争、冲突、车祸、失误和破产等是受社会发展规律支配的。人们可以认识和掌握这种规律，预防意外事故，减少其损失，但终究不能完全消除其影响。因此，风险是一种客观存在，而不是人的头脑中的主观想象。人们只能在一定的范围内改变风险形成和发展的条件，降低风险事故发生的概率，减少损失程度，而不能彻底消除风险。

（二）偶然性

从全社会看，风险事故的发生是必然的。然而，对特定的个体而言，遭遇风险事故则是偶然的，这就是风险的偶然性。风险的偶然性是由风险事故的随机性决定的：其一，风险事故发生与否不确定。例如，就全社会而言，火灾的风险未能消除，这使所有经济单位都面临火的风险，但具体到某一家庭或企业，火灾是否发生，就未必了。其二，风险事故何时发生不确定。其三，风险事故将会怎样发生，将导致多大损失，也是不确定的。例如，我国每年基本都有水灾，但就特定的年份而言，水灾发生在哪一地区、造成多少财产损失、人身伤亡几何，都是不确定的。

（三）可变性

世间万物都处于运动、变化之中，风险更是如此。风险的变化，有量的增减，也有质的改变，还有旧风险的消失与新风险的产生。风险的变化主要是由风险因素的变化引起的。

四、风险的类型

(一) 按照风险性质划分

1. 纯粹风险

纯粹风险是指只有损失机会而无获利可能的风险。例如,房屋所有者面临的火灾风险、汽车主人面临的碰撞风险等,当火灾或碰撞事故发生时,他们便会遭受经济利益上的损失。

2. 投机风险

投机风险是相对于纯粹风险而言的,是指既有损失机会又有获利可能的风险。投机风险的后果一般有三种:一是没有损失;二是有损失;三是盈利。例如,在股票市场上买卖股票,就存在赚钱、赔钱、不赔不赚三种后果,因而属于投机风险。

1-2 纯粹风险和投机风险的区别

(二) 按照风险标的划分

1. 财产风险

财产风险是指导致一切有形财产的损毁、灭失或贬值的风险。例如,厂房、机器设备、成品、家具等会遭受火灾、地震、爆炸等风险;船舶在航行中可能会遭受沉没、碰撞、搁浅等风险。财产损失通常包括财产的直接损失和间接损失两方面。

2. 人身风险

人身风险是指导致人的伤残、死亡、丧失劳动能力,以及增加医疗费用支出的风险。例如,人会因生、老、病、死等生理规律和自然、政治、军事等原因而早逝、伤残、工作能力丧失或年老无依靠等。人身风险所致的损失一般有两种:一种是收入能力损失;另一种是额外费用损失。

3. 责任风险

责任风险是指个人或团体因疏忽或过失行为造成他人财产损失或人身伤亡,依照法律、契约或道义应承担的民事法律责任的风险。

4. 信用风险

信用风险是指在经济交往中,权利人与义务人之间,一方违约或违法致使对方遭受经济损失的风险。例如,在进出口贸易中,出口方(或进口方)会因进口方(或出口方)不履约而遭受经济损失。

(三) 按照风险行为划分

1. 特定风险

特定风险是指与特定的人有因果关系的风险,即由特定的人所引起的,而且损失仅涉及特定个人的风险。例如,个人因盗窃对他人财产损失所负的法律责任属于此类风险。

2. 基本风险

基本风险是指损害波及社会的风险。基本风险的起因及影响都不与特定的人有关,至少是个人所不能阻止的风险。与社会或政治及自然灾害有关的风险都属于基本风险,如地震、洪水、海啸、经济衰退等。

(四) 按照风险环境划分

1. 静态风险

静态风险是指在社会经济正常情况下,自然力的不规则变化或人们的过失行为导致损失或损害的风险。例如,雷电、地震、霜害、暴风雨等自然原因所致的损失或损害;火灾、爆炸、意外伤害事故所致的损失或损害等。

2. 动态风险

动态风险是指社会经济、政治、技术及组织等方面发生变动导致损失或损害的风险。例如，人口增长、资本增加、生产技术改进、消费者偏好的变化等。

（五）按照风险形成原因划分

1. 自然风险

自然风险是指自然力的不规则变化使社会生产和社会生活等遭受威胁的风险。例如，地震、风灾、火灾及各种瘟疫等自然现象导致的风险。在各类风险中，自然风险是保险人承保最多的风险。

自然风险的特征包括自然风险形成的不可控性、自然风险形成的周期性、自然风险事故引起后果的共沾性。因此，自然风险事故一旦发生，其涉及的对象往往很广。

2. 社会风险

社会风险是指个人或团体的行为（包括过失行为、不当行为及故意行为）或不作为使社会生产及人们生活遭受损失的风险。例如，盗窃、抢劫、玩忽职守及故意破坏等行为将可能对他人财产造成损失或人身造成伤害。

3. 政治风险（国家风险）

政治风险是指在对外投资和贸易过程中，因政治原因或订约双方所不能控制的原因，使债权人可能遭受损失的风险。例如，因进口国发生战争、内乱而中止货物进口；因进口国实施进口或外汇管制等导致的风险。

4. 经济风险

经济风险是指在生产和销售等经营活动中，受各种市场供求关系、经济贸易条件等因素变化的影响或经营者决策失误，对前景预期出现偏差等导致经营失败的风险。例如，企业生产规模的增减、价格的涨落和经营的盈亏等。

5. 技术风险

技术风险是指伴随着科学技术的发展、生产方式的改变而产生的威胁人们生产与生活的风险。例如，核辐射、空气污染和噪声等。

（六）按承担风险的主体划分

1. 个人与家庭风险

个人与家庭风险主要是指以个人与家庭作为承担主体的那一类风险。个人与家庭面临的风险主要有人身风险、财产风险、责任风险和信用风险等。

2. 团体风险

团体风险主要是指以企业或社会团体作为承担主体的那一类风险。企业或社会团体面临的风险主要有企业或社会团体的员工人身风险、财产风险、信用风险、投资风险、筹资风险、市场风险和责任风险等。

3. 政府风险

政府风险主要是指以政府作为承担主体的风险。

（七）按风险能否分散划分

1. 系统风险

系统风险是指由于政治、经济及社会环境等企业外部某些因素的不确定性而产生的风

1-3 系统性风险简介

险,它存在于所有企业中,并且是个别企业所无法控制,也无法通过多样化投资予以分散的风险。

2. 非系统风险

非系统风险是指由于经营失误、消费者偏好改变、劳资纠纷、工人罢工、新产品试制失败等因素的影响而产生的个别企业的风险。

延伸阅读1-2

经济形势严峻 多种风险并存

2022年,经济形势更加严峻,多种风险并存。在整体风险判断上,各方面风险陡然增加,世界经济复苏动力不足,大宗商品价格高位波动。在需求收缩、供给冲击、预期转弱三重压力的背后,经济增长压力是非常大的。可以说,这些风险因素加上市场和国际环境因素,给2022年的经济发展埋上了一层阴影。在具体风险层面,以下风险需要特别关注。

(1) 市场风险。相比2021年,2022年的政府工作报告在描述消费不足和投资困难的同时,增加了"出口压力",这样的措辞历年少见。说明我国2022年的进出口情况非常不乐观,报告还提到了能源供应的挑战,意味着电荒风险可能还会出现;输入性通胀严重,也说明物价上行的风险很高。

(2) 企业经营风险。2022年的政府工作报告仍然聚焦中小微企业的经营困难,与2021年一样没有提到大企业。

(3) 就业风险。2022年,政府工作报告对就业的描述是"稳就业任务更加艰巨",这比2021年"稳就业压力较大"的说法严峻了很多,毕竟又要新增1 100万毕业生,还要考虑新增的失业人员,确实挑战极大。

(4) 创新不足风险。这个提法是2021年政府工作报告第一次提出的,强调了关键领域创新能力不强,2022年对此的描述是"关键领域创新支撑能力"不强,说明当前的瓶颈在于科技创新领域的基础和技术,以及对国家战略的支撑力度不够。

(5) 财政和金融风险。这个风险同时提及地方财政和金融风险,因为两者无法切割,但是相比2021年"一些地方财政收支矛盾突出,防范化解金融等领域风险任务依然艰巨",2022年的措辞略有缓和,换成了"一些地方财政收支矛盾加大,经济金融领域风险隐患较多"。

(6) 社会治理层面的风险。该风险仍是民生领域的短板。但是2022年没有提到2021年提出的"生态环保任重道远"(2020年也没有提)。

(7) 政府工作中的问题。2022年的政府工作报告提出:"政府工作存在不足,形式主义、官僚主义仍然突出,脱离实际、违背群众意愿现象屡有发生,有的在政策执行中采取'一刀切'、运动式做法。少数干部不担当、不作为、乱作为,有的漠视严重侵害群众权益问题、工作严重失职失责。一些领域腐败问题依然多发。"

资料来源:嘉天.透过报告看风险——2022年政府工作报告学习与研究[EB/OL].(2022-04-02)[2022-12-15]. https://zhuanlan.zhihu.com/p/482485379.

五、企业风险的形成及类别

(一) 企业风险的形成

企业风险的形成有多方面原因,有内部原因,也有外部原因;有主观原因,也有客观原因。国内外学者一般都把风险的形成归因为自然影响和社会影响,其中社会影响又可以再分为政治、经济、社会、法律、人口、文化、技术等方面的影响。

经营企业可以说是市场经济条件下的一种风险经济,因此,从企业与市场关系来看,企业风险的形成主要有以下几个方面的原因。

1. 企业经营环境的不确定性

企业经营环境存在的不确定性是导致企业风险的直接原因。从总体上看,它包含社会政治的不确定性、政策的不确定性、宏观经济的不确定性和自然环境的不确定性。社会政治的不确定性主要是指社会的政治、法律、民族文化等因素的变化。一方面,各种政治观点、政治实力的对抗及不同宗教信仰的冲突等,都可能引起动乱、战争或政府的更迭,其结果可能造成企业生产经营活动的中断或经营条件的恶化;另一方面,社会生产关系的调整、制度的变更和规范的革新等不规则的变化会给企业经营环境带来一系列不确定性,也可能导致企业风险。另外,法律法规方面的不断变革,也成为企业风险的重要来源。

政策的不确定性是指有关国家各级政府的政策变化的不确定性给企业带来的风险,政府政策的不确定性越高,企业的风险也越高。例如,当国家出现通货膨胀时,政府往往采取紧缩货币的政策,减少货币投放、提高利率或中央银行再贴现率,利率发生变化势必给企业的经营带来一定的风险。

宏观经济的不确定性是指由国家经济政策和产业结构变化引起的经济形势的不确定性而产生的风险。宏观经济环境的变化主要包括产业结构、国内生产总值增长状况、出口额及其比例、人均就业率与工资水平、利率与汇率等方面。

自然环境的不确定性是指自然界的运动过程中呈现出来的不规则变化。例如,地震、洪水等,虽然自然科学技术很发达,但人们却无法完全准确地预测这些自然灾害会在何时发生。人们即使在资料相当充分的情况下,也只能作出局部判断,这些都会给企业带来风险。

2. 企业主观认识的不完整性

市场的主体是作为商品生产者的企业。市场本身并不完善,而身在其中的企业也会受其影响。自然和社会运动的不规则性、经济活动的复杂性及经营主体的经验和能力的局限性决定了人们不可能完全正确地预见客观事物的变化,因而企业风险不可避免。

从企业自身角度考察,企业运营中的人、财、物和供、产、销任一环节出现故障,如不能及时纠正,都可能使企业的经营活动无法进行。系统管理出现事故的地点、时间和程序是不可预测的。事实上,企业内部存在许多不确定性因素,如经营方向、生产运转、质量变动的不确定性,研究与开发、产品生命周期和员工行为的不确定性等。虽然主观上企业可以进行预测,但往往这些不确定性交叉存在,增加了企业决策者甄别和防范风险的难度。

人是多样化的,每个人对风险的认识都有所不同,面对风险时作出的反应也不相同。人们的认识与态度不同,因此不确定性也因人而异。某个人认为存在不确定性的事,另一人可能觉得是确定;同一件事,对一个人不确定性程度可能较高,对另一人不确定性程度可能较低。由此可见,人们主观上认识的不完整性主要是源于个体的认识水平。

3. 企业资金控制能力的有限性

不论是小企业还是大企业,对其资金的控制能力都是有限的。如果一家企业有充分的资金,即使发生风险损失也是不足为惧的。但在当今社会,企业对资金的控制能力是很脆弱的。虽然一些大企业控制的资金很庞大,但一旦发生风险损失,资金就会在一夜之间化为乌有。

4. 其他因素

(1) 市场经济运行的复杂性。社会生产和再生产过程的各个环节及与之相应的所有经济活动的运行是极其复杂的,特别是在市场经济条件下,其更加呈现出自身的不规则性,这些导致的不确定性不可避免地引起企业的一些风险。行业结构在变动,存在着产品市场的不确定性及竞争的不确定性。

(2) 商品的双重性。由于两者之间存在一定的差距,与此相联系的市场风险的性质、范围、时空跨度和层次也会不断深化。

(3) 科学技术的发展。自工业革命以来,人类社会在科学技术的推动下得到了突飞猛进的发展,不但生产和创造出了前所未有的大量物质财富,还建立了高度复杂的组织体系以及相应的社会文化和思维方式。然而,科技的发展及人们对科技的依赖却在某种程度上增加了人类社会受到科技带来的负面影响的可能,现代科技的风险既来自高科技、新技术发展带来的不确定性,又来自现代社会人们对科技的高度依赖带来的风险。

(二) 企业风险的类别

风险作为一种自然现象,同时也是一种社会和经济现象,普遍存在于社会中,无论是个人、社会还是其他组织都面临着各种各样的风险。在市场经济条件下,企业作为社会经济活动的基本单位,总是在不同的风险条件下生存和发展,时刻面临着各种风险的威胁。为有效地预测风险、控制风险,我们需要对风险进行适当的分类,以明确风险形成的原因,对不同的风险采取相应的防范措施,达到风险管理的目的。企业风险的内容极其广泛,这决定了其分类的复杂性。

从企业管理的角度来看,风险广泛存在于企业生产经营过程中,涉及企业的战略、财务、经营、金融等诸多方面,企业风险可以分为如下四大类别。

1. 战略风险

战略风险是指实现企业战略目标所需要的条件不充分或是不存在而导致企业战略目标无法实现的可能性。

2. 财务风险

财务风险与企业资金的筹措、运用、管理及安全密切相关。它是指在企业各项财务活动中,各种难以预料或控制因素导致财务状况具有不确定性,从而使企业蒙受损失的可能性。其具体包括以下几个方面:

(1) 流动资产风险。流动资产风险是指企业资金流出与流入在时间上不一致所形成的风险。当企业的流动资产出现问题时,无法满足日常生产经营、投资活动的需要,或无法及时偿还到期的债务时,可能会导致企业生产经营陷入困境,收益下降,也可能给企业带来信用危机,使企业形象和声誉遭受严重损害,最终陷入财务困境,甚至破产。

(2) 筹资风险。筹资风险是指在企业筹资活动中,由于资金供需市场、宏观经济环境的变化或筹资结构、币种结构、期限结构等因素给企业财务成果带来的不确定性。资金是企业生产经营活动的必备条件,任何企业在其创立、发展过程中都需要通过一定的渠道、方式来筹集所需资金。随着金融市场体系的不断完善,资金来源呈现多元化,筹资方式呈现多样化。筹资方式包括债务筹资方式与股权筹资方式。在企业的债务筹资过程中,受固定利息负担和债务期限结构等因素的影响,若企业经营不佳,特别是投资收益率低于债务利息率时,可能面临不能按时还本付息破产的风险。在股权筹资过程中,企业通过发行股票方式吸收投资者投入的资金,形成企业的股权性资本,当企业投资收益不能满足投资者的收益目标时,投资者就会抛售公司股票,造成公司股价下跌。同时,这种情况也会使企业再筹资的难

1-4 筹资风险的原因分析

度加大,筹资成本上升。特别是在经营出现困难时,企业极易成为竞争对手的收购对象,面临着被收购的风险。

3. 经营风险

经营风险是指由于企业生产经营方面的不确定性而使企业收益产生变化的可能性。其主要包括以下几个方面:

(1) 生产风险。生产风险主要来源于生产过程中要素的不确定性。在生产过程中,企业对所拥有的原材料、存货、机器设备等经济资源的配置和使用,会随着生产经营的不断变化而进行调整,使企业预期收益具有不确定性。

(2) 人力资源风险。人力资源风险是指在招聘、工作分析、职业计划、绩效考评、工作评估、薪金管理、福利、激励、员工培训、员工管理等人力资源管理的各个环节中产生的风险。

(3) 市场营销风险。市场营销风险是指在企业开展市场营销活动过程中,不利的环境因素导致市场营销活动受损甚至失败的状态。企业在开展市场营销活动过程中,必须分析市场营销可能出现的风险,并努力加以预防,设置控制措施和方案,最终实现企业的营销目标。

(4) 信用风险。信用风险是指债务人或交易对手未能履行合同所规定的义务或信用质量发生变化,影响金融价值,从而给债权人或金融产品持有人造成经济损失的风险。

(5) 新产品开发风险。新产品开发风险是企业对新产品开发的内外部环境不确定性估计不足或无法适应,或对新产品开发过程难以有效控制而造成的新产品开发失败的可能性。

(6) 投资风险。投资风险是指在企业投资活动中,各种难以预计或控制因素的影响给企业财务成果带来的不确定性,致使投资收益率达不到预期目标而产生的风险。通常,投资项目是决定企业收益和风险的首要因素,不同的投资项目往往具有不同的风险,包括对内投资项目风险和对外投资项目风险,它们对公司价值和公司风险的影响程度也不同。

企业的对内投资项目包括固定资产、流动资产等有形资产的投资和高新技术、人力成本等无形资产的投资。在投资过程中,投资决策不科学、投资所形成的资产结构不合理往往会导致投资项目不能达到预期效果,从而影响企业盈利水平和偿债能力,产生财务风险。尤其是巨额固定资产和无形资产投资的风险,对企业的影响时间短则几年,长则几十年,甚至会使企业最终破产倒闭。

企业的对外投资是指在企业投资其他有关单位,或购买有价证券等金融资产的过程中,被投资企业收益的不确定性导致投资企业对外投资收益的不确定性,使企业遭受财务成果损失的风险。并购也是投资的一种,企业并购中未来收益的不确定性造成的未来实际收益与预期收益之间的偏差即并购风险。

4. 金融风险

(1) 利率风险。利率风险是指利率波动引起的对未来收益、资产或债务价值的波动性或不确定性可能导致的损失。

(2) 汇率风险。汇率风险又称外汇风险,是指经济主体在持有或运用外汇的经济活动中,因汇率波动而蒙受损失的可能性。

延伸阅读1-3

雷曼兄弟缘何破产

雷曼兄弟成立于1850年,是全球主要的投资银行之一。其业务包括资本市场、投资银行和投资管理,服务于机构、企业、政府和具有高度价值的个人客户。但其终没逃过被次贷危机击溃的厄运。2008年,雷曼兄弟持有的巨量与住房抵押贷款相关的"毒药资产"在短时间内价值暴跌,雷曼兄弟2008年2季度总资产为6 394亿美元,而负债为6 132亿美元,净资产仅为262亿美元。而之前的两大竞购者英国巴克莱银行和美国银行也放弃了对雷曼兄弟的收购计划,无奈之下的雷曼兄弟不得不提交了破产申请。

理查德·福尔德(Richard Fuld)自1994年担任雷曼CEO。他拯救了陷于亏损的雷曼兄弟,也带着雷曼兄弟走向没落。那么,公司治理层面究竟发生了哪些问题?

第一,董事会丧失了对风险管理的监督能力。

雷曼兄弟董事会由10名董事组成,虽然技术层面符合公司治理的监管要求,然而公司董事会的构成已经不能保证其能够正常地行使董事会的风险监管职能,使公司长期处于无监管的高风险状态,一旦危机来临,在劫难逃。

第二,CEO及其他高管过高的薪酬体系造成严重的"代理风险"。

与资本市场完全接轨的薪酬及激励政策导致了公司高管短期利益的不当行为,雷曼兄弟的薪酬结构根本无法让管理经营层注重公司的长期效益,而更多注重短期效益。

第三,公司对风险内部控制执行力不够。

雷曼兄弟在2007年年度报告中表示:公司在各个层级均有风险管理文化。但是公司对某些结构性产品的风险理解不足,过于依靠风险价值(Value at Risk, VaR)方法的风险管理系统,而未采用更多的评估工具;同时,虽然公司的风险管理符合监管规则,但在很长一段时间以来的记录却非常糟糕,风险管理不够充分,监管不足,管理层没有对风险高度重视。

第四,内部控制体系没有随着控制环境的改变而不断改进。

福尔德自1994年任雷曼兄弟CEO以来,带领雷曼兄弟成为华尔街顶级投行,在各个业务领域屡获殊荣,这些业绩增强了公司员工及董事会对福尔德的信心。此时,公司环境发生了改变,原有的内部控制体系已不能制衡福尔德,无论是公司股东还是其他利益相关者,却都不愿意去改变,改变就有可能损害既有利益。这种对过往业绩的路径依赖,也导致了雷曼兄弟的内部控制体系无法根据控制环境的改变作出及时反应,从而变得没有效率。

雷曼兄弟在危机中越陷越深,最终走向破产。

资料来源:证券时报.风险管理案例分析[EB/OL].(2020-09-08)[2022-11-26]. https://www.zqwdw.com/yiqingfangkong/2020/0908/673106.html.

第二节 风险管理概述

一、风险管理的产生

(一)风险管理产生的背景

风险管理最早起源于美国。1931年,美国管理协会保险部最先倡导风险管理。1932年,美国纽约几家大公司组织成立纽约保险经纪人协会,该协会定期讨论有关风险管理的理论与实践问题,后期逐渐发展为全美范围的风险研究所和美国保险及风险管理协会,该协会的成立标志着风险管理的兴起。风险管理的产生并非偶然,有深刻的背景和原因。

首先,由于社会化生产程度的提高,国内国际市场不断扩大,风险损害的范围也随之扩大。例如,面对20世纪30年代出现的世界性经济危机,全球经济遭受了灾难性破坏;1973—1976年的西方石油危机也给西方工业带来了巨大冲击;20世纪80年代末及20世纪90年代初期东欧剧变、苏联解体,使国际社会发生了动荡。这些事件都会导致工厂停产或倒闭、破产,使劳动大军失业,增加人们的忧虑,同时产生许多社会问题。此外,科学技术的发展和高科技的广泛运用也给人们带来了前所未有的风险,如核辐射、核污染、航天飞机失事、海上石油钻井平台倾覆等。

其次,利润最大化。从长期来看,一家企业是否能够取得预期利润,是企业能否生存的根本标志。在商品经济条件下,企业经营是为了获得最大利润,然而,无论是高风险还是高技术行业,都同时面临着失败的可能。例如,新技术的运用和新产品的开发都可能产生巨额收益,但也可能带来巨大损失,这就迫使人们在作出决策前,要采取相应的安全管理措施,以应对可能出现的不利后果。

最后,社会福利水平的增加。随着生产力的不断发展,人们在提高物质文明的同时,也采取了种种措施来提高社会福利水平,如社会救济、失业救济和养老保险、医疗保险等。然而,风险的存在会造成人们的忧虑与恐惧,风险损害也会破坏生产、威胁生存,这些情况都会造成社会福利水平下降。因此,为了提高社会福利水平,人们不得不采取措施,以预防和消除风险造成的损害,其结果使人们的风险管理意识不断得到提高。

(二) 风险管理产生与发展的阶段

人类对付风险的实践活动自古至今一刻也没有停止过。随着人类社会的发展,人类面临的风险不断发展变化,人们防范风险的意识也不断提高,对付风险的办法日益增多。到20世纪中叶,在美国,风险管理作为一门系统的管理科学被提出,随后形成了近乎全球性的风险管理运动。这是社会生产力和科学技术发展到一定阶段的必然产物,标志着现代风险管理时代的到来。企业风险管理经过了安全生产阶段、保险阶段、资本结构优化阶段、企业全面风险管理阶段等一系列发展阶段。

1. 安全生产阶段

早在20世纪50年代以前,亨利·法约尔(Henri Fayol)就已经认识到风险管理的重要性。1961年,工业活动的功能就包括一项安全功能,这可以说是企业风险管理雏形。这项功能的目的是保障财产和人员不受偷窃、火灾、罢工和洪涝的伤害,以及一切可能威胁一家公司的发展和生存的事情。

2. 保险阶段

20世纪50年代中期,"风险管理"这个术语出现在美国,学术界也开始关注风险管理。最早的文献之一是加拉格尔(Gallagher)于1956年发表于《哈福商业评论》中的一篇文章。在此篇文章中,作者提出了一个在当时具有革命性意义的观点,他认为组织中应该有专门负责管理纯粹风险的人,即在一定程度上应将风险交给专门人员处理,在大公司里,这样的人应该被称为全职风险经理。当时,一些大公司已经有诸如保险经理这样的职位,这个职位通常需要确定和维护为企业利益而购买的一揽子保险单。随着企业规模的扩大,保险购买职能就逐渐成为企业内部的一项具体工作。1931年,美国管理协会(American Management Association)建立了保险分会,目的是便于成员之间交换信息,并发布有关全体保险购买者利益的信息。1932年,纽约保险购买者协会成立。1950年,美国保险购买者协会成立,后来成为美国保险管理学会（American Society of Insurance Management）。

COSO 是美国反虚假财务报告委员会下属的发起人委员会（The Committee of Sponsoring Organizations of the Treadway Commission）的英文缩写。1985 年，美国管理会计师协会、美国注册会计师协会、美国会计协会、财务经理人协会、内部审计师协会联合创建了反虚假财务报告委员会，旨在探讨财务报告中舞弊产生的原因，并寻找解决之道。两年后，COSO 成立，专门研究内部控制问题。1992 年 9 月，COSO 发布《内部控制整合框架》（简称"COSO 报告"），1994 年对该报告进行了增补。

1-5 COSO 工作内容及影响

3. 资本结构优化阶段

在有了较多的管理科学知识和工具以后，如运筹学、计量经济学、统计学等，学术界不仅开始怀疑传统理论赋予保险的作用，而且也开始提出了一些理论。一些企业用资产组合理论做指导，以分散企业在投资中所面临的风险。资产组合理论主要是说如果把钱投资于一个资产组合可以有效地降低风险，也就是通常所说的"不要把鸡蛋放在一个篮子里"。

4. 企业全面风险管理阶段

到了 20 世纪 80 年代后期，人们不仅希望预防风险损失，而且还想从风险管理中获益，以风险为基础的资源配置与绩效考核便应运而生。自 2008 年美国次贷危机引发全球金融危机以来，企业面临的风险越来越多，风险的影响也越来越大，而且其严重性和频率也增加了。风险管理的流程和程序上的缺陷造成了多笔大额金融损失和许多企业倒闭。上述失败主要是因为风险管理不够全面，所以企业全面风险管理开始进入公众视野。

全面风险管理就是企业董事会及经理阶层在为实现未来战略目标的过程中，将市场不确定因素产生的影响控制在可接受范围内的过程和系统的方法。全面风险管理是管理当局建立的风险管理制度，是对企业生产经营和财务报告产生过程的控制，属于内部管理层面的问题。

2006 年，国务院国有资产监督管理委员会（以下简称"国资委"）下发《中央企业全面风险指引》的通知，要求中央企业加强全面风险管理工作，正式拉开了中国企业全面风险管理的序幕。通知指出，中央企业要以科学发展观为指导，充分认识市场环境变化对企业经营管理的持续影响，积极主动应对各种风险，把全面风险管理工作摆在企业日常经营管理的重要位置。中央企业要加强领导，主要负责人要亲自抓，组织集团及所属企业深入开展全面风险管理工作，层层落实，确保企业持续稳定健康发展。通知要求各中央企业抓住重点，健全体系，稳步提高全面风险管理工作水平。中央企业要本着从实际出发、务求实效的原则，以解决企业经营管理中存在的突出问题为重点，加强对重大风险、重大决策、重大事件的管理和重要流程的内部控制，不断完善企业内部控制系统，逐步建立健全企业全面风险管理体系，切实提高企业风险防范和应对能力。同时，中央企业还应在集团及所属企业范围内逐级明确风险管理职责，加强风险管理组织体系建设，重视风险管理文化培育工作，稳步提高企业全面风险管理工作水平。

1-6 2006 年国资委《中央企业全面风险管理指引》简介

2019 年，为深入贯彻习近平新时代中国特色社会主义思想和党的十九大精神，认真落实党中央、国务院关于防范化解重大风险和推动高质量发展的决策部署，完善中央企业风险防控机制，全面提升中央企业内部控制（以下简称"内控"）体系有效性，国资委印发《关于加强中央企业内部控制体系建设与监督工作的实施意见》（国资发监督规〔2019〕101 号，以下简称"《实施意见》")。

《实施意见》对中央企业内控体系建设与监督工作提出规范性要求，突出以下工作重点：一是建立健全内控体系。从优化内控体系、强化集团管控、完善管理制度、健全监督评价体系等方面，建立健全以风险管理为导向、合规管理监督为重点，严格、规范、全面、有效的内控体系，实现"强内控、防风险、促合规"的管控目标。二是加强内控体系的有效执行。聚焦关键业务、改革重点领域、国有资本运营重要环节以及境外国有资产监管，加强重要岗位和关键人员在授权、审批、执行、报告等方面的权责管控，形成相互衔接、相互制衡、相互监督的工作机制，切实提高重大风险防控能力。三是强化内控信息化刚性约束。将信息化建设作为加强内控体系刚性约束的重要手段，推动内控措施嵌入业务信息系统，推进信息系统间的集成共享，实现经营管理决策和执行活动可控制、可追溯、可检查，有效减少人为违规操纵因素。四是突出"强监管、严问责"。以监督问责为重要抓手，通过加强出资人和企业监督评价力度，强化整改落实和责任追究工作，形成"以查促改""以改促建"的动态优化机制，促进中央企业不断完善内控体系。

1-7《关于加强中央企业内部控制体系建设与监督工作的实施意见》

1-8 风险管理的演进

 延伸阅读 1-4

万科成功的战略风险管理——从多元化到专业化

万科企业股份有限公司(以下简称"万科")成立于 1984 年 5 月。1988 年 12 月，公司率先向社会发行股票，其资产及经营规模迅速扩大。2001 年，公司将直接及间接持有的万佳百货股份有限公司 72% 的股份转让给中国华润总公司及其附属公司，成为从事房地产业的专业公司。

在万科创建之初，公司涉及服装、饮料、商贸、地产、文化、传媒等行业，遍布全国多个城市，而且都赚到了钱。但是好景不长，几年下来，由于经营范围广，战线拉得长，加上资金有限，万科在每个行业都是比上不足、比下有余，难以实现规模经济，缺乏竞争优势。

鉴于此，万科作出从原有多元化模式收缩的决定，彻底改变了万科的经营模式和企业命运。万科最终把房地产确定为集团的核心产业，并提出了"不熟不做，不懂不做"的专业化经营理念。在确定了核心业务后，万科开始对旗下的各项业务删繁就简，不断地将企业资源向核心产业集中。做完减法，集团专业化战略调整全面完成，成为真正意义上单一业务的房地产集团，并且只专注于开发居民住宅地产。

在房地产行业内万科继续做专，走了几步妙棋：第一，避开当时获得高利润的高档写字楼和商住楼，而是以投资居民住宅楼为主。第二，在投资居民住宅楼开发模式中，万科将切入点放在了城乡接合部的"住宅花园品牌"。这是因为一是征地比较容易且价格低廉，为公司圈积了一大片土地资源；二是有利于降低住房价格，提高销量。第三，万科与中行、农行等各大银行相继签订全面银企合作协议，搭建资金平台，开展新一轮扩张。万科形成了以珠江三角洲、长江三角洲和环渤海三大区域为核心，其他城市为辅的"3+X"的房地产开发战略布局。

万科在全面风险管理中，从多元化走向专业化。从公司成立之初的多元化到后来的专业化经营说明，公司发展战略的选择是根据公司发展的内外环境的变化而变化的，不能教条地选择发展战略，在发展战略的选择上要"世易时移"，进行全面的风险管理。

资料来源：黄东坡. 企业风险管理案例[EB/OL]. (2021-03-03)[2022-12-20]. https://www.docin.com/p-2609386532.html.

二、风险管理的概念

风险管理是指社会组织或者个人用以降低风险的消极结果的决策过程。它通过风险识别、风险估测、风险评价,并在此基础上选择与优化组合各种风险管理技术,对风险实施有效控制,并妥善处理风险所致的损失,从而以最小的成本收获最大的安全保障。

风险管理的概念具体包括以下几点:

(1) 风险管理的对象是风险。

(2) 风险管理的主体可以是任何组织和个人,包括个人、家庭、组织(包括营利性组织和非营利性组织)。

(3) 风险管理的过程包括风险识别、风险估测、风险评价、选择风险管理技术和评估风险管理效果等。

(4) 风险管理的基本目标是以最小的成本收获最大的安全保障。

(5) 风险管理成为一个独立的管理系统,并成为一门新兴学科。

三、风险管理的目标

风险管理是一项有目的的管理活动,只有目标明确,才能起到有效的作用。否则,风险管理就会流于形式,没有实际意义,也无法评价其效果。风险管理的目标是要以最小的成本获取最大的安全保障。因此,它不仅仅只是一个安全生产问题,还包括识别风险、评估风险和处理风险,涉及财务、安全、生产、设备、物流、技术等多个方面,是一套完整的方案,也是一个系统工程。

风险管理目标的确定一般要满足以下几个基本要求:

(1) 风险管理目标与风险管理主体(如生产企业或建设工程的业主)总体目标的一致性。

(2) 目标的现实性,即确定目标要充分考虑其实现的客观可能性。

(3) 目标的明确性,即使用正确选择和实施各种方案,并对其效果进行客观的评价。

(4) 目标的层次性,从总体目标出发,根据目标的重要程度,区分风险管理目标的主次,以利于提高风险管理的综合效果。

(5) 风险管理的具体目标还需要与风险事件的发生联系起来。

风险管理的目标具体可以分为损前目标和损后目标两种。

(一) 损前目标

1. 经济目标

企业应以最经济的方法预防潜在的损失,即在风险事故实际发生之前,就必须使整个风险管理计划、方案和措施最经济、最合理,这要求对安全计划、保险以及防损技术的费用进行准确分析。

2. 安全状况目标

安全状况目标就是将风险控制在可承受的范围内。风险管理人员必须使人们意识到风险的存在,而不是隐瞒风险,这样有利于人们提高安全意识,防范风险,并主动配合风险管理计划的实施。

3. 合法性目标

风险管理人员必须密切关注与经营相关的各种法律法规,对每一项经营行为、每一份合同都加以合法性的审视,不至于使企业蒙受财务、人才、时间、名誉的损失,保证企业生产经营活动的合法性。

4. 履行外界赋予企业责任目标

例如,政府法规可以要求企业安装安全设施以免发生工伤,同样,一家企业的债权人可以要求贷款的抵押品必须被保险。

(二) 损后目标

1. 生存目标

一旦不幸发生风险事件,企业遭受损失,损失发生后风险管理的最基本、最主要的目标就是维持生存。实现这一目标,意味着通过风险管理人们有足够的抗灾救灾能力,使企业、个人、家庭,乃至整个社会能够经受得住损失的打击,不至于因自然灾害或意外事故的发生而元气大伤、一蹶不振。实现维持生存目标是受灾风险主体在损失发生之后,在一段合理的时间内能够部分恢复生产或经营的前提。

2. 保持企业生产经营的连续性目标

风险事件的发生给人们带来了不同程度的损失和危害,影响企业正常的生产经营活动和人们的正常生活,严重者可使生产和生活陷于瘫痪。这对公共事业尤为重要,这些单位有义务提供不间断的服务。

3. 收益稳定目标

企业保持企业经营的连续性便能实现收益稳定的目标,从而使企业保持生产持续增长。对大多数投资者来说,一家收益稳定的企业要比高风险的企业更具有吸引力,稳定的收益意味着企业的正常发展。为了达到收益稳定目标,企业必须增加风险管理支出。

4. 社会责任目标

尽可能减轻企业受损对他人和整个社会的不利影响,因为企业遭受一次严重的损失会影响到员工、顾客、供货人、债权人、税务部门乃至整个社会的利益。为了实现上述目标,风险管理人员必须辨识风险、分析风险和选择适当的应对风险损失的方法和措施。

延伸阅读1-5

"中航油巨亏"源于何处

中国航油(新加坡)股份有限公司(以下简称"中航油")是中国航油集团的海外控股公司,也是新加坡交易所主板挂牌企业。由于石油衍生品期权交易中航油于2004年遭受5.54亿美元的亏损,被迫于2004年11月30日向新加坡高等法院申请债务重组。在此之前,中航油曾被评为2004年新加坡最具透明度的上市公司;中航油成立有风险委员会,还曾聘请安永会计师事务所编制了公司的风险管理手册和财务管理手册,风险管理手册明确规定,损失超过500万美元,必须报告董事会。

经国家有关部门批准,中航油自2003年开始做油品套期保值业务。但中航油总裁陈久霖擅自扩大业务范围,从事石油衍生品期权交易,且一直未向中国航油集团报告,中国航油集团也没有发现。

陈久霖和日本三井银行、法国兴业银行、英国巴克莱银行、新加坡发展银行和新加坡麦戈利银行等在期货交易场外签订了合同。陈久霖买了"看跌"期权,赌注为每桶38美元,但是没想到国际油价一路攀升。中航油从事石油衍生品期权交易从最初的200万桶发展到出事时的5 200万桶,致使中航油在清算时造成账面实际损失和潜在损失总计约5.54亿美元。

"中航油巨亏"主要有以下几个原因:

(1) 中航油的交易一开始就存在巨大隐患,因为其从事的期权交易所面临的风险敞口是巨大的。在期权交易中,期权卖方收益是确定的,最大收益限于收取买方的期权费,然而其承担的损失却可能很大(在看跌期权中),甚至无限量(在看涨期权中)。中航油恰恰选择了风险最大的做空期权。

（2）管理层风险意识淡薄。企业没有建立起防火墙机制，在遇到巨大的金融投资风险时，没有及时采取措施，进行对冲交易来规避风险，使风险无限量扩大直至被逼仓。事实上，公司是建立起了由安永会计师事务所设计的风控机制来预防流动风险和营运风险的，但因为总裁的独断专行，该机制完全没有启动，造成制定制度的人却拒绝制度对自己的约束的局面，那么就有必要加强对企业高层决策权的有效监控，保障风控机制的有效实施。

（3）企业内部治理结构存在不合理现象。作为中航油总裁的陈久霖，手中权力过大，绕过交易员私自操盘，发生损失后也不向上级报告，长期投机违规操作酿成苦果。这反映了公司内部监管存在巨大缺陷。中航油的风险管理系统从表面上看确实非常科学，可事实并非如此，公司风险管理体系的虚设导致对陈久霖的权力缺乏有效的制约机制。

（4）监管机构监管不力。中国航油集团归国资委管理，中航油造成的损失约为 5.3 亿至 5.5 亿美元，其开展的石油衍生品期货业务属违规越权炒作行为。该业务严重违反决策执行程序，监管漏洞无疑为此事埋下伏笔。

资料来源：协创中心.风险管理十大案例[EB/OL].(2020-03-17)[2022-11-30].https://jtxt.tlu.edu.cn/2014/1027/c2337a55619/page.htm.

本章小结

本章主要学习了风险概述及风险管理概述。通过本章学习，学生应了解风险及风险管理是如何产生的；熟悉企业风险的形成及类别；掌握风险的特征、类型，风险管理概念及目标等。

本章重要概念

风险转化条件　有形条件　无形条件　风险　风险管理　道德风险条件　风险事件　战略风险　财务风险　流动资产风险　筹资风险　经营风险　人力资源风险　市场营销风险　利率风险　汇率风险　全面风险管理　财产风险　人身风险　责任风险　信用风险　系统风险　非系统风险

1-9 练一练

1-10 练一练答案

第二章 风险管理组织与文化

- 内容提要
- 重点难点
- 学习目标
- 知识框架
- 思政育人
- 第一节 风险管理组织
- 第二节 风险管理文化
- 本章小结
- 本章重要概念

内容提要

本章主要讲解风险管理组织结构,以及风险管理文化的重要性和培育路径。

重点难点

本章重点为风险管理组织体系的构成及各部门的职能;难点在于理解风险管理文化的重要性及企业风险管理文化的形成。

学习目标

通过本章学习,学生应了解风险管理组织体系的构成及各部门的主要职能;熟悉风险管理组织机构;熟悉风险管理文化的形成,了解风险管理文化对企业风险管理的重要意义。

知识框架

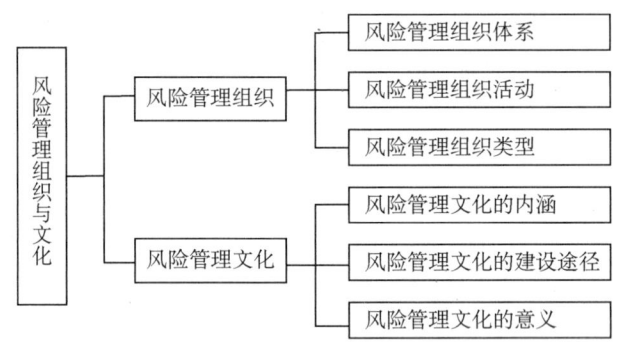

思政育人　　　风险管理意识不可无

2021年,负债1.97万亿元的恒大集团是信贷风险管理领域绕不过的焦点。截至2020年6月30日末,恒大集团负债涉及128家银行类金融机构和逾121家信托、城投、资管、小贷等非银行机构,其对境内银行类金融机构借款余额为2 163亿元。

关于恒大集团信贷风险的反思有以下几点:

(1) 资产质量管理失控。一是房地产主业逆势扩张,2016年以来,国家逐步严控房地产,在政策和市场趋紧环境下,恒大集团资产逆势扩张,集团上下以规模为导向,超过碧桂园、万科,成为最大"地主";二是多元化扩张失控,恒大汽车前后投入超过3 000亿元。三是现金流承压,2021年6月末,恒大集团现金及等价物由年初的1 587.52亿元跌至867.72亿元,近乎腰斩。

(2) 负债规模结构失控。一是合作金融机构数目失控(2020年128家),大量从信托、城投、资管、小贷等非银行机构融资(2020年121家)。二是商业债务失控,过度消耗市场地位。2020年年末,中国商业票据承兑2.29万亿元,恒大集团余额为2 053亿元,占到全国1/10。三是表外融资失控。恒大财富作为表外融资平台,其策划关系人和管理层购买理财产品,未兑付规模高达400亿元。四是负债利率偏高,2021年6月30日,恒大集团仅借款的平均年利率达到了9.02%。

(3) 资产负债率失衡。2020年8月,房地产监管的三道红线政策出台,按照红色档的三条规则:房地产企业剔除预收款后的资产负债率大于70%;房地产企业的净负债率大于100%;房地产企业的"现金短债比"小于1。恒大集团当年的三项指标分别为83.43%、152.88%、0.47,全部踩中了三条红线,是明显处于危险边缘的企业。从恒大集团不断减少的现金和其他偿付途径来看,其流动性看起来已经耗尽,无力偿付的风险极高,最终可能会导致其债务重组,标准普尔认为恒大集团每年需要偿付的利息逾600亿元。

(4) 高负债与高分红并存。2009年至今,恒大集团累计净利润为1 733.88亿元,但公司几乎年年大比例分红,分红总额接近700亿元。大手笔分红背后,是一套不言自明的潜规则:从持股比例来看,分红大部分被许家印及其重要股东"朋友们"们揣进口袋,这部分金额接近540亿元。仅2011年,许家印就通过分红套现了499.81亿元。即便在2020年,债务危机苗头已经显现,恒大集团依然没有停止大手笔分红。

树立危机意识,在风险发生之初就加以遏制,不仅是企业保持持续经营的前提,而且能为企业未来的多元化发展提供保障。由此,提升危机意识对于企业的发展至关重要。

资料来源:数字金融研究.恒大2万亿负债的信贷风险管理[EB/OL]. (2021-09-23)[2022-12-23]. https://baijiahao.baidu.com/s?id=1711681185864999827&wfr=spider&for=pc.

第一节 风险管理组织

风险管理组织是指风险主体为实现风险管理目标而设置的内部管理层级及管理机构。它包括有关风险管理组织体系、组织活动及组织类型。风险管理计划的制订及其高效率的贯彻实施都离不开良好的风险管理组织,如果没有一个稳定、合理、健全的组织结构,整个风险管理活动就会陷入混乱、无序,甚至毫无效果的境地。

一、风险管理组织体系

风险管理组织体系主要包括规范的公司法人治理结构,风险管理职能部门、内部审计部门和法律事务部门及其他有关职能部门、业务单位的组织领导机构及其职责。某公司风险管理组织体系如图2-1所示。

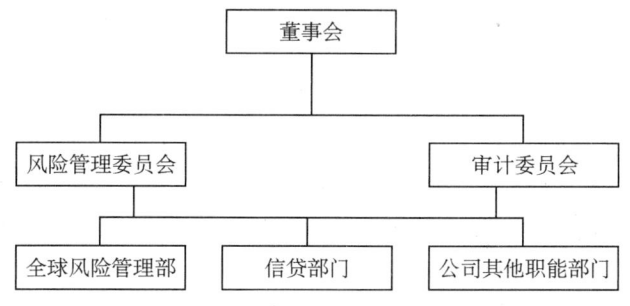

图2-1 某公司风险管理组织体系

风险管理组织框架是企业各项风险管理工作的组织载体,其完善与否直接决定了企业各项风险管理工作的质量,进而影响风险管理体系的有效性。企业应建立健全规范的公司法人治理结构,股东(大)会、董事会、监事会、经理层依法履行职责,形成高效运转、有效制衡的监督约束机制。同时,企业还应建立外部董事和独立董事制度,外部董事、独立董事人数应超过董事会全部成员的半数,以保证董事会能够在重大决策、重大风险管理等方面作出独立于经理层的判断和选择。

(一) 董事会

董事会就全面风险管理工作的有效性对股东(大)会负责。董事会主要负责风险管理方面的重大决策,监控企业的风险管理体系及风险状况。高级管理层主要负责执行董事会的决策,组织开展风险识别、计量、控制、监控、报告等各项风险管理工作,向董事会报告风险管理工作和风险状况。

董事会和高级管理层负责制定企业的风险管理政策和操作流程,并在其直接领导下,独立设置风险管理职能部门,负责识别、评估、监测和控制风险。董事会和高级管理层应当定期审核风险管理政策,督促所有员工熟知相关政策,并在企业内部鼓励严谨的工作方式。同时,董事会和高级管理层应以身作则,董事会在全面风险管理方面主要履行以下职责:

(1) 审议并向股东(大)会提交企业全面风险管理年度工作报告。

(2) 确定企业风险管理总体目标、风险偏好、风险承受度,批准风险管理策略和重大风险管理解决方案。

(3) 了解和掌握企业面临的各项重大风险及其风险管理现状,作出有效控制风险的决策。

(4) 批准重大决策的风险评估报告。

(5) 批准内部审计部门提交的风险管理监督评价审计报告。

(6) 批准风险管理组织机构设置及其职责方案。

(7) 批准风险管理措施,纠正和处理任何组织或个人超越风险管理制度作出的风险性决定的行为。

(8) 督导企业风险管理文化的培育。

(9) 全面风险管理的其他重大事项。

2-1 监事会的职责

(二) 风险管理委员会

具备条件的企业,董事会可下设风险管理委员会,该委员会的召集人应由不兼任总经理的董事长担任;董事长兼任总经理的,召集人应由外部董事或独立董事担任。该委员会成员中需有熟悉企业重要管理及业务流程的董事,以及具备风险管理监管知识或经验和具有一定法律知识的董事。

风险管理委员会对董事会负责,主要履行以下职责:

(1) 提交全面风险管理年度工作报告。

(2) 审议风险管理策略和重大风险管理解决方案。

(3) 审议重大决策、重大风险、重大事件和重要业务流程的判断标准或判断机制,以及重大决策的风险评估报告。

(4) 审议内部审计部门提交的风险管理监督评价审计综合报告;审议风险管理组织机构设置及其职责方案。

(5) 办理董事会授权的有关全面风险管理的其他事项。

总经理对全面风险管理工作的有效性向董事会负责。总经理或总经理委托的高级管理人员,负责主持全面风险管理的日常工作,负责组织拟订企业风险管理组织机构设置及其职责方案。

(三) 风险管理职能部门

企业应设立专职部门或确定相关职能部门履行全面风险管理的职责。该部门对总经理或其委托的高级管理人员负责,主要履行以下职责:

(1) 研究提出全面风险管理年度工作报告。

(2) 研究提出跨职能部门的重大决策、重大风险、重大事件和重要业务流程的判断标准或判断机制。

(3) 研究提出跨职能部门的重大决策风险评估报告。

(4) 研究提出风险管理策略和跨职能部门的重大风险管理解决方案,并负责该方案的组织实施和对该风险的日常监控。

(5) 负责对全面风险管理有效性进行评估,研究提出全面风险管理的改进方案。

(6) 负责组织建立风险管理信息系统。

(7) 负责组织协调全面风险管理日常工作。

(8) 负责指导、监督有关职能部门、各业务单位及全资、控股子企业开展全面风险管理工作。

(9) 办理风险管理的其他有关工作。

(四) 审计委员会

企业应在董事会下设立审计委员会,企业内部审计部门对审计委员会负责。内部审计部门在风险管理方面主要负责提出全面风险管理监督评价体系、制定监督评价相关制度、开展监督与评价工作、出具监督评价审计报告。

1. 审计委员会履行职责的方式

董事会应决定委派给审计委员会的责任,审计委员会的任务会因企业的规模大小、复杂性及风险状况而有所不同。

审计委员会应满足其职责的要求。建议审计委员会每年至少举行三次会议,并于审计周期的主要日期举行。审计委员会应每年至少与外聘及内部审计师会面一次,讨论与审计相关的事宜,但管理层无须出席。审计委员会成员之间的不同意见如无法内部调解,应提请董事会解决。

此外,审计委员会应每年对其权限及其有效性进行复核,并就必要的人员变更向董事会报告。为了很好地完成这项工作,管理层必须向审计委员会提供恰当的信息。管理层对审计委员会有告知义务,并应主动提供信息。

2. 审计委员会的主要活动

审计委员会的主要活动之一是核查对外报告规定的遵守情况。审计委员会一般有责任确保企业履行对外报告的义务。审计委员会应结合企业财务报表的编制情况,对重大的财务报告事项和判断进行复核。管理层的责任是编制财务报表,审计师的责任是编制审计计划和执行审计。审计委员会应倾听审计师对于这些问题的看法。如果对拟采用的财务报告的任何方面不满意,审计委员会应告知董事会。审计委员会还应对财务报表后所附的与财务有关的信息进行复核。

3. 审计委员会与内部审计

确保充分且有效的内部控制是审计委员会的义务,其中包括负责监督内部审计部门的工作。审计委员会应监察和评估内部审计职能在企业整体风险管理系统中充当的角色和发挥的作用。它应该核查内部审计的有效性,并决定对内部审计主管的任命和解聘,还应确保内部审计部门能直接与董事会主席接触,并负有向审计委员会说明的责任。审计委员会负责复核及评估年度内部审计工作计划。审计委员会收到关于内部审计部门工作的定期报告,复核和监察管理层对内部审计的调查结果的反馈。审计委员会还应确保内部审计部门提出的建议已经执行。审计委员会有助于保持内部审计部门的独立性。审计委员会及内部审计师需要确保内部审计部门能够有效运作,并在组织中的地位、范围、技术才能和专业应尽义务四个主要方面对内部审计进行复核。

内部审计作为一项独立、客观、公正的约束与评价机制,在促进风险管理的过程中发挥重要作用。内部审计可以从风险识别、计量、监测和控制四个主要环节,审核企业风险管理的能力和效果,发现并报告潜在的风险因素,提出应对方案,监督风险控制措施的落实情况。

内部审计的主要内容包括以下几点:

(1) 经营管理的合规性及合规部门工作情况。
(2) 内部控制的健全性和有效性。
(3) 风险状况及风险识别、计量、监测和控制程序的适用性和有效性。
(4) 信息系统规划设计、开发运行和管理维护的情况。
(5) 会计记录和财务报告的准确性和可靠性。
(6) 与风险相关的资本评估系统情况。
(7) 机构运营绩效和管理人员履职情况等。

内部审计部门应当定期(至少每年一次)对风险管理体系的组成部分和环节,进行准确性、可靠性、充分性和有效性的独立审查和评价。风险管理部门可以为内部审计部门提供最直接的第一手资料和记录。

2-2 内部审计与外部审计的区别与联系

(五) 其他职能部门

企业其他职能部门及各业务单位在全面风险管理工作中,应接受风险管理职能部门和内部审计部门的组织、协调、指导和监督。其主要履行以下职责:

(1) 执行风险管理基本流程。
(2) 研究提出本职能部门或业务单位重大决策、重大风险、重大事件和重要业务流程的判断标准或判断机制。
(3) 研究提出本职能部门或业务单位的重大决策风险评估报告。
(4) 做好本职能部门或业务单位建立风险管理信息系统的工作。
(5) 做好培育风险管理文化的有关工作。
(6) 建立健全本职能部门或业务单位的风险管理内部控制子系统。
(7) 办理风险管理其他有关工作。

2-3 风险管理组织

二、风险管理组织活动

风险管理组织活动是指风险管理专职机构制订和执行风险管理计划的全过程,包括制定风险管理目标,以及为实现目标而进行的风险识别、风险估计、风险评价、风险决策、风险监控等一系列风险管理活动。风险管理是应用一般的管理原则去管理一个组织的资源和活动,并以合理的成本尽可能地减少风险损失及对所处环境的不利影响。

延伸阅读2-1

企业内部控制措施

《中央企业全面风险管理指引》第三十四条规定,企业制定内控措施一般至少包括以下内容:

(1) 建立内控岗位授权制度。对内控所涉及的各岗位明确规定授权的对象、条件、范围和额度等,任何组织和个人不得超越授权作出风险性决定。

(2) 建立内控报告制度。明确规定报告人与接受报告人,报告的时间、内容、频率、传递路线、负责处理报告的部门和人员等。

(3) 建立内控批准制度。对内控所涉及的重要事项,明确规定批准的程序、条件、范围和额度、必备文件,以及有权批准的部门和人员及其相应责任。

(4) 建立内控责任制度。按照权利、义务和责任相统一的原则,明确规定各有关部门和业务单位、岗位、人员应负的责任和奖惩制度。

(5) 建立内控审计检查制度。结合内控的有关要求、方法、标准与流程,明确规定审计检查的对象、内容、方式和负责审计检查的部门等。

(6) 建立内控考核评价制度。具备条件的企业应把各业务单位风险管理执行情况与绩效薪酬挂钩。

(7) 建立重大风险预警制度。对重大风险进行持续不断的监测,及时发布预警信息,制定应急预案,并根据情况变化调整控制措施。

(8) 建立健全以总法律顾问制度为核心的企业法律顾问制度。大力加强企业法律风险防范机制建设,形成由企业决策层主导、企业总法律顾问牵头、企业法律顾问提供业务保障、全体员工共同参与的法律风险责任体系。完善企业重大法律纠纷案件的备案管理制度。

(9) 建立重要岗位权力制衡制度,明确规定不相容职责的分离。其主要包括:授权批准、业务经办、会计记录、财产保管和稽核检查等职责。对内控所涉及的重要岗位可设置一岗双人、双职、双责,相互制约;明确该岗位的上级部门或人员对其应采取的监督措施和应负的监督责任;将该岗位作为内部审计的重点等。

资料来源:国务院国有资产监督管理委员会.关于印发《中央企业全面风险管理指引》的通知[EB/OL].(2006-06-06)[2022-12-23]. http://www.sasac.gov.cn/gzjg/qygg/200606200105.htm.

三、风险管理组织类型

一般的风险管理组织类型包括直线型、职能型、矩阵型三种。

直线型风险管理组织是指一个上级统一对下属下达命令,每个下属也只接受一个上级的指挥,组织的责任和权限完全是直线式的。这一类型的组织是由少数专人负责风险管理,信息容易上传和下达。通常,小型风险主体多采用这种形式。这种组织形式对风险管理者要求较高,他们必须同时具备较强的专业技术知识和管理能力。然而,个人的知识和能力是有限的,所以该组织形式也存在管理范围受到限制、不利于全员参与全面风险管理的弊端。

职能型风险管理组织就是在直线型组织的基础上,在每一层次的负责人员旁边设置专业参谋人员,其特点是容易发挥参谋人员的专业特长,有益于专业风险管理。大中型风险主体的人、财、物及环境的组合更为复杂,所面临的风险比小型风险主体更多、更复杂。此类风险主体适合采用职能型风险管理组织。但是,此类型的风险管理组织存在的弊端是容易出现本位主义和多头领导。

2-4《关于进一步加强企业全面风险管理的指导意见》解读

矩阵型风险管理组织采取纵向和横向交叉式的管理模式,对于某一特定位置的人员来说,他们既要接受垂直领导,又要接受横向指挥和协调,这一组织适用于复杂、大型的风险管理主体。

第二节 风险管理文化

一、风险管理文化的内涵

风险管理文化是风险管理体系的灵魂,是企业内部控制体系中的"软因素"。不同的风险文化会带来不同的风险管理战略、风险管理流程及风险管理措施。风险文化是风险管理的世界观与方法论,可以说,风险管理体系是否有效,关键在于风险文化。健康、全面的风险管理文化应包括精神、制度、行为和物质四个层面的文化内涵。

(一) 精神层面

风险管理文化的精神层面又叫风险管理的精神文化,相对于风险管理的物质文化、行为文化和制度文化,它处于整个风险管理文化的最深层,并成为风险管理文化的灵魂和核心。风险管理精神层面是危机文化,强调居安思危。风险管理文化的内涵要素首先体现在精神层面,具体包括三个层次:一是树立风险无处不在、无时不在的本能性危机意识,常怀忧患意识,居安思危,增强危机防范的意识;二是形成风险可以防控、风险蕴含机遇的前瞻性危机观念,实现对自发、分散的危机意识的整合与提升,通过主动学习,提高认知和防范风险的能力;三是构建逆向思维、超前防范、综合管理、分而治之的系统性危机思想,从全面风险管理的角度辨识风险、分析风险、评估风险、控制风险、监控风险,从而使风险管理更好地服务企业,促进企业健康发展。

(二) 制度层面

制度管理是风险管理最基本、最稳定的方式之一。精神文化的渗透、指导、调整作用,必须通过制度文化的层面或环节才能产生作用。风险管理文化的内涵要素体现在制度层面,主要是融会贯通。其具体包括三个理念要素:一是"自上而下梳理、自下而上提炼、专业横向贯穿"的风险整合理念;二是融入企业日常管理、开展流程化设计、实现系统化运作的管理融合理念;三是发挥信息化优势、打通信息孤岛、强化沟通协调的信息聚合理念。通过在风险管理制度建设中融入风险整合、管理融合和信息聚合的理念要素,建立一体化的流程管理模式,实现风险在企业的有效识别和系统整合,风险管理与企业现有管理体系和日常工作的融合及风险信息在企业各层面完整快捷地传递,从而形成涵盖全员、全方位、全过程及系统化、制度化、具体化的风险管理体系。

(三) 行为层面

行为文化一般是指人们进行某种活动的具体行为和操作中表现出来的稳定的行为习惯、行为规范、行为风格、行为风尚,它独立于精神文化和制度文化,但又不可分割。风险管理文化的内涵要素体现在行为层面,侧重于攻防两个方面。攻防文化讲究的是灵活务实、简洁高效。在风险管理中,攻就是主动出击、超前防范,通过控制风险来创造价值,它要求员工具备强烈的风险防范意识和敏锐的风险识别能力,能够根据内外部工作环境的特点,不拘泥于理论教条,在业务(管理)活动中积极主动地去分析风险,并重点从事前预防的角度加以控制;防就是未雨绸缪,提前做好风险发生的应急预案,提高危机攻关能力,力争将风险损失和影响降低到最低程度。

(四) 物质层面

文化作为人们特定的活动方式及其产物,都有一定的载体表征,这就是文化的物质层面。企业风险管理文化也有物质层面,这就是通过企业风险管理形成的安全生产设施、设备和空间环境,安全的生产、经营、管理的各种物质技术手段,安全的企业产品及其服务设施等以物质形态存在表现的文化方式。从风险文化的特殊功能来说,风险管理的物质文化成果正是风险管理文化建设的第一目标,也是风险管理文化的最终结果和最终目的。风险管理文化的内涵要素体现在物质层面可以表现为三个层面:第一,安全的环境及其资源设施;第二,安全的技术及其服务设施;第三,安全的产品及其服务设施。

二、风险管理文化的建设途径

风险管理文化是企业文化的一个重要组成部分,是企业风险管理过程中逐步形成的风险管理理念、哲学和价值观,它通过企业的风险管理战略和风险管理制度的执行、员工的风险管理行为表现出来。企业在推进全面风险管理时,不能忽略风险管理文化在其中的重要性。

企业的风险管理文化来源于企业领导层,企业领导层的价值观、道德观是风险管理文化的核心本质。风险管理文化的出发点是企业领导层的文化理念传递,通过有效的流程在组织内传递,形成共有的风险管理文化。建立风险管理文化的有效途径如下:

(1) 企业领导层要统一对风险的认知,明确对企业风险的态度,并对风险管理进行承诺。风险管理文化是企业文化的一个重要的组成部分,其中领导的表率行为极为重要,身教重于言传,领导层在实践过程中,应建立起一种良好的环境和氛围,传递风险管理的理念。

(2) 建立科学的制度和有效的传递流程。风险管理文化制度是确保风险管理文化融入企业的根本保证,有效的传递流程是风险管理文化传承的重要载体。

(3) 进行风险管理知识技能培训,灌输风险管理理念。通过培训掌握先进的风险管理技术,了解风险管理的发展趋势,把风险管理和自身工作相结合,做到有的放矢。风险理念的养成是一个从模糊到清晰的认识过程,教育与灌输是十分重要的手段。

(4) 将风险管理与绩效考核挂钩,形成一套完整的风险考核评价体系。风险考核评价体系是对风险管理文化建设过程和结果的有效控制、评价和反馈,贯穿于风险管理文化建设全过程。

风险管理文化的建立和培育是一项长期而艰苦的工作,任重而道远,它能否建立直接影响着企业风险管理的有效性,是企业风险管理成功与否的关键。

三、风险管理文化的意义

企业风险管理文化的成果通过精神、制度、行为、物质四个层面、四种形式表现出来。在企业全面风险管理时代背景下,风险管理文化将成为企业发展和增强国际竞争力的内在推动力。作为企业的思想灵魂,企业文化建设也在与时俱进,需要不断融入新的元素和理念。随着企业的发展壮大和内外环境的不断变化,企业面临的风险表现出多样性和复杂性。为保证企业发展目标的顺利实现,全面风险管理应运而生,并将发挥越来越重要的作用。企业开展全面风险管理的过程,既是对现有管理手段提炼、整合和延伸的过程,又是一种新的文化培育、发展和运用的过程。把以人为本的管理思想体现于企业的生产管理中,构建企业风险管理文化,以文化建设推动企业全面风险管理,实现企业可持续发展,已是企业文化建设的必由之路。

(一)构建风险管理文化是企业文化建设的重要内容

风险管理文化是企业文化的重要组成部分,其是在风险管理活动中凝聚,并通过企业文化的熏陶和引领,被广大员工认同和自觉遵守的风险管理理念、风险价值观念和风险管理行为规范。这种融合企业新的发展要求和风险要素的管理文化是企业理顺内部管理关系、实现可持续发展的良好平台,也是培养员工使命感、责任感和塑造凝聚力的基础,更是培养危机意识和大局观的土壤。

(二)构建风险管理文化是提高风险防范能力的重要基础

风险管理文化是整个风险管理体系的灵魂,也是企业"软实力"的本质表现,决定着企业风险管理水平的高低。构建有效的风险管理体系必须以企业文化为背景,以风险管理文化培育为先导,引导广大员工树立正确的风险意识,把风险管理思想贯穿于企业的整个生产、经营和管理过程,使风险管理由抽象的理论转变为生动的企业文化,并内化为所有员工的自觉意识和行为习惯,从而使风险管理机制有效发挥作用,促进各项政策和制度得以贯彻落实,保障企业风险管理目标的实现。

(三)构建风险管理文化是实现企业发展目标的重要保障

现代企业坚持以人为本的科学发展观,增强风险管控意识,树立全面风险管理理念。只有把全面风险管理的思想推广得更宽、更深、更广、更牢,才能使改革发展走得更稳、更远、更高。企业发展目标的实现很大程度上取决于企业的风险管理水平,良好的风险管理文化可以转化为企业风险管理的科学理论和管理方式,它既是企业的一种行为规范准则,又是进行有效沟通的最佳媒介。面对日益激烈的市场竞争,企业在从事复杂的生产经营活动时,必须强化危机意识,借助风险管理文化的力量巩固和提升核心竞争力,进一步推动和实现企业的安全稳定和可持续发展。

本 章 小 结

本章主要讲解了风险管理组织结构和风险管理文化。通过本章学习,学生应掌握基本的风险管理组织体系及各相关职能部门的主要职责,并通过学习了解企业文化与风险管理文化的区别与联系,明确风险管理文化对企业进行全面风险管理的重要意义。

本章重要概念

风险管理　组织结构　企业文化　风险管理文化　董事会　监事会

2-5 练一练

2-6 练一练答案

第三章 风险管理流程

- 内容提要
- 重点难点
- 学习目标
- 知识框架
- 思政育人
- 第一节 风险识别
- 第二节 风险分析
- 第三节 风险应对
- 本章小结
- 本章重要概念

内容提要

本章主要讲解风险管理的流程，主要介绍了风险识别的概念、风险识别的基本方法、风险分析的主要手段、风险应对的措施和内容。风险管理流程是风险管理的核心部分，也是企业风险管理能否成功的关键。

重点难点

本章重点为风险识别的方法和风险应对措施的选择；难点为理解风险管理流程的逻辑关系。

学习目标

通过本章学习，学生应了解风险管理的基本流程、主要的风险识别手段及常用的风险应对策略；掌握基本的风险管理措施，并能够完成相关案例的风险管理分析报告。

知识框架

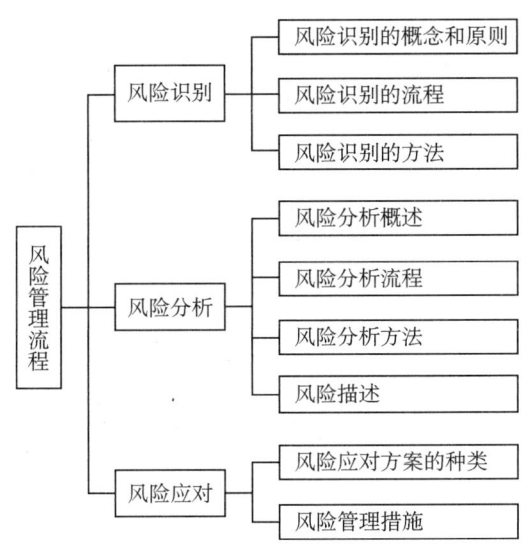

> **思政育人**　　强化风险意识,提高化解能力

明者防祸于未萌,智者图患于将来。

"面对波谲云诡的国际形势、复杂敏感的周边环境、艰巨繁重的改革发展稳定任务,我们必须始终保持高度警惕。"在省部级主要领导干部坚持底线思维着力防范化解重大风险专题研讨班开班式上,习近平总书记着眼民族复兴伟业,以深沉的忧患意识,高远的战略视野,就防范化解政治、意识形态、经济、科技、社会、外部环境、党的建设等领域重大风险作出深刻分析,并提出明确要求。习近平总书记对国内外环境深刻变化的敏锐洞察,对各类风险挑战的准确把握,为全党同志居安思危、未雨绸缪上了深刻一课。

"不忽视一个风险,不放过一个隐患"。党的十八大以来,习近平同志为核心的党中央坚持底线思维,坚持稳中求进,有效防范、管理、处理各种风险,有力应对、处置、化解各种挑战,驾驭中国航船劈波斩浪、行稳致远。当前,我国形势总体上是好的,党中央领导坚强有力,全党"四个意识""四个自信""两个维护"显著增强,意识形态领域态势积极健康向上,经济保持着稳中求进的态势,全国各族人民同心同德、斗志昂扬,社会大局保持稳定。越是这个时候我们越要认识到,"居安而念危,则终不危;操治而虑乱,则终不乱"。只有坚持底线思维,增强忧患意识,提高防控能力,切实做好防范化解重大风险各项工作,才能在新征程上创造新的更大奇迹。

切实做好防范化解重大风险工作,就要强化风险意识。站在新的历史起点上,我国发展既面临重大历史机遇,又面临不少风险挑战。其中既有外部风险,又有内部风险;既有一般风险,又有重大风险。各级党委、政府和领导干部要认真深入学习贯彻习近平总书记重要讲话精神,紧密联系外部环境深刻变化和国内改革发展稳定面临的新情况、新问题、新挑战,充分认识防范化解重大风险的重要性和紧迫性,进一步增强防范化解重大风险的政治自觉和责任担当,切实做好应对任何风险挑战的思想准备和各项工作,坚定信心,负起责任,把自己职责范围内的风险防控好,努力将矛盾消解于未然,将风险化解于无形。

切实做好防范化解重大风险工作,就要提高风险化解能力。防范化解风险能力,实质上就是认识问题、分析问题、解决问题的能力。各级党委和政府要坚决贯彻总体国家安全观,落实党中央关于维护政治安全的各项要求,确保我国政治安全;要持续巩固壮大主流舆论强势,落实意识形态责任制,创新思想政治工作内容和形式。面对经济运行稳中有变、变中有忧,各级党委和政府既要保持战略定力,推动我国经济发展沿着正确方向前进;又要增强忧患意识,未雨绸缪,精准研判,妥善应对经济领域可能出现的重大风险。面对维护社会大局稳定的任务,我们要切实落实各项措施,解决好人民群众的切身利益问题,不断增加人民群众的获得感、幸福感、安全感。面对全球动荡源和风险点增多,我们要统筹国内、国际两个大局,发展安全两件大事,既聚焦重点,又统揽全局,有效防范各类风险连锁、联动,为我国改革发展营造良好外部环境。

"凡事预则立,不预则废。"按照习近平总书记提出的要求,我们应将防范风险的先手与应对和化解风险挑战的高招结合起来,将打好防范和抵御风险的有准备之战,与打好化险为夷、转危为机的战略主动结合起来,不断提高化解风险能力,从容应对各种挑战,保持经济持续健康发展和社会大局稳定,推动中国航船向着民族复兴的目标破浪前行。

资料来源:人民日报评论员.强化风险意识,提高化解能力[EB/OL].(2019-01-23)[2022-12-27]. https://baijiahao.baidu.com/s?id=1623406442797058563&wfr=spider&for=pc.

第一节　风　险　识　别

一、风险识别的概念和原则

风险识别(risk identification)是指通过连续、系统、全面的判断与分析,确定风险管理对象的风险类型、受险部位、风险源、严重程度等,并发掘风险因素引起风险事故、导致风险损

失的作用机理的动态行为或过程。风险识别的内容主要有:一是查找风险源,分析风险类型、部位、风险损失程度;二是找出风险因素诱发风险事故而导致风险损失的原理。风险识别应遵循以下基本原则。

1. 实时性原则

实时性原则要求风险管理部门根据实时信息随时关注风险的变化,连续识别各类风险,并及时调整相关的风险管理策略。

2. 系统性原则

系统性原则要求按照风险活动的内在流程、顺序及内在结构关系识别风险。经济主体的每一个环节、每一项业务都可能带来一种或多种风险。除了对其进行独立分析,还应注意各个环节、各项业务之间的紧密联系。经济主体面临的整体风险可能大于或小于其单个风险的总和。风险管理部门应根据实际情况及时调整资产结构,以充分分散风险,将整体风险控制在可接受的范围之内。

3. 重要性原则

重要性原则是指由于风险管理的投入产出及资源的稀缺性,风险识别应有所侧重:一是着力把一些重要的风险,即期望风险损失较大的风险识别出来,对于影响较小的风险可以忽略,这样有利于节约成本,保证风险识别的效率;二是风险识别的重点应该是那些对整个活动都有重要影响的工作结构单元。

4. 经济性原则

风险的识别和分析需要花费人力、物力和时间等,风险管理收益的大小则取决于因风险管理而避免或减少的损失大小。一般来说,随着风险识别活动的进行,识别的边际成本会越来越大,而边际收益会越来越小,所以,风险识别要遵循经济性原则,要权衡成本和收益,从而选择和确定最佳的识别程度和识别方法。

 延伸阅读3-1

巨灾保险亟待新突破

由天津市金融局、天津港保税区、金融界联合主办的"2022第三届全球保险科技大会"于2022年12月15日至17日在云端召开,本届大会主题为"新时代、高质量、现代化"。在大会上,中再巨灾风险管理股份有限公司(以下简称"中再巨灾")总经理冯键发表了主题为"中国巨灾保险和中国巨灾模型的发展"的主题演讲。冯键表示,中国作为自然灾害频发大国,年平均直接经济损失超3 500亿元,面对重大极端灾害事件,巨灾保险赔付成为重要的市场补偿,但当前巨灾风险管理偏灾后管理,巨灾风险管理亟待体系化,巨灾保险亟待新突破。冯键表示,保险行业长期依赖国外模型公司的中国巨灾模型,数据老、误差大,不符合中国实际,难以有效指导保险定价和风险管理。目前政府和各行业没有巨灾模型,只有灾害模型,但其更关注预警、预测,没有经济损失的模拟计算。巨灾模型是巨灾风险管理的量化能力,需要平台生态化发展和配套综合服务体系建设。

中再巨灾是国内唯一聚焦巨灾模型研发的科技公司,已实现四大基础突破,提出"数据为本、模型为芯、场景为用、生态协同"的巨灾风险量化管理之道。

资料来源:金融界.中再巨灾管理公司总经理冯键:巨灾风险管理亟待体系化 巨灾保险亟待新突破[EB/OL].(2022-12-22)[2023-01-03]. https://baijiahao.baidu.com/s?id=17528841598573998978&wfr=spider&for=pc.

二、风险识别的流程

风险识别是风险管理的第一步,也是风险管理的基础。只有在正确识别出经济主体所面临的风险的基础上,才能够主动选择适当、有效的方法进行处理。

第一,获得企业风险管理的整体计划。它是风险识别工作开展的总体依据,包括企业背景、风险管理目标、风险标准、决策标准及对风险识别的总体要求等。

第二,确定风险识别的对象和范围。它包括确定必须开展风险识别的企业生产或业务活动的过程、计划、目标、具体的风险标准等,以获得风险识别对象的信息。

第三,制订风险识别计划。它包括识别方法的选择,在此基础上确定识别人员能力需求、识别工作时限、识别深度、识别费用、识别成果形式等。

第四,准备识别工具。根据所选的具体识别方法,准备相应的识别工具,如风险识别对象的分解结构、风险因素调查表、情景分析会、风险的历史资料、风险登记表等。

第五,开展调查。它是指通过调查进行风险因素、相应风险事件和可能结果的描述及分类。

第六,提交识别成果。识别成果即风险识别报告。

风险识别的流程如图3-1所示。

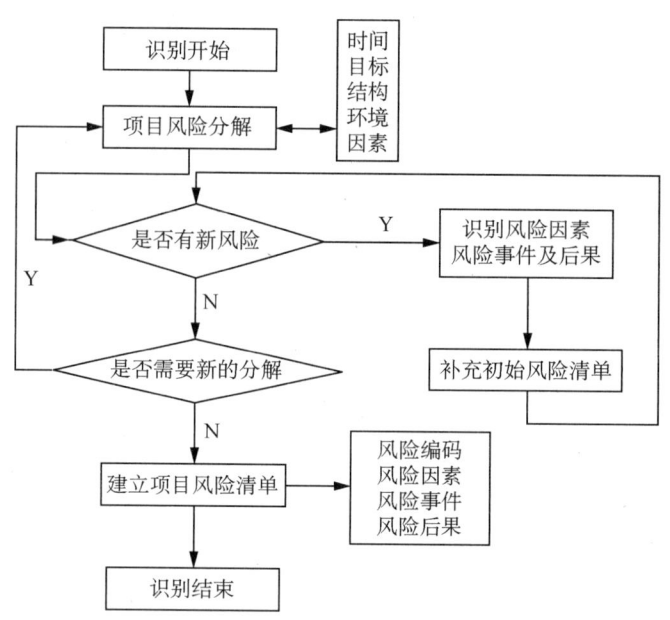

图3-1 风险识别的流程

三、风险识别的方法

(一)现场调查法

现场调查法是指风险识别主体对有可能存在或遭遇风险的各个机构、部门和所有经营活动进行详尽的现场调查来识别风险的方法。

(二)安全检查表法

安全检查表法又称风险清单,它是分析人员较为全面地列出某类事项面临的一些危险项目,以及有关的已知类型的危险、设计缺陷和事故隐患,用于逐个识别风险。该方法通常用于检查各种规范和标准的执行情况。

(三) 专家调查法

专家调查法主要包括头脑风暴法和德尔菲法两种。

1. 头脑风暴法

头脑风暴法又称智力激励法，是指刺激并鼓励一群知识渊博、知悉风险情况的人员畅所欲言、开展集体讨论的方法。头脑风暴法又可分为直接头脑风暴法（通常简称为"头脑风暴法"）和质疑头脑风暴法（也称"反头脑风暴法"）。前者是专家群体决策,尽可能激发创造性,产生尽可能多设想的方法;后者则是对前者提出的设想、方案逐一质疑,分析其现实可行性的方法。将头脑风暴法应用于风险识别,就是由指定的主持人提出与风险有关的问题,然后要求小组成员依次在第一时间给出问题的看法,之后由风险管理小组对集体讨论后识别的所有风险进行复核,并且认定核心风险。

（1）适用范围。该方法适用于充分发挥专家意见,在风险识别阶段进行定性分析。

（2）其具体实施步骤如下：

第一,会前准备。参与人、主持人和课题任务落实要讨论识别的风险主题。

第二,对风险主题展开探讨。由主持人公布会议主题并介绍与风险主题相关的情况,突破思维惯性,大胆进行联想;主持控制好时间,力争在有限的时间内获得尽可能多的创意性设想。

第三,对风险主题探讨意见进行分类与整理。

2. 德尔菲法

德尔菲法又称专家意见法,是指在一组专家中取得可靠共识的方法。其基本特征是专家单独、匿名表达各自的观点,同时随着过程的推进,他们有机会了解其他专家的观点。德尔菲法采用背对背的通信方式征询专家小组成员的意见,专家之间不得互相讨论,不发生横向联系,只能与调查人员发生联系。该方法通过反复填写问卷、搜集各方意见,形成专家之间的共识。

3-1 头脑风暴法的四大原则

（1）适用范围。该方法适用于在专家一致性意见基础上,在风险识别阶段进行定性分析。

（2）其具体实施步骤如下：

第一,组成专家小组。按照课题所需要的知识范围确定专家。专家人数的多少,可根据预测课题的大小和涉及面的宽窄而定,一般不超过20人。

第二,向所有专家提出所要预测的问题及有关要求,并附上有关这个问题的所有背景材料,同时请专家提出还需要什么材料,并由专家作书面答复。

第三,各个专家根据他们所收到的材料,提出自己的预测意见,并说明自己是怎样利用这些材料提出预测值的。

第四,先将各位专家第一次判断的意见汇总,列成图表进行对比,再分发给各位专家,让专家比较自己同他人的不同意见,修改自己的意见和判断,也可以把各位专家的意见加以整理,或请身份更高的其他专家加以评论,然后把这些意见再分送给各位专家,以便他们参考后修改自己的意见。

第五,先将所有专家的修改意见收集起来进行汇总,再分发给各位专家,以便作第二次修改。逐轮收集意见并向专家反馈信息是德尔菲法的主要环节。收集意见和信息反馈一般要经过三四轮。在向专家进行反馈的时候,只给出各种意见,但并不说明发表各种意见的专家具体姓名。这一过程重复进行,直到每一位专家不再改变自己的意见为止。

第六,对专家的意见进行综合处理。

以上6个步骤并非一定都发生,如果在第四步专家意见就已经达成一致,则不需要第五步和第六步。

(四) 流程图分析法

流程图分析法是对流程的每一阶段、每一环节逐一进行调查分析,从中发现潜在风险,找出导致风险发生的因素,分析风险产生后可能造成的损失及对整个组织可能造成的不利影响。流程图是指使用一些标准符号代表某些类型的动作,直观地描述一个操作过程的具体步骤的图片。流程图分析法将一项特定的生产或经营活动按步骤或阶段顺序以若干个模块形式组成一个流程图系列,在每个模块中都标示出各种潜在的风险因素或风险事件,从而给决策者一个清晰的总体印象。在企业风险识别过程中,运用流程图绘制企业的经营管理业务流程,可以将与企业各种活动有影响的关键点清晰地表现出来,结合企业这些关键点的实际情况和相关历史资料,就能够明确企业的风险状况。

(1) 适用范围。该方法可以对企业生产或经营中的风险及其成因进行定性分析。

(2) 其具体实施步骤如下:

第一,根据企业实际情况绘制业务流程图。

第二,识别流程图上各业务节点的风险因素,并予以重点关注。

第三,针对风险及产生原因,提出监控和预防的方法。

(3) 主要优点和局限性。流程图分析法是识别风险最常用的方法之一,其主要优点是清晰明了、易于操作,且组织规模越大,流程越复杂,流程图分析法就越能体现出其优越性。业务流程分析可以更好地发现风险点,从而为防范风险提供支持。但该方法的使用效果主要依赖于专业人员的水平,如果专业人员水平达不到要求,则会严重影响该方法的使用效果。流程图分析法只强调风险事故的结果,不关注造成损失的原因,因此,要分析风险因素还需要与其他方法配合使用。

(五) 工作风险分解法

工作风险分解法又称 WBS-RBS 法,是指把工作分解构成 WBS 树,把风险分解构成 RBS 树,然后用 WBS 树在最低层次上的子活动和 RBS 树在最低层次上的子事项交叉构成的风险识别矩阵(或称 WBS-RBS 矩阵),对工作-风险事项组合逐一进行风险识别的方法。

运用 WBS-RBS 法进行风险识别主要分为三个步骤:

第一,把工作分解构成 WBS 树,主要是根据风险主体与子部分,以及子部分之间的结构关系和工作流程进行工作分解。WBS 树如图 3-2 所示。

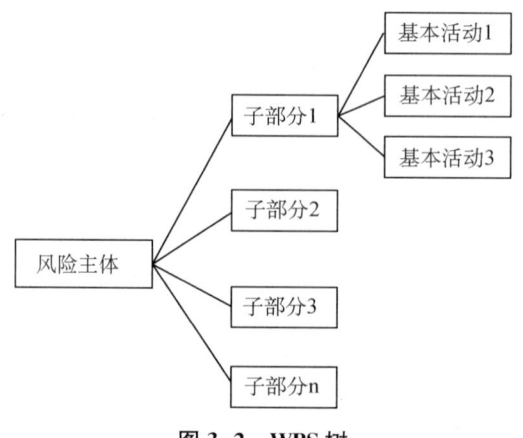

图 3-2 WBS 树

第二,把风险分解构成 RBS 树。风险识别的主要任务是找到风险事件发生所依赖的风险因素,而风险事件与风险因素之间存在着因果关系。RBS 树建立了风险事件与风险因素之间的因果联系模型。风险分解的第一层次是把风险事件分为内、外两类,内部风险事件产生于项目内部,而外部风险事件源于项目环境因素;第二层次的风险事件分别按照内、外两类风险事件继续往下细分,每层风险都按照其影响因素的构成进行分解,最终分解到基本的风险事件,把各层风险分解组合构成 RBS 树。RBS 树如图 3-3 所示。

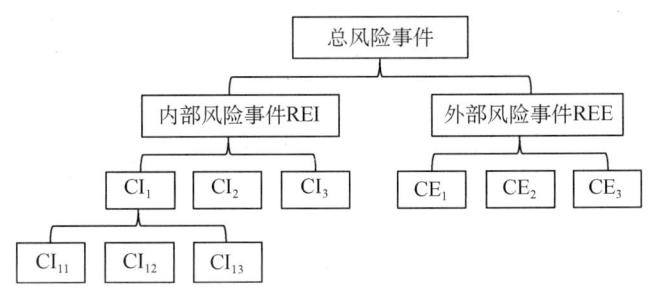

图 3-3　RBS 树图

第三,在完成工作分解与风险分解之后,将工作分解树与风险分解树交叉,构建 WBS-RBS 矩阵。WBS-RBS 矩阵的行向量是工作分解到最底层形成的基本工作包,矩阵的列向量是风险分解到最底层形成的基本子因素。风险识别过程是按照矩阵元素逐一判断某一工作是否存在该矩阵元素横向所对应的风险。WBS-RBS 矩阵如表 3-1 所示。

表 3-1　　　　　　　　　　　　WBS-RBS 矩阵

基本工作包		基本子因素							
		内部风险因素				外部风险因素			
子部分	基本活动	CI_{11}	CI_{12}	……	CI_{nm}	CE_{11}	CE_{12}	……	CE_{nm}
W_1	W_{11}								
	W_{12}								
	W_{13}								
W_n	$W_{n,m-1}$								
	$W_{n,m}$								

(六) 事件树分析法

事件树分析(event tree analysis, ETA)是一种表示初始事件发生之后互斥性后果的图解技术,为确定安全对策提供可靠依据,以达到预防事故发生的目的,它可以定性地和定量地应用。

(1) 适用范围。该方法适用于对故障发生以后,在各种减轻事件严重性的影响下,对多种可能后果的定性和定量分析。

(2) 其具体实施步骤如下:

第一,事件树要先挑选初始事件。初始事件既可以是重大事故,又可以是普通事项。

第二,我们要按序列挑选出那些旨在缓解结果的现有功能或系统,并用一条线来表示每个功能或系统成功(用"是"表示)或失败(用"否"表示)。

第三,我们要在每条线上标注一定的失效概率,同时通过专家判断等方法来估算这种条件概率。这样,初始事件的不同途径就得以建模。

需要注意的是,事件树的可能性是一种有条件的可能性。例如,启动洒水功能的可能性并不是正常状况下测试得到的可能性,而是爆炸引起火灾状况下的可能性。事件树的每条路径代表着该路径内各种事项发生的可能性。鉴于各种事项都是独立的,结果的概率用单个条件概率与初始事项频率的乘积来表示。

(3) 主要优点和局限性。事件树分析法既可以进行定量分析,又可以进行定性分析;既可以求出事件发生的概率,又可以识别系统的风险因素。因此,事件树分析法简单、形象、逻辑性强,应用比较广泛。

其主要优点如下:①ETA以清晰的图形显示了经过分析的初始事项之后的潜在情景,以及缓解系统或功能成败产生的影响;②它能说明不同事件之间的依赖性;③它生动地体现了事件的顺序。

其局限性如下:①为了将 ETA 作为综合评估的组成部分,一切潜在的初始事项都要进行识别,这可能需要使用其他分析方法(如危害及可操作研究法),但总是有可能错过一些重要的初始事项;②事件树只分析了某个系统的成功及故障状况,很难将延迟成功或恢复事项纳入其中。任何路径都取决于路径上以前分支点处发生的事项。因此,我们要分析可能路径上的众多从属因素,但人们可能会忽视某些从属因素,如常见组件、应用系统及操作员等。如果不认真处理这些从属因素,就会导致风险评估过于乐观。

(七) 情景分析法

情景分析法可用来预计威胁和机遇可能发生的方式,以及如何将威胁和机遇用于各长期及短期风险。在周期较短及数据充分的情况下,我们可以从现有情景中推断出可能的情景。对于周期较长或数据不充分的情况,情景分析的有效性更依赖于合乎情理的想象力。在识别和分析多种情景时(如最佳情景、最差情景、期望情景等),情景分析法可用来识别在特定环境下可能发生的事件并分析潜在的后果及每种情景的可能性。如果积极后果和消极后果的分布存在比较大的差异,情景分析就会有很大用途。

情景分析需要分析的变化可能包括:外部情况的变化,如技术变化;不久将要做的决定,而这些决定可能会产生各种不同的后果;利益相关者的需求及需求的方式;宏观环境的变化,如监管及人口统计等。有些变化是必然的,而有些是不确定的。有时,某种变化可能归因于另一个风险带来的结果。例如,气候变化的风险正在造成与食物链有关的消费需求发生变化。局部及宏观因素或趋势可以按重要性和不确定性进行列举并排序,我们应特别关注那些最重要、最不确定的因素,并绘制出关键因素或趋势的图形,以显示哪些情景是可以进行开发的区域。

(1) 适用范围。该方法通过模拟不确定性的情景,对企业面临的风险进行定性和定量分析。

(2) 其具体实施步骤如下:

第一,建立团队,并确定相关沟通渠道,同时确定需要处理的问题和事件的背景。

第二,对主要趋势、趋势变化的可能时机及对未来的预见进行研究。

(3) 主要优点和局限性。该方法的优点是能够对未来变化不大的情况给出比较精确的模拟结果。该方法的局限性主要表现在以下三方面：①在存在较大不确定性的情况下，有些情景可能不够现实；②在运用情景分析时，主要的难点包括数据的有效性及分析师和决策者开发现实情景的能力，这些难点对结果的分析具有修正作用；③如果将情景分析作为一种决策工具，其危险在于所用情景可能缺乏充分的基础，数据可能具有随机性，同时可能无法发现那些不切实际的结果。

（八）事故树（故障树）分析法

事故树分析法简称FTA法，主要是以树状图的形式表示所有可能引起主要事件发生的次要事件，揭示风险因素引发风险事项的作用机理及个别风险事件组合可能形成的潜在风险事件的方法。

事故树是一种树状图，与节点和连线相似，但不同的是，流程图关注的是风险的结果，而事故树关注的是事故的原因。它是一种因果关系的逻辑分析过程，遵循逻辑演绎的分析原则，从某一事故的结果开始，分析各种可能引起事故的原因。

1）事故树分析的主要内容

（1）系统可能发生的灾害事故，即确定顶上事件。

（2）系统内固有的或潜在的危险因素，包括人的错误操作而导致灾害的因素在内。

（3）各个子系统及各要素之间的相互联系与制约关系，即输入（原因）与输出（结果）的逻辑关系，并用专门符号标示出来。

2）事故树编写程序

（1）确定顶上事件。顶上事件就是所要分析的事故。确定顶上事件，一定要在详细了解系统情况、有关事故的发生情况和发生可能、事故的严重程度和事故发生概率等资料的情况下进行，而且事先要仔细寻找造成事故的直接原因和间接原因。然后，根据事故的严重程度和发生概率确定要分析的顶上事件，将其扼要地填写在矩形框内。

（2）调查或分析造成顶上事件的各种原因。顶上事件确定之后，为了编制好事故树，必须将造成顶上事件的所有直接原因事件找出来，尽可能不要漏掉。直接原因事件可以是机械故障、人的因素或环境原因等。要找出直接原因可以对造成顶上事件的原因进行调查，召开有关人员座谈会，也可根据以往的一些经验进行分析，确定造成顶上事件的原因。

（3）绘制事故树。在找出造成顶上事件的各种原因之后，我们就可以用相应事件符号和适当的逻辑门把它们从上到下分层连接起来，构成一个事故树图。在用逻辑门连接上下层之间的事件原因时，若下层事件必须全部同时发生，上层事件才会发生时，就用"与门"连接。逻辑门的连接问题在事故树中是非常重要的，它涉及各种事件之间的逻辑关系，直接影响着以后的定性分析和定量分析。

（4）认真审定事故树。画成的事故树图是逻辑模型事件的表达。既然是逻辑模型，那么各个事件之间的逻辑关系就应该相当严密、合理，否则在计算过程中将会出现许多意想不到的问题。因此，绘制事故树要十分慎重。在制作过程中，一般要进行反复推敲、修改，除了局部更改，有的甚至要推倒重来，有时还要反复进行多次，直到事故树符合实际情况，比较严密为止。

3）事故树分析程序

（1）熟悉系统。要求要确实了解系统情况，包括工作程序、各种重要参数、作业情况，必要时画出工艺流程图和布置图。

(2) 调查事故。要求在过去事故实例、有关事故统计的基础上,尽量广泛地调查所能预想到的事故,即包括已发生的事故和可能发生的事故。

(3) 确定顶上事件。即分析系统发生事故的损失和频率大小,从中找出后果严重且较容易发生的事故,作为分析的顶上事件。

(4) 确定目标。根据以往的事故记录和同类系统的事故资料,进行统计分析,求出事故发生的概率,然后根据这一事故的严重程度,确定我们要控制的事故发生概率的目标值。

(5) 调查原因事件。调查与事故有关的所有原因事件和各种因素,包括设备故障、机械故障、操作者的失误、管理和指挥错误、环境因素等,尽量详细查清原因和影响。

(6) 画出事故树。根据上述资料,从顶上事件起进行演绎分析,一级一级地找出所有直接原因事件,直到所要分析的深度,按照其逻辑关系,画出事故树。

(7) 定性分析。根据事故树结构进行化简,求出最小割集和最小径集,确定各基本事件的结构重要度排序。

(8) 计算顶上事件发生概率。根据所调查的情况和资料,确定所有原因事件的发生概率,并标在事故树上。根据这些基本数据,求出顶上事件发生概率。

(9) 进行比较。根据可维修系统和不可维修系统分别进行考虑。对可维修系统,我们应将求出的概率与通过统计分析得出的概率进行比较,如果两者不符,则必须重新研究,看原因事件是否齐全、事故树逻辑关系是否清楚、基本原因事件的数值是否设定得过高或过低等;对不可维修系统,求出顶上事件发生概率即可。

(10) 定量分析。定量分析包括下列三个方面的内容:

第一,当事故发生概率超过预定的目标值时,要研究降低事故发生概率的所有可能途径,可从最小割集着手,从中选出最佳方案。

第二,利用最小径集,找出根除事故的可能性,从中选出最佳方案。

第三,求各基本原因事件的临界重要度系数,从而对需要治理的原因事件按临界重要度系数大小进行排列,或编制安全检查表,以求加强人为控制。

事故树分析法在原则上包括这 10 个步骤。但在具体分析时,分析人员可以根据分析的目的、投入人力物力的多少、人的分析能力的高低及对基础数据的掌握程度等,分别进行到不同步骤。如果事故树的规模很大,也可以借助电子计算机进行分析。

第二节 风险分析

一、风险分析概述

企业完成了风险识别之后,需要对风险进行分析,为后续的风险管理措施提供基础。风险分析是对识别出的风险因素进行量化分析和描述的方法。风险分析的目的是探求各主要影响因素可能的变化范围及对企业目标实现可能产生的有利或不利的影响。风险分析应该包括风险之间的关系分析,以便发现各风险之间的自然对冲、风险事件发生的正负相关性等,从而在风险管理策略上对风险进行统一集中管理。

企业在分析多项风险时,应根据风险发生可能性的高低和其对目标的影响程度的评估,绘制风险坐标图,对各项风险进行比较,初步确定对各项风险的管理优先顺序和策略。

风险分析应由企业组织有关职能部门和业务单位实施,也可聘请有资质、信誉好、风险管理专业能力强的中介机构协助实施。

企业应对风险管理信息实行动态管理,定期或不定期地实施风险辨识、分析、评价,以便对新的风险和原有风险的变化重新评估。

二、风险分析流程

风险分析作为风险管理的一项重要工作,也有必要遵循一定的流程。一般来说,风险分析主要包含收集风险信息、建立风险模型、估计风险损失三个流程。

(一) 收集风险信息

风险分析的第一步是要广泛地、持续地收集与本企业相关的内外部信息,这些信息既包括历史数据,又包括未来预测的数据。在实务工作中,风险信息的收集职责应分工落实到有关的职能部门和业务单位。收集风险信息应该根据所分析风险类型具体展开。例如,分析企业的战略风险时,收集的风险数据应该包含以下相关的重要信息:

(1) 经济运行情况、宏观经济政策、产业状况等。
(2) 与本企业业务相关的科技进步、技术创新等内容。
(3) 市场对该企业产品或者服务的需求。
(4) 与企业有关的战略合作伙伴,以及未来寻找战略合作伙伴的可能性。
(5) 该企业主要的客户、供应商、竞争对手的有关情况。
(6) 该企业与主要竞争对手的差距。
(7) 该企业的发展战略、经营目标及相关的依据。
(8) 该企业过去在投融资过程中发生的错误。

收集的资料要求客观真实、准确完整,具有较好的统计性。

原始数据收集之后,我们需要根据研究任务的需要,按照已设计好的整理方案的要求,将收集来的所有资料进行加工、综合,使之条理化、系统化,从而成为能够反映事物总体特征的综合资料。资料经过整理,能以某种易读、易懂的形式提供给资料使用人。

(二) 建立风险模型

风险模型是指以取得的有关风险因素的数据资料为基础,对风险事件发生的可能性和可能的结果给出明确的量化描述的模型。该模型分为事件不确定性模型和损失分析模型,分别用以表示不确定性因素与风险因素发生概率、风险损失之间的关系。

(三) 估计风险损失

风险发生可能性和损失后果往往是有联系的,风险损失的大小不同时,其相应发生的概率也不同。我们通常是将风险因素的发生概率和可能的结果综合起来进行评价。风险损失为连续变量,所以我们常用概率分布函数来描述损失与发生概率间的关系。

对风险因素进行概率估算的途径有两种。一种是根据大量试验结果用数理统计的方法进行分析计算,这种方法所得的概率是客观存在的,即客观概率。但实际上由于有些风险不可能对其进行试验,且事件又都在将来发生,无法获取其准确信息,很难计算出客观概率。这时,我们需采用另一种主观概率算法,即由有关专家对事件的概率作出主观估计,得到的概率即为主观概率。

风险损失估计是风险分析的主要任务。对于每一具体的风险来说,其需要估计以下四个方面:

(1) 每一风险因素最终转化为风险事项的概率及其相应的损失分布。在风险发展过程中,并不是所有风险因素都能最终发展成导致损失的风险事故,因而通过判断其发生的概率,就可以对风险的影响程度和严重性作出判断,据此进行风险处理的决策。在估计风险分布规律时,我们可以采用专家调查法、现场观察法、模糊综合评判法等适当的方法,通过现场观测或试验模拟工程风险来估计目标风险的概率分布。

(2) 单一风险的损失程度。如果某一风险因素导致事故损失的可能性很大,可能的损失却很小,对于这样的风险没必要采取复杂的处置措施。只有综合考虑了风险发生概率和损失程度,才能根据风险损失期望来制定风险处置策略。在估计目标风险的概率分布并了解其发生的可能性之后,还要估计单一风险可能造成的损失程度。风险损失可以依据风险载体的状况、风险的波及范围和可能造成的损坏程度来估计。

(3) 若干关联的风险导致同一风险单位损失的概率和损失程度。风险管理人员在制订风险计划时,一般会关心在特定的风险管理子系统中承担的风险损失期望值,因此有必要从某一风险上位整体的角度,分析多种风险可能造成的损失总和及发生风险事故的概率。

(4) 所有风险单位的损失期望值和标准差。为了掌握风险管理系统总体的风险状况,风险管理人员还应估计总的风险管理系统中所有风险单位的损失期望值和标准差,也就是将所有风险单位的风险因素叠加后的损失期望值,并且估计这个损失期望值与各种可能的损失值之间的偏差程度,这里用标准差来衡量这个偏差程度。

三、风险分析方法

(一) 定性风险分析

定性风险分析一般采用描述性语言来描述风险评估结果,如"有可能发生""极有可能发生""很少发生"等。当可用的数据较少,不足以进行定量评估时,可进行定性风险分析;根据经验或推理,主观认为风险不大,没有必要进行定量风险分析时,可进行定性风险评估方法,或者将定性风险分析作为定量风险分析的预备评估方法。定性风险分析方法可采用问卷调查、集体讨论、专家咨询、情景分析、政策分析、行业标杆比较、管理层访谈、由专人主持的工作访谈和调查研究等。

(二) 定量风险分析

定量风险分析是指通过相关数据的量化分析来描述、推断某一风险发生的可能性和后果,从而精确地描述风险的一种风险评估方法。当资料比较充分或者风险对信息资产绩效评价的危害可能很大,确有必要时,可采用定量风险评估方法。进行定量风险分析的成本一般比较高,其是一种比较精确的风险评估方法,通常以数学形式进行表示。

1. 定量风险分析种类

根据掌握信息资料的不同,定量风险分析可以分为确定型风险分析、随机型风险分析和不确定型风险分析三种。确定型风险分析是对确定型风险进行分析。确定型风险是指那些风险出现的概率为1,其后果是完全可以预测的,且有精确、可靠的信息资料支持的风险。确定型风险分析经常使用的方法是盈亏平衡分析和敏感分析。随机型风险分析是对随机性风险进行分析。随机型风险是指那些不但出现的各种状态已知,而且这些状态发生的概率(可能性大小)也已知的风险。随机型风险分析一般采用概率评估技术指标度量风险大小,利用非概率分析技术作为补充。不确定型风险分析是对不确定型风险进行分析。不确定型风险是指那些出现的各种状态和发生的概率均未知的风险。在实际项目的管理活动中,我们一般需要通过信息的获取把不确定型风险转变为随机型风险性。

2. 定量风险分析技术

定量风险分析技术主要有概率分析技术和非概率分析技术两大类。

1) 概率分析技术

概率分析技术的基本原理是根据特定的假设将一系列事项及所造成的影响与这些事项的可能性联系起来,在历史数据或反映未来行为模拟结果的基础上,对可能性和影响进行评估。利用概率分布提出的风险度量指标包括波动性指标(如方差、标准差、协方差、离散系数等)、敏感性指标、风险调整指标(如风险价值、风险现金流量、风险收益)、损失分布、预期损失、非预期损失和事后检验等。

概率分析技术可以采用不同的时间范围来估计不同时期金融工具的价值范围等结果,也可以用来评估期望的或平均的结果,以及极端的或非期望的影响。

2) 非概率分析技术

当估计无法量化相关可能性事项的影响时,非概率分析技术可以利用主观的假设,根据历史或模拟数据和对未来行为的假设,对潜在事项的影响进行评估。非概率分析技术要求管理当局单独确定其可能性。非概率分析技术主要包括以下方法:

(1) 盈亏平衡分析法。盈亏平衡分析法是将成本划分为固定成本和变动成本,根据收益与成本之间的关系,进行预测分析的技术方法。盈亏平衡分析法广泛应用于预测成本、收入、利润,编制利润计划,估计售价、销量和成本水平变动对利润的影响,为各种决策提供必要的信息,并可用于安全性分析。

(2) 敏感性分析法。敏感性分析法是指从众多不确定性因素中找出对投资项目经济效益指标有重要影响的敏感性因素,并分析、测算其对项目经济效益指标的影响程度和敏感性程度,进而判断项目承受风险能力的一种不确定性分析方法。敏感性分析法用来评价潜在事项的正常或日常变化的影响,由于计算相对容易,敏感性分析法有时也用来补充概率方法。敏感性分析法经常用于金融风险的分析,同时也可用于度量经营风险,如销售量的变化对呼叫中心响应时间或生产缺陷数的影响。

(3) 决策树分析法。决策树分析法是指把某一风险决策问题的各种风险事项与可供选择方案,可能出现的状态、概率及其后果等一系列因素,按它们之间的相互关系用树形图表示,然后按网络决策的原则和程序进行选优和决策的方法。

(4) 蒙特卡罗随机模拟法。蒙特卡罗随机模拟法是指通过构造描述数学模型与模拟实验得到相对较精确的风险事项概率分布,再据此来评估风险指标的方法。该方法用来分析评估风险发生可能性、风险的成因、风险造成的损失或带来的机会等变量在未来变化的概率分布。其具体操作步骤如下:

第一,量化风险,即将需要分析评估的风险进行量化,明确其度量单位,得到风险变量,并收集历史相关数据。

第二,根据对历史数据的分析,借鉴常用建模方法,建立能描述该风险变量在未来变化的概率评估技术。

第三,计算概率分布初步结果,即利用随机数发生器,将生成的随机数代入上述概率评估技术生成风险变量的概率分布初步结果。

第四,修正完善概率评估技术,即通过对生成的概率分布初步结果进行分析,用实验数据验证模型的正确性,并在实践中不断修正和完善模型。

第五,利用该模型分析评估风险情况。

蒙特卡罗随机模拟法依赖模型的选择,因此模型本身的选择对于蒙特卡罗随机模拟法计算结果的精度影响甚大,通常借助计算机完成。

(5) 情景分析法。情景分析法是指通过假设、预测、模拟等手段生成未来情景,并分析其对目标产生影响的方法。情景分析法包括历史情景重演法、预期法、因素分解法、随机模拟法等方法。与敏感性分析法对单一因素进行分析不同,情景分析法是一种多因素分析方法,结合设定的各种可能情景的发生概率,研究多种因素同时作用时可能产生的影响。情景分析中所用的情景通常包括基准情景、最好情景和最坏情景。情景可以人为设定(如直接使用历史上发生过的情景),也可以从对市场风险要素历史数据变动的统计分析中得到,或通过运行描述在特定情况下市场风险要素变动的随机过程得到。

(6) 压力测试法。压力测试法是指在极端情景下,分析评估风险管理模型或内部控制流程的有效性,发现问题,改进方法,其目的是防止出现重大损失事件。压力测试法不同于情景分析法,前者集中关注的是单个事项或活动在极端情况下的变化产生的直接影响,而后者更关注常规的变化产生的影响。

(三) 风险分析技术选择

选择合适的风险评估技术和方法,有助于组织及时高效地获取准确的评估结果。一般来说,合适的技术应具备以下特征:第一,适应组织的相关情况;第二,得出的结果应加深对风险性质及如何应对风险的认识;第三,应能按可追溯、可重复及可验证的方式使用。在综合不同研究的结果时,所采用的技术及结果应是可比较的。

一旦决定进行风险评估并且确定了风险评估的目标和范围,那么就可以依据如下因素,选择一种或多种评估技术。

(1) 风险评估的目标,这对于使用的方法有直接影响。

(2) 决策者的需要。某些情况下作出有效的决策需要充分的评估细节,而某些情况下可能只需要对总体情况进行大致了解。

(3) 所分析风险的类型及范围。

(4) 后果的潜在严重程度。

(5) 专业知识、人员以及所需资源的程度。

(6) 信息和数据的可获得性。

(7) 修改或更新风险评估的必要性:一些评估结果可能在将来需要修改或更新。在这方面,某些方法比其他方法更易于调整。

(8) 法律法规及合同要求等。

只要满足评估的目标和范围,简单方法应优先于复杂方法被采用。此外,其他几类因素对风险评估技术选择的影响也值得关注,具体如下:

(1) 资源的可获得性。可能影响风险评估技术选择的资源和能力包括:①风险评估团队的技能、经验及能力;②信息及数据的可获得性;③时间和组织内其他资源的限制;④需要外部资源时的可用预算。

(2) 不确定性的性质和程度。组织内外部环境中常常存在着不确定性。可获得的信息和数据并不总是可以对未来的预测提供可靠的基础。不确定性可能产生于信息的质量、数量和完整性。进行风险评估的人员应理解不确定性的类型及性质,同时认识到风险评估结果可靠性的重大意义,并向决策者说明这些情况。

(3) 复杂性。风险自身经常具有复杂性的特征。在某些情况下,对某一风险采取应对措施可能会对其他活动产生影响。需要认识后果之间的相互影响和风险之间的相互依赖关系,以确保在管理一个风险时,不会导致在其他方面产生重大风险。理解组织中单个或多个风险组合的复杂性,对于选择适当的风险评估技术和方法至关重要。

(4) 风险评估在生命周期各阶段的应用。许多活动、项目和产品从最初的概念和定义、实现到最终的完结,可以被认为具有生命周期。风险评估可以应用于生命周期的所有阶段,而且通常以不同的详细程度被应用多次,以便为每一阶段需作出的决策提供帮助。

四、风险描述

风险分析的结果可以用一个二维坐标系或风险矩阵来描述。风险坐标图是把风险发生可能性的高低和风险发生后对目标的影响程度作为两个维度绘制在同一个平面的直角坐标系上。风险坐标系的横轴表示可能性或其变化区间,纵轴表示影响或其变化区间,每一种风险都定位描述在这个坐标系中。风险矩阵是用行表示风险的可能性,用列表示风险的影响,用二维度量指标描述每一种风险的矩阵。风险矩阵提供了所有风险的可能性、影响及其变化区间的信息。

3-2 怎样更好地识别和控制风险

(一) 定量风险描述与定性风险描述

根据业务环境的不同,风险的定量描述可以采用特定的置信区间表示,如95%、99%的置信区度。定性描述可以直接用文字描述,如"极低""低""高""极高"等。某公司影响计算机运行的定性风险描述如表3-2所示。

表3-2　　　　　　　　某公司影响计算机运行的定性风险描述

级别	描述符	发生的可能性	风险
1	罕见的	非常低	恐怖活动或其他故意行为使技术系统关闭较长的时间
2	不太可能的	低	自然灾害或第三方(如公用事业单位)事项要求应用经营连续计划
3	可能的	中等	电脑黑客侵入电脑安全系统
4	很可能的	高	内部员工利用公司资源从网上接收不正当信息
5	几乎确定的	非常高	内部员工把公司资源用于个人信息传递

(二) 定性风险描述与定量风险描述的对应关系

定性风险描述与定量风险描述的对应关系如表3-3所示。

表 3-3　　　　　　　　　　定性风险描述与定量风险描述的对应关系

定量方法一	评分	1	2	3	4	5
定量方法二	一定时期发生的概率	10%以下	10%~30%	30%~70%	70%~90%	90%以上
定性方法	文字描述一	极低	低	中等	高	极高
	文字描述二	一般情况下不会发生	极少情况下才发生	某些情况下发生	较多情况下发生	常常会发生
	文字描述三	今后10年内发生的可能少于1次	今后5~10年内可能发生1次	今后2~5年内可能发生1次	今后1年内可能发生1次	今后1年内至少发生1次

(三) 风险坐标图

风险坐标图是把风险发生可能性的高低、风险发生后对目标的影响程度,作为两个维度绘制在同一个平面上,即绘制成直角坐标系。

风险坐标系就是坐标横轴表示可能性或其变化区间,纵轴表示影响或其变化区间,把每一种风险都定位描述在这个坐标系中。定性风险坐标图如图 3-4 所示,定量风险坐标图如图 3-5 所示。

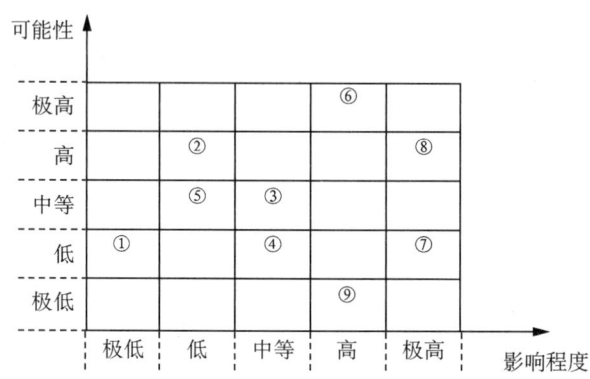

图 3-4　定性风险坐标图

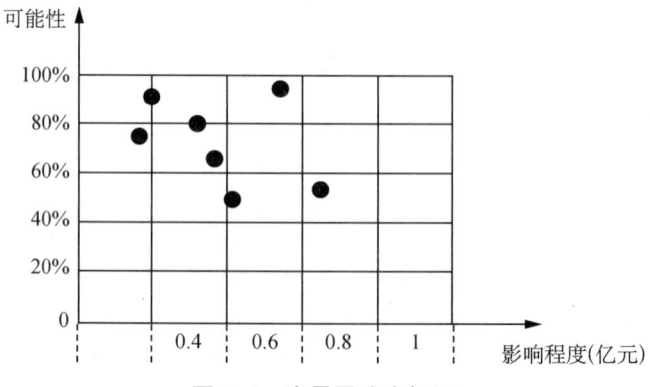

图 3-5　定量风险坐标图

(四) 风险矩阵

风险矩阵就是用行表示风险的可能性,用列表示风险的影响,用二维度量指标描述每一种风险。风险矩阵如图3-6所示。

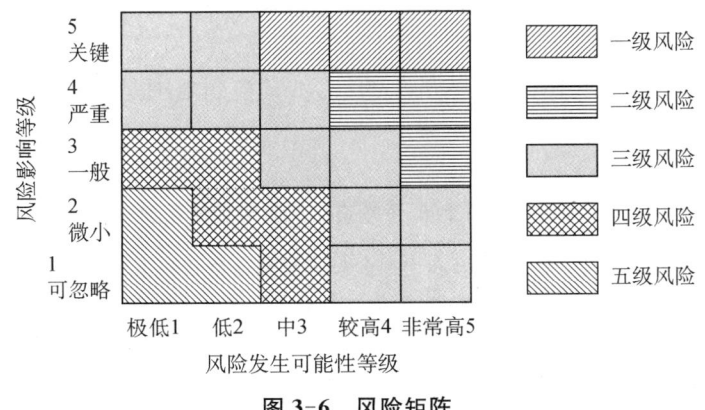

图3-6 风险矩阵

图3-6提供了所有风险的可能性、影响及其变化区间的信息。

第三节 风险应对

按照风险管理的基本流程,风险评估完成后应制定实施风险管理解决方案,进一步落实风险管理工作。在这一阶段,企业应根据风险评估结果针对各类风险或每一项重大风险制定风险管理解决方案。

一、风险应对方案的种类

风险应对方案可以分为外部和内部解决方案。

(一) 外部解决方案

外部解决方案一般是指外包。企业经营活动外包是利用产业链进行专业分工、提高运营效率的必要措施。企业许多风险管理工作可以外包出去,如企业使用投资银行、信用评级公司、保险公司、律师事务所、会计师事务所、风险管理咨询公司等专业机构,将有关方面的工作外包,可以降低企业的风险、提升效率。外包可以使企业规避一些风险,但同时可能带来另一些风险,应当加以控制。

企业制定风险管理解决的外包方案,应注重成本与收益的平衡、外包工作的质量、自身商业秘密的保护及防止自身对风险解决外包产生依赖性风险等,并采取相应的预防和控制措施。

(二) 内部解决方案

内部解决方案是指风险管理体系的运转。在具体实施中,一般综合应用以下几种手段:风险管理策略;组织职能;内部控制(简称内控),包括政策、制度、程序;信息系统,包括报告体系、风险理财措施。

在上述内部解决方案中,企业制定风险解决的内控方案应满足合规的要求,坚持经营战略与风险策略一致、风险控制与运营效率及效果相平衡的原则,针对重大风险所涉及的各管理及业务流程,采取涵盖各个环节的全流程控制措施;对其他风险所涉及的业务流程,要把关键环节作为控制点,采取相应的控制措施。

内部控制是通过有关企业流程的设计和实施的一系列政策、制度、程序和措施,控制影响流程目标的各种风险的过程。内部控制是全面风险管理的重要组成部分,是全面风险管理的基础设施和必要举措。一般说来,内部控制系统针对的风险是可控纯粹风险,其控制对象是企业中的个人,其控制目的是规范员工的行为,其控制范围是企业的业务和管理流程。

延伸阅读3-2

上证50股指期权上市 资本市场风险管理体系加速完善

上证50股指期权于2022年12月19日在中国金融期货交易所挂牌上市,以完善股指期货产品序列相应的场内期权品种。除了上证50股指期权,2022年内地资本市场也上市了包括中证1000股指期权、创业板ETF期权等多个金融期权产品,资本市场加速完善风险管理体系。上证50股指期权是中金所上市的第三个期权类品种,此前,中金所已上市沪深300股指期货、中证1000股指期货相对应的期权类产品。

上证50股指期权的合约条款与已上市的沪深300股指期权、中证1000股指期权基本一致,其合约乘数为每点人民币100元,行权方式为欧式,合约类型为看涨期权、看跌期权,最小变动单位为0.2点,每日价格波动限制为上一交易日上证50指数收盘价上下浮动10%对应的价格范围,合约月份为当月、下2个月及随后的3个季月。

中金所董事长何庆文表示,上证50股指期权上市后,将与上证50股指期货、上证50ETF期权形成协同发展的新局面,这将有助于建立更为完备的风险管理体系,满足投资者多元化的交易和风险管理需求,有利于促进健全和完善资本市场稳定机制,促进中长期资金入市,更好服务资本市场高质量发展。

资料来源:新华财经.新华财经|上证50股指期权上市 资本市场风险管理体系加速完善[EB/OL]. (2022-12-20)[2023-01-04]. https://baijiahao.baidu.com/s?id=1752702863152515807&wfr=spider&for=pc.

二、风险管理措施

风险管理措施是风险应对的重要组成部分。风险管理措施是为应对风险采取的具体措施。风险管理措施主要分为控制型风险管理措施、融资型风险管理措施及内部风险抑制措施。风险管理措施的具体分类如图3-7所示。

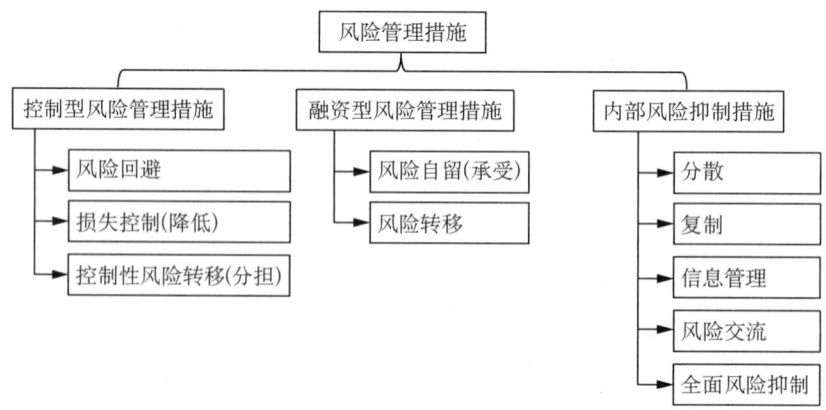

图3-7 风险管理措施的具体分类

（一）控制型风险管理措施

控制型风险管理措施是通过避免、消除和减少意外事故发生的机会及控制损失幅度来减少期望损失成本。

在风险成本极低的前提下，控制型风险管理措施的目标主要有两个：一是防止损失，降低损失发生的概率，最终保证不发生损失；二是降低损失，减少损失金额或者降低风险带来的负面影响。以上两个目标都是改变组织的风险暴露状况，从而帮助组织回避风险、减少损失，在风险发生后降低风险给组织带来的负面影响。控制型风险管理措施目标的实现主要是通过控制损失根源从而减少风险因素最终减轻风险损失。此过程遵循了发生、发展、结果的顺序。首先，控制损失根源着眼于损失发生的最根本原因，意在从损失的源头入手进行控制，如在建筑物建设时就增加其防火性能，在汽车设计时就考虑其必要的减震系统等。其次，我们还可以减少已有的风险因素，如加强调对可能受损的标的物进行持续检查、监督员工遵守安全规章制度等。最后，如果损失根源和风险因素都没有控制住，风险事故发生了，那么我们还可以做一项工作，即减轻损失，如准备必要的器械、设备，以及现场快速有序的反应等。基于控制型风险管理措施的目标，我们可以将控制型风险管理措施分为风险回避、损失控制、控制型风险转移三类。

1. 风险回避

风险回避就是有意识地回避某种特定风险的行为。它把风险降低为零，是最彻底的风险管理措施，要么放弃或终止某项活动的实施，要么继续执行但改变活动的性质。风险回避虽然去除了后顾之忧，但这种措施的实施有许多局限性。首先，有些风险是无法避免的，如公司所面临的财产损毁风险。其次，如果是投机风险，那么回避了风险，也就会失去这些风险可能带来的收益。最后，回避一种风险，可能产生另一种新风险或加强已有的其他风险，如不乘坐飞机以回避飞机坠毁风险，但选择其他交通工具就会面临其他风险。由此可见，风险回避并不总是可行的，有时即使可行，人们也不会选用。

风险回避适用的情况主要包括以下几种：

（1）损失频率和损失幅度都比较大的特定风险。

（2）频率虽然不大，但后果严重且无法得到补偿的风险。

（3）采用其他风险管理措施的经济成本超过了进行该项活动的预期收益。

2. 损失控制

损失控制是指通过降低损失频率或者减少损失程度来减少期望损失成本的各种行为。一般来说，降低损失频率称为损失预防，减少损失程度称为损失减少，也有的措施同时具有损失预防和损失减少的作用。

（1）损失预防。损失预防在实践中广泛应用，相当于对风险链的前三个环节进行干扰，包括：①改变风险因素；②改变风险因素所处环境；③改变风险因素和其所处环境的相互作用。例如，定期对飞机进行检修是一种损失预防措施。它通过改变风险因素——飞机的安全隐患来降低飞机失事的概率，但飞机一旦失事，几乎都是机毁人亡，损失不会因检修而减少。又如，在某工厂的车间里，储油罐渗漏出来的油使得地面非常滑，工人容易摔倒。该情况中风险因素是油，我们可以在地面铺上吸油垫和防滑垫，通过改变风险因素所处的环境来控制风险。

（2）损失减少。损失减少的目的是减少损失的潜在严重程度。在汽车上安装安全气囊,就是一种损失减少措施。安全气囊不能阻止损失发生,但如果事故真的发生了,它能减少驾驶员可能遭受的伤害。

损失减少是一种事后措施。事后措施是指虽然很多措施是我们事先设计好的,但措施的作用和实施都是在损失发生之后。对于一个公司来说,损失减少非常重要。一方面,预防不可能万无一失;另一方面,融资型风险管理措施只能弥补事故发生后的经济损失,结果却是无法挽回的,如人的生命,而且即便是经济损失,有时我们还是更希望保留原有物,而不是得到经济赔偿。因此,损失减少在风险管理中的位置不言而喻。

常用的损失减少措施包括:①抢救;②灾难计划和紧急事件计划。这类计划也称预案,事先把事故发生后的情况想象出来,然后对所有的行动进行部署。一般来说,预案在事先进行培训或演练,以便在真正实施时能够迅速到位。

一些措施同时具有损失预防和损失减少两种功能,如对员工进行安全与救助的培训,既能从人为因素方面减少事故发生的频率,事故发生时,又能使员工凭借一些救助的方法有效地降低损失程度。

损失控制在应用的时候需要注意以下几个方面:

(1) 在成本与效益分析的基础上进行措施选择。是否选择损失控制来降低风险,以及选择什么样的损失控制措施,要在成本效益分析的基础上来决定。任何损失控制措施都是有成本的,风险管理的目标是风险成本最小化,某项损失控制的预期收益至少应等于预期成本,如果某种风险控制的成本过高,就可以考虑是否用其他方法代替。

(2) 不能过分相信和依赖损失控制。损失控制要么基于机械或工程,要么基于人,无论是哪一方面,都不是万无一失的,机械可能发生故障,人可能有道德风险。因此对某些影响很大的风险,尤其是巨灾风险,要考虑是否需要融资型风险管理措施配合。

(3) 某些措施一方面能抑制风险因素,另一方面也会带来新的风险因素。

3. 控制型风险转移

控制型风险转移是指借助合同或协议,将损失的法律责任转移给其他个人或组织(非保险人)承担。控制型风险转移主要有以下几种方式:

(1) 出售。出售是通过将带有风险的财产转移出去来转移风险,将风险单位出售给其他个人或组织,也就将与之有关的风险转移给对方。例如,公司将其拥有的一幢建筑物出售,公司原来面临的该建筑物的火灾风险也就随着出售行为的完成而转移给新的所有者。

在很多情况下,出售基本等同于彻底的风险规避,风险单位将财产出售出去,相关风险也随之摆脱。但也有一些情况,出售并不意味着完全摆脱风险,如家用电器出售给消费者后,制造商和销售商还是要承担一定的产品责任风险。

(2) 分包。分包是通过将带有风险的活动转移出去来转移风险的。分包多用于建筑工程中,工程的承包商利用分包合同将其认为风险较大的工程转移给其他人。例如,高空作业的工程风险较大,承包商可以将这部分工程分包给专业的高空作业工程队,从而将与高空作业相关的人身意外伤害风险和第三者责任风险转移出去。

一般来说,合同中的受让方在对某种风险的处理能力上会高于出让方,这样分包才能实现。

(3) 签订免除责任协议。虽然将带有风险的财产或活动转移出去是一种很好的摆脱风险的方式,但并不是在所有情况下都可以使用这类措施,这种方法可能是不允许或不经济的。例如,很多外科手术都存在失败的风险,一些风险虽然发生概率很低,但一旦失败,后果严重,医生一般不能因害怕这种手术失败损失而拒绝手术,但他可以与患者家属签订免除责任协议,由患者及家属承担风险。这时,带有风险的活动并没有转移,但与之相关的责任风险却转移出去了。

(二) 融资型风险管理措施

由于现实性和经济性等原因,很多情况下人们对风险的预测不可能绝对准确,而损失控制也无法解决所有的风险问题,某些风险事故的损失后果仍不可避免,这就需要融资型风险管理措施来处理。与控制型风险管理措施的事前防范不同,融资型风险管理措施的目的在于通过事故发生前所做的财务安排,使得在损失一旦发生后能够及时获取资金以弥补损失,从而为恢复正常经济活动提供财务基础。融资型风险管理措施的着眼点在于事后的补偿。

3-3 控制型风险管理措施

融资型风险管理措施与控制型风险管理措施最大的区别在于,控制型风险管理措施将承担损失的法律责任转移了出去,而融资型风险管理措施只是将损失的经济后果转移给他人承担,法律责任并没有转移,一旦接受方没有能力支付损失,损失最终还要由转移方支付。根据资金的来源不同,融资型风险管理措施可以分为风险自留和风险转移两类。

1. 风险自留

风险自留是指项目风险保留在风险管理主体内部,通过采取内部控制措施等来化解风险或者对这些保留下来的项目风险不采取任何措施。风险自留与其他风险对策的根本区别在于:它不改变项目风险的客观性质,既不改变项目风险的发生概率,又不改变项目风险潜在损失的严重性。

风险自留的资金来源主要有以下四种方式:

(1) 将损失摊入经营成本。很多自留财产损失和责任损失的决定都不包括任何正式的预备基金。损失发生后,组织只是简单地承受这种损失,将损失计入当期损益,摊入经营成本。这种方法能最大限度地减少管理细节,但是如果损失在不同年度里波动很大,那么较大的损失会使企业陷入困境。企业可能被迫在不利的情况下变卖资产,以便获得现金来补偿损失。此外,企业的损益状况也有可能发生剧烈波动。显然这种方法只适用于那些损失概率高,但是损失程度较小的风险,企业可以通过风险识别将这些风险损失直接计入预算。

(2) 建立意外损失基金。意外损失基金的建立可以采取一次性转移一笔资金的方式,也可以采取定期注入资金长期积累的方式。企业愿意提取意外损失基金的额度,取决于其现有的变现准备金的大小,以及它的机会成本。企业每年能负担多少意外损失基金,则取决于其当年现金流的情况。建立意外损失基金的方法能够积聚较多的资金储备,因而能自留更多的风险。但是,它有一个不足之处:按照税务和财务法规,损失费用不可预先扣除,除非损失实际已经发生,而向保险公司缴付保险费却是税前列支。建立此项基金的财源一般是税后的净收入。这一缺陷也说明了为什么许多大公司要设立自己的专业自保公司。

(3) 借入资金。风险事故发生后,企业可以通过借款以弥补事故损失造成的资金缺口。企业某部门受损,可以向企业或企业其他部门求得内部借款,以解燃眉之急。这样会有一定困难,即使借贷成功,需求的迫切也将导致利率提高或其他苛刻的贷款条件。当意外损失发生后,企业无法依靠内部资金度过财务危机时,企业可以向银行寻求特别贷款或从其他渠道融资。由于风险事故的突发性和损失的不确定性,企业也可以在风险事故发生前,与银行达成一项应急贷款协议,一旦风险事故发生,企业可以获得及时的贷款应急,并按协议约定条件还款。

（4）专业自保公司。专业自保公司是企业（母公司）自己设立的保险公司，旨在对本企业、附属企业及其他企业的风险进行保险或再保险安排。在《财富》500强企业中有70%的企业设立了专业自保公司。中国石化总公司试行的"安全生产保证基金"可算是我国大型企业第一个专业自保公司的雏形。企业建立专业自保公司主要基于以下原因：第一，保险成本降低，收益增加。专业自保公司可以不通过代理人和经纪人展业，节约了大笔的佣金和管理费用，其保险费率与本公司或行业内部的实际损失率比较接近，因而可以节省保险费开支。优于其他自保方式的一个因素是，向专业自保公司缴付的保险费可从公司应税收入中扣除。第二，承保弹性增大。传统保险的保险责任范围不充分，保险公司仅承保可保风险，其风险范围不能涵盖企业面临的所有风险，不能满足被保险企业多样化的需要，而专业自保公司更易于了解客户面临的风险类别和特性，可以根据自己的需要扩大保险责任范围，提高保险限额，可根据自身情况采取更为灵活的经营战略，开发有利于投保人长期利益的保险险种和保险项目。第三，可使用再保险来分散风险。许多再保险公司只与保险公司做交易。通过设立专业自保公司，企业可以直接进入再保险市场，以此分散风险，扩大自己的承保能力，有剩余承保能力的还可以接受分保。

2. 风险转移

除了保险、套期保值这些比较常用的风险转移的措施，还有一些基于合同的融资型风险转移形式。财务租赁合同就是一种合同融资型风险转移措施。在财产租赁合同中，出租人和承租人经常会就出租物的质量责任、维修保养责任和损坏责任等问题发生纠纷。为了转移此类责任风险，出租人可以根据承租人的租赁要求和选择，出资向供货商购买租赁物，并租给承租人使用，承租人支付租金，并可在租赁期届满时，取得租赁物的所有权，并决定续租或退租，这就是财务租赁合同。在这种情况下，出租人最主要的义务是为承租人融通资金，购买租赁物，对其而言，该行为既取得了租赁财产的租金收入，又转移了租赁财产的损失责任风险。对承租人来说，虽然承担了风险，但可以从其他渠道取得资金以保证正常经营。

3-4 如何规避投资风险

延伸阅读3-3

一场山火摧毁的美国能源巨头

2018年11月，美国加利福尼亚州经历了一场山火灾难（以下简称"加州山火事件"），这场山火肆虐了整整18天，是加州历史上死亡人数最多、破坏力最大的山火。数据显示，这场灾难财产损失达165亿美元，其中保险保障的损失约123亿美元。这场山火也让很多牵涉其中的公司和机构"火烧眉毛"。其中，最引人关注的就是美国最大电力能源公司——太平洋煤气电力公司（Pacific Gas and Electric Company，PG&E）因此次加州山火事件申请破产。初听此消息令人震惊：一家实力如此雄厚的百年能源企业因为一场山火沦落至申请破产的境地，究其原因固然有基础设施老化、防灾救灾资源不平衡等多方面因素，但其风险管理方面存在不足无疑也是重要原因之一。

2018年11月8日，美国加州北部比尤特县天堂镇燃起山火，山区茂密的植被及加州持续的大风天气使得火势迅猛蔓延，数万人被迫疏散，天堂镇在一日之内毁于山火。这场山火的救援工作开展艰难。灾后统计大火共造成86人死亡，近2万栋住宅及商业建筑被毁，过火土地面积（即被火烧过的面积）达620平方千米。虽然这次山火的原因还在调查过程中，美国政府尚未公布官方结论。但根据媒体报道，有证据显示在山火发生前，PG&E的一条输变电线路发生故障，可能是发生故障的电线引燃了与之接触的树木，导致了这场重大事故的发生。PG&E于2019年年初也表示，该公司的设备可能是2018年加州山火的起火点。

据评级机构穆迪分析,如果最终证实PG&E线路故障是导致此次山火的主要原因,该公司将面临高达150亿美元的损失赔偿;加上2017年另一起正在调查中的可能与PG&E有关的山火事故,该公司或将面临总额超过300亿美元的巨额赔偿。但是,PG&E购买的责任保险赔偿限额仅有14亿美元,即使加上其拥有的15亿美元现金及现金等价物,仍远远低于300亿美元赔偿金额。

据了解,PG&E成立于1905年,总部位于美国加州旧金山市,经营电力和天然气的输送、供应及销售业务,为加州超过1600万名居民提供天然气和电力服务,拥有2.3万名员工,是美国最大的电力能源公司,于2018年11月8日加州山火事件发生前市值达到257亿美元。加州山火发生后,PG&E被多个山火受害者及为受害者提供保险的保险公司起诉,指控其未能妥善维护基础设施和设备导致这场火灾。

目前,无法承担的巨额赔偿责任给PG&E股价和融资带来了巨大影响,在山火发生的一周内,PG&E公司股价暴跌64%,市值大幅缩水;2019年年初,标准普尔更是直接将PG&E债券连降5级至"垃圾级",穆迪也将PG&E公司评级下调至Caa3(投机级别的劣质债券),这导致PG&E无法通过发债融资来偿还赔款。2019年1月29日,PG&E宣布申请破产保护。

资料来源:中国保险报网.一场山火摧毁的美国能源巨头——未设自保公司是个重大缺陷[EB/OL].(2019-07-17)[2023-01-03]. http://www.chinacaptive.cn/practice/info/196.

(三) 内部风险抑制措施

控制型风险管理措施和融资型风险管理措施都在从不同角度影响损失期望值,而内部风险抑制措施的目的在于降低损失方差。内部风险抑制措施主要包括分散、复制、信息管理、风险交流和全面风险抑制。

1. 分散

分散是指公司把经营活动分散以降低整个公司损失的方差的措施。分散可以体现在公司的跨行业或跨地区经营,将风险在各风险单元间转移或将具有不同相关性的风险集中起来,其理论基础就是马科维茨的资产组合理论。

资产组合理论告诉我们,资产组合的风险不仅取决于组合中单一资产的风险和投资比重,还取决于组合中任意两个资产收益之间的协方差或相关系数。规避风险的一种好方法就是不要把所有的鸡蛋放在一个篮子里,那就是投资分散化以降低组合风险。现实生活中,人们经常会不自觉地应用投资分散化的原理,如将个人积蓄的一部分存在银行,一部分购买股票、债券,一部分购买保险,一部分买房,等等。

2. 复制

复制主要是指备用财产、备用人力、备用计划的准备及重要文件档案的复制。当原有财产、人员、资料及计划失效时,这些备用措施就会派上用场。例如,在"9·11"事件中,位于美国世界贸易大楼内的一家公司由于在其他地方设有数据备份站,可以实时备份数据,当大楼倒塌,楼内办公室里所有电脑设备和文字材料都损毁后,公司的信息资料并未遭到太大损失。

3. 信息管理

在现有的技术条件下,怎样才能对风险进行有效的管理?信息在其中起着举足轻重的作用。我们反复强调,风险是未来的一种状态,而且不止一种结果,但我们所作的决策只有一个,只有对未来的这些不确定结果有正确的认识与合理的判断,才能保证决策确实达到了我们所要达到的目的。否则,按照错误的预测进行风险管理决策,所采取的措施再高明,也是"无的放矢"。信息就是有效管理风险的保证。

信息管理包括对纯粹风险的损失频率和损失幅度进行估计,对潜在的价格风险进行市场调研。对未来的商品价格进行预测,对数据进行专业化的分析等。在美国,有许多公司专门从事为其他公司提供信息和预测服务的业务,如数据库经营公司和风险咨询公司。

4. 风险交流

在风险管理领域,风险交流是指公司内部传递风险和不确定结果及处理方式等方面信息的过程。

5. 全面风险抑制

全面风险抑制会增加风险抑制成本。公司应该围绕具有总体性的财务变量开展全面风险抑制活动,如收益、现金流或应税收入等。

总体性财务变量的风险可以通过两种方式来降低:一是针对总体性变量开展风险抑制活动;二是针对构成总体财务变量的各个要素的风险开展针对性风险抑制活动。

本 章 小 结

本章主要讲解了风险管理的基本流程。其包括风险识别、风险分析和风险应对。风险识别的基本方法、风险分析的手段及控制型风险管理措施与融资型风险管理措施是本章的重点内容。通过本章学习,学生应了解风险管理的核心环节与常用方法,更全面地认识风险管理。

本章重要概念

3-5 练一练

3-6 练一练答案

风险识别　风险分析　风险策略　情景分析法　德尔菲法　事故树分析法　风险描述　风险矩阵　风险坐标图　风险回避　风险对冲　风险转移　风险自留　风险转换　风险补偿　风险偏好　风险承担

第四章　战略风险管理

- 内容提要
- 重点难点
- 学习目标
- 知识框架
- 思政育人
- 第一节　战略概述
- 第二节　战略风险概述
- 第三节　战略风险识别
- 第四节　战略风险评估
- 第五节　战略风险应对
- 本章小结
- 本章重要概念
- 推荐阅读资料

内容提要

本章主要包含战略风险的内涵及战略风险管理的过程,分别对战略风险识别、评估及应对的相关内容进行了叙述。

重点难点

本章重点为战略风险及战略风险管理的内涵、战略风险的成因及类型;难点为战略风险管理过程,包括宏观、行业、企业三个层面的战略风险识别;战略风险评估的方法,风险矩阵、Borda 序值法;战略风险的应对措施。

学习目标

通过本章学习,学生应了解战略风险的成因、类型,掌握战略识别、评估、应对的战略风险管理过程,了解战略风险的成因,熟悉战略风险管理的重要性及局限性。

知识框架

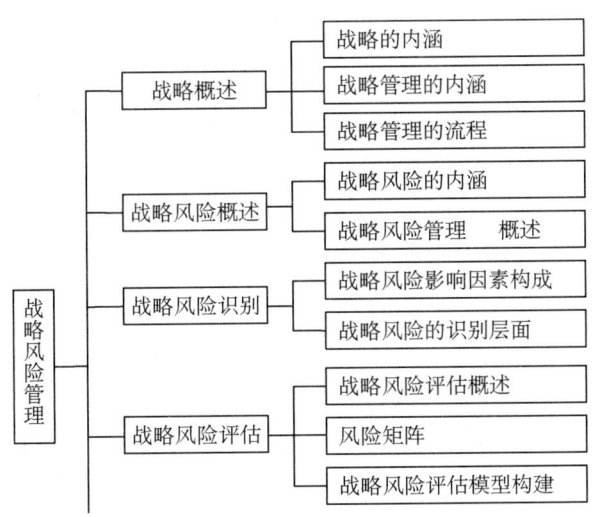

风险管理

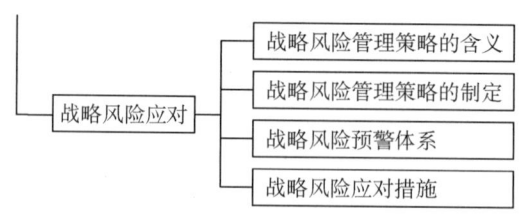

 思政育人　　　华为绝地反击　中国居安思危

2019年5月16日，美国商务部在毫无实据的情况下，宣布将华为公司及其70家关联企业列入出口管制"实体名单"，禁止华为公司从美国企业购买技术或配件。这一极限绞杀行动意在切断华为的命脉，阻遏中国高科技的发展，维护美国的全球科技霸主地位。

然而，华为公司迅速启用花费10余年投入研发的备用方案，从而确保了华为公司大部分产品的战略安全与连续供应。面对美国的极限绞杀，华为公司凭借长期以来居安思危、未雨绸缪的战略远见和奋斗创新精神，打了一个漂亮的绝地反击战！

作为全球最大网络设备生产商，华为公司经过20多年的国际化发展，业务已覆盖170个国家，为全球三分之一以上人口的日常通信需求提供服务。但是，华为公司在美国的发展却异常崎岖坎坷，从多个并购项目受阻，到遭受所谓"危害美国国家安全调查"，华为公司始终被排除在美国主流运营商的网络基础设施门外。

目前，华为公司5G专利数量排名全球第一。其拥有更高速率和更低延迟的5G网络，是业界的下一个竞争点，作为全球科技霸主的美国早已扬言5G是一场美国"必须取胜"的竞赛，绝不允许有任何挑战者。为此，尽管它表面上称要靠竞争而不是靠封杀来赢得竞赛，但实际上说一套做一套，将"国家安全"概念作为推行保护主义的工具，以"莫须有"的罪名，通过"政治绑架""关门封锁"、游说威胁盟友等多种手段，对华为公司发起全球"绞杀令"。

但是，美国这么做，不仅不会让自身更安全、更强大，反倒对与华为公司合作的美国公司造成强烈冲击，影响了美国数以万计的就业岗位，同时也严重破坏了全球供应链的合作，对人类文明与科技发展进步造成巨大戕害。例如，美国高通、赛林思等公司是华为公司的主要合作伙伴，美方出口管制"禁令"一出，这些公司的股价立即大跌，华盛顿此举可谓损人害己。法国总统马克龙、德国总理默克尔等欧洲国家领导人已经表示，不会追随美国对华为公司的"禁令"。这反映出，美国为维持其科技霸权而滥用国家力量打压竞争对手的蛮横做法，已经激起了全球公愤。

令人欣慰的是，面对超级大国挥出的封杀大棒，华为公司早在十几年前就有预判，并为如何"极限生存"作了长期艰苦和充分的准备。备用方案的启用，显示出其居安思危的战略远见、未雨绸缪的底线思维，以及坚忍不拔、攻坚克难的奋斗豪情。中国企业与中国企业家的这种精神，正是中国不断攀登科技高峰的力量所在。

中国企业如此，中国和中华民族也是如此。回望来时路，中华民族就是一个生于忧患、成长于忧患、壮大于忧患的伟大民族。中华人民共和国成立70多年来，来自外部世界明里暗里的打压与封锁从未间断过。从研制"两弹一星"应对大国核讹诈，到攻克芯片难关冲破高科技封锁，中国共产党带领中国人民为了实现国家繁荣、人民生活幸福，始终坚持"往最好处努力、做最坏处准备"的战略思维，一次次地化险为夷，化危为机。

华为公司对美国打压的绝地反击，让中国人进一步认识到居安思危的战略意义，进一步坚定了攻坚克难、奋斗创新的信念。坚守底线思维、做好自己的事情，中国一定能冲破任何封锁打压，迎来风雨之后的彩虹、阴霾过后的阳光！

资料来源：靳松.【国际锐评】华为绝地反击 中国居安思危[EB/OL].(2019-05-18)[2022-12-03].
https://news.cri.cn/20190518/210fc70f-c6ae-f8e8-7a23-db6d3ff06017.html?spm=C73544894212.P59511941341.0.0.

第一节 战略概述

我国改革开放以来,已逐渐融入世界经济体,不仅受益于全球化进程,亦成为推动全球经济增长的重要力量。我国与世界各国的经济交往日益密切,也受到各国经济形势和政策的影响。企业战略是企业面对激烈变化、严峻挑战的环境,为求得长期生存和不断发展而进行的总体性谋划,从前瞻性和系统性的角度对企业未来一定时期内的资源配置与利用作出的计划。本节将介绍战略及战略管理的相关内容,并详细阐述战略管理的过程。

一、战略的内涵

(一) 战略的概念

"战略"一词主要源于军事,是指军事家们对战争全局的规划和指挥,或指导重大军事活动的方针、政策与方法。随着生产力水平的不断提高和社会实践内涵的不断丰富,"战略"一词逐渐被人们广泛地运用于军事以外的其他领域,从而给"战略"一词增添了许多新的含义。

1962年,美国学者钱德勒在其《战略与结构》一书中将战略定义为"确定企业基本长期目标、选择行动途径和为实现这些目标进行资源分配"。这标志着"战略"一词被正式引入企业经营管理领域,由此形成了企业战略的概念。此后至今,许多学者和企业高层管理者曾经分别赋予企业战略不同的含义。企业战略概念可分为传统概念和现代概念两大类。

1. 传统概念

美国哈佛大学商学院教授安德鲁斯认为,"战略是目标、意图或目的,以及为达到这些目的而制订的主要方针和计划的一种模式。这种模式界定着企业正在从事的或者应该从事的经营业务,以及界定着企业所属的或应该所属的经济类型"。

美国著名管理学家伊戈尔·安索夫认为,企业战略是贯穿于企业经营与产品和市场的一条共同经营的主线,这条主线决定着企业目前从事的或计划要从事的经营业务的基本性质。

美国哈佛大学教授波特对战略的定义堪称为企业战略传统概念的典型代表。他认为:"战略是公司为之奋斗的终点与公司为达到它们而寻求的途径的结合物。"波特的定义概括了20世纪60年代和20世纪70年代对公司战略的普遍认识,它强调企业战略的传统属性,即计划性、全局性和长期性。

2. 现代概念

20世纪80年代以来,由于企业外部环境变化速度加快,以计划为基点的战略的传统概念受到不少批评,于是战略的现代概念受到广泛的重视。

加拿大学者明茨伯格在1989年提出,以计划为基点,将企业战略视为理性计划的产物是不正确的,许多成功的企业战略是在事先无计划的情况下产生的。他将战略定义为"一系列或整套的决策或行动方式",这套方式包括刻意安排的(即计划性)战略和任何临时出现的(即非计划性)战略。许多学者也开始研究组织的有限理性,并将重点放在组织在不可预测的或未知的内外部因素约束下的适应性上。

事实上,大部分企业战略是事先计划和突发应变的组合。美国学者汤姆森在1998年指出,"战略既是预先性的(预谋战略),又是反应性的(适应性战略)"。换言之,战略制定的任务包括制订一个策略计划,即预谋战略,然后随着事情的进展不断对它进行调整。一个实际的战略是管理者在公司内外各种情况不断暴露的过程中不断规划和再规划的结果。

从以上具有代表性的学者对于企业战略的定义可以看出,虽然其对企业战略有不同的认识,但是本质是一致的,即企业战略是企业根据市场状况,结合自身资源,通过分析、判断、预测,设立愿景目标,对实现目标的发展轨迹进行的总体性、指导性谋划。在当今瞬息万变的环境里,企业战略意味着企业要采取主动的措施预测未来、影响变化,而不是被动地对变化作出反应。企业只有在变化中不断调整战略,保持健康的发展活力,并通过有效的战略将这种活力转变成惯性,才能构筑且持续强化竞争优势,使企业获得成功。

综上,本书认为,企业战略是企业为了适应未来环境的变化,寻求长期生存和稳定发展而制定的总体性和长远性的谋划与方略。它是在对未来外部环境的变化趋势和企业自身实力充分分析的基础上,通过一系列科学决策的程序绘制出来的企业行动方案,是企业经营思想的集中体现,其实质是实现外部环境、企业实力和战略目标三者之间的动态平衡。

(二)企业战略的特征

企业战略是设立远景目标并对实现目标的轨迹进行的总体性、指导性谋划,属于宏观管理范畴,具有指导性、全局性、长期性、竞争性、系统性、风险性六大主要特征。

1. 指导性

企业战略界定了企业的经营方向、远景目标,明确了企业的经营方针和行动指南,并筹划了实现目标的发展轨迹及指导性的措施和对策,在企业经营管理活动中起着导向的作用。

2. 全局性

企业战略立足于未来,通过对国家的政治、经济、文化及行业等经营环境的深入分析,结合自身资源,站在系统管理高度,对企业的远景发展轨迹进行全面规划。

3. 长期性

企业战略着眼于长期生存和长远发展的思考,确立远景目标,谋划实现远景目标的发展轨迹及宏观管理的措施和对策。围绕远景目标,企业战略必须经历一个持续、长远的奋斗过程,企业除了根据市场变化对其制定的战略进行必要的调整,通常不能朝令夕改,应具有稳定性。

4. 竞争性

竞争是市场经济不可回避的现实,也正是因为有了竞争,才确立了"战略"在经营管理中的主导地位。面对竞争,企业战略需要进行内外部环境分析,明确自身的资源优势,通过设计适当的经营模式,形成特色经营,增强企业的对抗性和战斗力,推动企业长远、健康地发展。

5. 系统性

立足长远发展,企业战略确立了远景目标,并需围绕远景目标设立阶段目标及各阶段目标实现的经营策略,以构成一个环环相扣的战略目标体系。同时,根据组织关系,企业战略需由总体战略(又称公司层战略)、事业单位战略、职能部门战略三个层级构成一体。总体战略是企业总体的指导性战略,决定企业经营方针、投资规模、经营方向和远景目标等战略要素,是战略的核心;事业单位战略是企业独立核算经营单位或相对独立的经营单位,遵照公司高层的战略指导思想,通过竞争环境分析,侧重市场与产品,对自身生存和发展轨迹进行的长远谋划;职能部门战略是企业各职能部门,遵照公司高层的战略指导思想,结合事业单位战略,侧重分工协作,对本部门的长远目标、资源调配等战略支持保障体系进行的总体性谋划。

6. 风险性

企业作出任何一项决策都存在风险,战略决策也不例外。市场研究深入,行业发展趋势预测准确,设立的愿景目标客观,各战略阶段人、财、物等资源调配得当,战略形态选择科学,综合以上各项举措之后,企业制定的战略才能引导企业健康、快速地发展。反之,企业管理者如果仅凭个人主观意识判断市场,设立的目标过于理想或对行业的发展趋势预测偏差,制定的战略就会产生管理误导,甚至给企业带来破产的风险。

二、战略管理的内涵

(一) 战略管理的概念

对于企业战略管理的概念存在两种不同的理解:一种称为狭义的战略管理;另一种称为广义的战略管理。概括来说,狭义的战略管理概念是指企业战略的管理,而广义的战略管理概念是指企业的战略管理。初看起来,这两种表述只是限定语的不同,而本质上它们所体现的含义是不同的。狭义概念下的企业战略管理对象是"企业战略",是围绕企业战略而展开的一系列管理过程;而广义概念下的企业战略管理对象则是"企业",是针对整个企业所进行的战略性管理。

综上所述,战略管理是一种区别于传统职能管理的管理方式,这种管理方式的基本内容是:企业战略指导着企业一切活动,企业战略管理的重点是制定和实施企业战略,制定和实施企业战略的关键是对企业的外部环境和内部条件进行分析,并在此基础上确定企业的使命和战略目标,使它们之间形成并保持动态平衡。因此,企业战略管理的概念可以界定为是为实现企业的使命和战略目标,科学地分析企业的内外部环境与条件,制定战略决策,评估、选择并实施战略方案,控制战略绩效的动态管理过程。

(二) 战略管理的特征

由传统职能管理走向现代战略管理是企业管理的一次重大飞跃。与传统的职能管理相比,战略管理具有以下特征。

1. 战略管理是企业的综合性管理

战略管理为企业的发展指明基本方向和前进道路,是各项管理活动的基础。战略管理的对象不仅包括研究开发、生产、人力资源、财务、市场营销等具体职能,还包括统领各项职能战略的竞争战略和公司层战略。战略管理是一项涉及企业所有管理部门、业务单位及所有相关因素的管理活动。

2. 战略管理是企业的高层次管理

战略管理的核心是对企业现在及未来的整体经营活动进行规划和管理,它是一种关系到企业长远生存发展的管理。战略管理追求的不仅是眼前财富的积累,还是企业长期健康稳定的发展和长久的竞争力。与企业的日常管理和职能管理不同,战略管理必须由企业的高层领导来推动和实施。

3. 战略管理是企业的一种动态性管理

战略管理的目的是依据企业内部条件和外部因素制定并实施战略决策和战略方案,以实现战略目标。而企业的内外部条件和因素总是不断变化的,战略管理必须及时了解研究和应对变化的情况,对战略进行必要的修正,确保战略目标的实现。因此,企业战略管理活动应具有动态性,即适应企业内外部各种条件和因素的变化进行适当调整或变更。

(三) 战略创新管理

1. 战略创新的含义

战略创新是指企业为了获得可持续竞争优势,根据所处的内外部环境已经发生或预测会发生的变化,结合环境、战略、组织三者之间的动态协调性原则,并涉及企业组织各要素同步支持性变化,对新的创意进行搜索、选择、实施、获取的系统性过程。以下两组概念的比较可以加深对战略创新定义的理解。

(1)"变革"与"创新"。变革一般是指将企业转化成新的状况和不断变化的过程,在这一过程中,企业可能沿用现行的计划和概念而未必产生新的构想;创新则是指产生新的构想和概念,并将它们付诸企业管理的过程。

(2)"发明"与"创新"。发明一般是指将充满智慧的新创意转化为有形的产物(如一件产品、一个流程、一种模式);创新则不是一种单独的行为,而是对新创意的产生开发、实施和获取过程所涉及的所有活动。

2. 战略创新的重要性

(1)战略创新是企业适应不断变化的外部环境,确保自身生存发展至关重要的能力。外部环境日新月异的变化给企业带来新的机会和挑战。例如,政府和社会要求生产环保型产品的政策法规日益增多,开辟了企业经营的新途径,也关闭了旧有经营方式的大门;人们的信仰、期望、所欲和所得等社会、经济领域的新变化,需要企业不断开发新产品,淘汰过时的老产品;科学技术的发展,推动着企业产生新的创意以满足社会不断增长的新需求;竞争者推出的新产品也可能会构成对企业既有市场地位的重大威胁等。企业只有具备了创新能力,才能在各种动态变化中迅速作出反应,确保企业健康地生存和发展。

(2)战略创新是企业获得持续竞争优势最主要的来源。尽管诸如企业规模和企业资产等方面的因素也是企业竞争优势的来源,但是在当今的竞争格局中,那些能够利用其知识、技能和经验开发出新产品、新服务和新工艺流程的企业更有优势。创新对企业竞争优势的贡献体现在以下几个方面:其一,新产品能够帮助企业占领与保持市场份额,提高企业的盈利能力。其二,成熟产品单纯依靠低价竞争无法在市场竞争中实现销售额增长,在这个过程中,设计、产品定制及质量等非价格因素能够起到重要作用。其三,在产品生命周期日益缩短的今天,短时间内用更好的产品替代原有产品的能力变得越来越重要。所谓"时间竞争"表明,企业不仅需要面对推出新产品的压力,而且要比竞争对手更快地推出新产品。

(3)持续不断的战略创新是维持企业竞争优势的根本保障。企业从创新中获得的优势会随着其他企业的竞相模仿而逐渐消失。模仿企业会及时、主动地改变产品(服务)、业务流程或基础商业模式,甚至能够获得"后来者居上"的优势。原创企业只有持续不断地创新,才能维持企业在市场上难以被超越的竞争优势。从另一个角度看,模仿企业也只有将模仿创新提升为原始创新和自主创新,并培育自身持续创新的能力,才能在残酷的市场竞争中超越竞争对手,获得真正的竞争优势。

3. 战略创新的类型

(1)产品创新。产品创新(product innovation)是指组织提供的产品和服务的变化。例如,向市场推出一款新设计的轿车、为容易发生事故的婴儿提供新的保险种类、提供安装新的家庭娱乐系统服务等。

(2)流程创新。流程创新(process innovation)是指产品和服务的生产和交付方式的变化。例如,生产汽车及家庭娱乐系统的制造方法和设备的变化、保险业务办公手续和任务排序的变化。

(3)定位创新。定位创新(position innovation)是指产品和服务进入市场的环境的变化,即通过在特定用户情境下重新定位对既有产品和流程的感知来实现的创新。英国一个历史悠久的产品名为"Lucozade",其早在1927年作为葡萄糖饮品用来帮助儿童发育和病人康复。后来,品牌所有者摒弃了它与疾病的关联,转而瞄向日渐增长的健康市场,将它作为一款提高运动效能的饮品重新推出,这便实现了定位创新。

(4) 范式创新。范式创新(paradigm innovation)是指影响组织业务的潜在思维模式的变化实现的创新。例如,安然公司因为意识到水电等公共事业方面范式创新的潜力而赢得了显赫的市场地位,在取消管制的大背景下,安然公司在全球范围建立了能源和其他公共服务事业的网络分布系统,并使其逐渐商品化。

上述四种战略创新的类型经常交织在一起,其界限并不十分清晰。例如,一艘喷气式海洋渡轮既有产品创新,又有流程创新;将咖啡和果汁这样的饮料重新定位为高端产品既是定位创新,又是范式创新。无论是哪种战略创新的类型,都促使着企业在竞争环境日益激烈的今天,保持自身的创新实力和创新意识,以期在今后能够可持续发展,不断提升自身的市场竞争力,保持市场地位。

三、战略管理的流程

(一) 战略分析

战略分析的主要目的是评价影响企业目前和今后发展的关键因素,并确定在战略选择步骤中的具体影响因素。战略分析需要考虑许多方面的问题,主要可以分为外部环境分析和内部环境分析。

1. 外部环境分析

外部环境分析可以从企业所面对的宏观环境、产业环境和竞争环境几个方面展开,分析要了解企业所处的环境正在发生哪些变化,这些变化给企业将带来些机会和威胁。

(1) 宏观环境分析。一般来说,宏观环境因素可以概括为以下四类:政治和法律因素(political factors)、经济因素(economic factors)、社会和文化因素(social factors)、技术因素(technological factors)。这四个因素的英文第一个字母组合起来是PEST,所以宏观环境分析也被称为"PEST分析"。宏观环境分析的具体影响因素如图4-1所示。

4-1 "双循环"下的企业创新战略选择

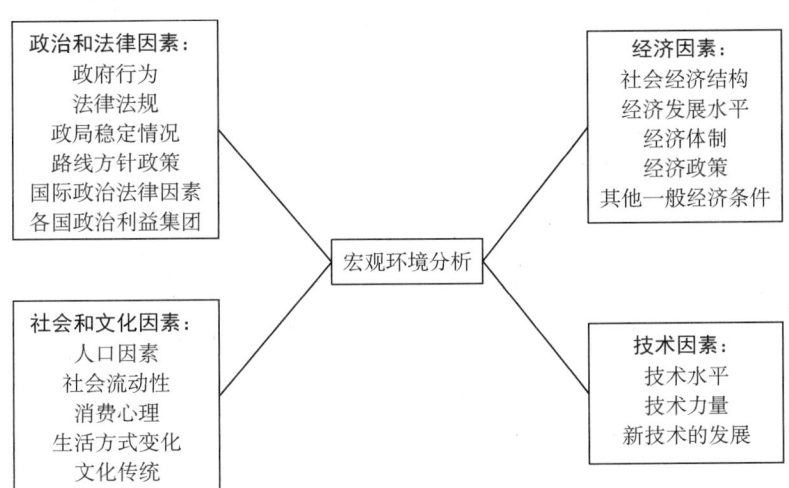

图4-1 宏观环境分析的具体影响因素

（2）产业环境分析。在一般环境变化的影响下，企业战略管理者不仅需要关心市场，特别是顾客的需求，而且需要关注产业以及与产业有关的其他因素对企业盈利和战略选择的影响。

迈克尔·波特提出的分析产业竞争结构的五种力量被称为"五力模型"，这一模型得到了学界的普遍认可，为人们广泛关注和引用。产业竞争结构取决于五种力量及其相互作用，这五种力量分别是潜在进入者的威胁、供应商的议价能力、购买者的议价能力、替代品的威胁、现有企业之间的竞争。以上五种力量共同决定着产业竞争的强度及产业平均利润率的大小，最强的一种或几种力量占据着统治地位并且从战略形成角度来看起着关键性的作用。五力模型深入、透彻地阐述了某一特定产业内的竞争结构和竞争程度。五种力量所体现出来的产业结构决定着产业的长期平均利润，是因为它能够决定产业所创造的利润如何分配，即产业内的企业留存的利润、客户和供应商分享的利润、替代品截取的利润和潜在新进入者掠夺的利润各有多少。通过综合考虑五种力量，企业战略制定者便会对综合产业结构进行全面了解，而不会将注意力只放在单一因素方面。

同时，企业战略决策者必须认识到产业竞争结构不是一成不变的，一般环境的变化会带来产业竞争结构的改变。随着经济转型的逐步深入，产业竞争结构的优化已经不再由政府主导或实施，而是靠市场机制来筛选。企业管理者必须更关注如何通过主动的战略性行为去提高产业进入门槛，提高对供应商和客户的议价能力，抑制替代品产品竞争力的提升和避免本产业经常性地陷入价格战。如果一家企业能够在优化产业竞争结构中采取主动的战略行动，就有可能确立自己在产业中的领先地位。

 延伸阅读 4-1

波特五力分析法案例：京东商城对波特五力分析法的应用

京东商城处在一个对其发展十分有利的外部环境中，京东商城通过及时地介入市场，利用明确清晰的定位，把握住互联网发展的机遇，迅速地扩张自身而让人惊叹。京东商城在创立伊始，就明确了自身的定位，定位为专业的 3C 产品互联网零售商，利用 3C 产品作为切入点，建立了十分正面的互联网零售商形象，在增进用户体验的同时，最大限度地获取了用户的忠诚度。随后，京东商城转而向综合电子商务企业迈进，改变并优化产品种类结构，改善利润率，在自身高速扩张的同时，对各项服务进行创新，优化物流配送水平和改善仓储系统结构，不断增强用户的消费和购物体验。京东商城把握了互联网大潮这一机遇，快速抢占并划分市场，不断提升自身品牌价值，到目前为止已经取得了很大的规模优势。

1. 潜在进入者的威胁

我国的互联网 B2C 电子商务行业目前正处于一个快速发展的时期，因此引起许多互联网企业甚至传统企业的关注。潜在进入者寄希望于能在已被现有电子商务企业划分的市场中占得一席之地，而这极有可能会导致现有 B2C 电子商务企业与潜在进入者发生原材料的竞争和市场份额的抢夺，最终会导致 B2C 电子商务行业的盈利水平下降，如果严重还很可能会危及现有 B2C 电子商务企业的生存。

潜在进入者威胁的程度主要取决于两个因素：一个是进入新领域的壁垒或者障碍的大小，另一个是已有企业对潜在进入者的预期反应。而对于所有想要进入 B2C 电子商务行业的企业来说还有两个十分重要的方面：任何潜在进入者想要进入这个行业并且存活下来，最为关键的要素就是资金链，因为 B2C 电子商务行业是一个需要大量资金投入的行业；建立自己的物流体系，完善自己的供应链，并且获得更多供应商的支持从而完善产品品类，也是潜在进入者必须考虑的。

2. 供应商的议价能力

互联网电子商务行业的企业单体规模并不足够大，对很多大型的供应商的议价能力并不强。目前，在互联网零售市场上,最大的话语权还是在大的供应商手上,B2C 电子商务企业的产品质量和价格,都要受到供应商的牵制,而一些关键供应商对 B2C 电子商务企业的支持与否,对 B2C 电子商务企业的影响巨大。

近些年来,各大供应商尤其是生产导向的企业开始进入互联网电子商务领域,纷纷组建自己的电子商务部来发展其自有的电子商务业务,这些实体企业如果可以找到自己的电子商务发展方向和模式,就不会对平台类的电子商务企业有很大的依赖性,此时 B2C 电子商务企业的议价能力便会进一步降低。

另外,对于中小型企业或者个体卖家来说,由于要考虑到自营电子商务的成本问题,这些企业自然会继续使用第三方的电子商务平台来发展自己的互联网电子商务业务,会十分依赖 B2C 电子商务企业,同时 B2C 电子商务企业对中小型企业或者个体卖家的议价能力会比较强。

3. 购买者的议价能力

随着互联网技术的进步,网民想要获得产品的各种信息越来越便利,途径也越来越多,比如获得产品的质量、性能及价格等信息。网民通过多种渠道获得产品的详细信息,然后在 B2C 电子商务平台上进行比对,就可以对 B2C 电子商务平台上出售的产品进行一定的成本估量。由于各大 B2C 电子商务平台竞争激烈,网民的选择也越来越多,他们可以在充分了解产品信息的基础上,对各个平台的价格、售后服务、物流及评价等环节进行充分对比,这样就提升了其自身的议价能力。

最近几年各大电子商务企业都在为了划分市场,大兴价格战,尤其是京东商城发起的几场"战役",效果卓著,使得 B2C 电子商务企业甚至网民已经把打价格战当作了其正常发展的重要手段之一。各大电子商务企业为吸引更多网民注册会员并使其成为忠实购物者,纷纷自觉加入价格战,对商品竞相降价。另外,很多 B2C 电子商务企业还通过团购的方式来丰富自己的产品种类及服务类型,这也提升了购买者议价能力。

4. 替代品的威胁

目前来看,尽管互联网电子商务在我国发展十分迅猛,但是经济社会上最主流的交易方式仍然是传统的交易方式。传统的购物方式与互联网电子商务方式相比,具有许多不可比拟的优点,如产品可以接触、交易更直接、承担风险更小、可以直接讨价还价等。在传统购物方式下,消费者可以避免由于产品描述、图片与实际产品有所不同而造成的损失。尤其是一些高档产品或者数码产品,消费者出于习惯或者对产品质量的顾虑,会更希望去实体的商城或者其他终端处购买。

以淘宝网为首的 C2C 电子商务行业在我国已经发展了多年。相比于 C2C 电子商务模式,B2C 电子商务的购物一样方便快捷,但相对来说会具备更好的物流配送体系及服务,同时由于消费者面对的是 B2C 电子商务企业,支付安全及信任度更高。但是,不可否认的是,支付宝、财付通等一系列第三方支付工具的日益完善,以及各大 C2C 电子商务网站信用系统水平的提高,C2C 电子商务行业已经取得了越来越多消费者的信赖,C2C 电子商务对 B2C 电子商务的威胁也逐渐加大。

5. 现有企业之间的竞争

京东商城在 B2C 电子商务行业的主要竞争对手有天猫商城、苏宁易购、当当、1 号店和唯品会等。从市场份额的角度来对比,与 C2C 电子商务市场呈现的高度集中的格局不同的是,B2C 的市场份额比较分散。

近几年天猫商城依旧保持领先地位,这主要得益于其背靠阿里巴巴,拥有淘宝网和阿里巴巴多年积累的用户资源和商业资源,使其在商品的丰富度和品牌实力上有非常大的优势;加之每年"双十一"的活动也使其迅速地扩大了市场规模并提高了行业影响力。但随着京东商城、苏宁易购、当当等大型 B2C 电子商务网站走平台化路线,当然也包括京东商城这样的流量大户,天猫商城的市场份额也受到影响。调研发现,绝大部分京东商城的入驻商家都在天猫商城上有自己的店铺,这部分平台收入也给京东商城带来了约 20%的交易及收入贡献,预计今后京东商城这部分份额将会进一步增加。

资料来源:朱皓绿,邓轶群.波特五力分析法案例:京东商城对波特五力分析法的应用[EB/OL].(2022-02-10)[2022-12-13].https://mp.weixin.qq.com/s/xYtTxCF6PtYGj33PX0xTlw.

(3) 竞争环境分析。作为产业环境分析的补充,竞争环境分析的重点集中在与企业直接竞争的每一家企业。竞争环境分析又包括两个方面:一是从个别企业视角去观察分析竞争对手的实力;二是从产业竞争结构视角观察分析企业所面对的竞争格局。

2. 内部环境分析

在对企业进行详尽而全面的外部环境分析之后,战略分析的另一个方面是进行企业内部环境分析。通过内部环境分析,企业可以决定"能够做什么",即企业所拥有的独特资源与能力所能支持的行为。

(1) 资源与能力分析。企业资源分析的目的在于识别企业资源状况、企业资源方面所表现出来的优势和劣势及其对未来战略目标制定和实施的影响。企业资源是指企业所拥有或控制的有效因素的总和。按照竞争优势的资源基础理论,企业的资源禀赋是其获得持续竞争优势的重要基础。

企业能力是指企业配置资源,发挥其生产竞争作用的能力。企业能力来源于企业有形资源、无形资源和人力资源的整合,是企业各种资源有机组合的结果。企业能力主要由研发能力、生产管理能力、营销能力、财务能力和组织管理能力等组成。

(2) 价值链分析。迈克尔·波特在《竞争优势》一书中提出了"价值链"的概念。波特认为,企业每项生产经营活动都是其创造价值的活动。那么,企业所有的互不相同但又相互关联的生产经营活动,便构成了创造价值的一个动态过程,即价值链。价值链分析将企业的生产经营活动分为基本活动和支持活动两大类。价值链模型如图4-2所示。

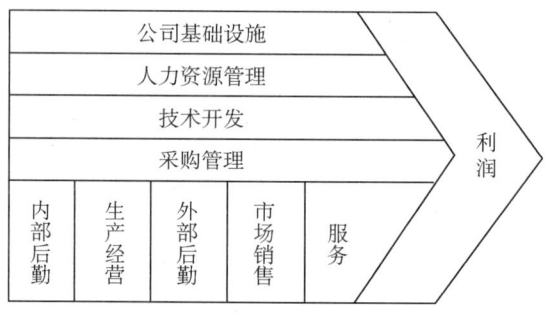

图4-2 价值链模型

(3) 业务组合分析。价值链分析有助于对企业的能力进行考察,这种能力来源于独立的产品、服务或业务单位。但是,对于多元化经营的公司来说,还需要将企业的资源和能力作为一个整体来考虑。因此,公司战略能力分析的另一个重要部分就是对公司业务组合进行分析,保证业务组合的优化是公司战略管理的主要责任。波士顿矩阵(BCG Matrix)就是公司业务组合分析的主要方法。

波士顿矩阵,又称市场增长率-相对市场份额矩阵、波士顿咨询集团法、四象限分析法、产品系列结构管理法等,是由美国著名的管理学家、波士顿咨询公司创始人布鲁斯·亨德森于1970年首创的一种用来分析和规划企业产品组合的方法。这种方法的核心在于,解决如何使企业的产品品种及其结构适合市场需求的变化,并如何将企业有限的资源有效地分配到合理的产品结构中去,以保证企业收益,是企业在激烈竞争中能否取胜的关键。

波士顿矩阵认为一般决定产品结构的基本因素有两个,即市场引力与企业实力。市场引力包括市场增长率、目标市场容量、竞争对手强弱及利润高低等,其中最主要的是反映市场引力的综合指标——市场增长率,它是决定企业产品结构是否合理的外在因素。企业实力包括企业市场占有率及技术、设备、资金利用能力等,其中市场占有率是决定企业产品结构的主要要素,它直接可以显示出企业的竞争实力。

(二)战略选择

战略管理是战略分析、战略选择和战略实施三个部分相互联系而构成的一个循环。在进行了战略内外部环境分析之后,企业就进入了战略选择阶段。战略分析阶段明确了"企业目前处于什么位置",战略选择阶段所要回答的问题是"企业向何处发展"。企业在战略选择阶段要考虑战略选择过程和可选择的战略类型两个方面的问题。

约翰逊和施乐斯在1989年提出了战略选择过程的三个组成部分。

首先,制定战略选择方案。在制定战略过程中,可供选择的方案越多越好。根据不同层次管理人员介入战略分析和战略选择工作的程度,可以将战略形成的方法分为三种:第一种是自上而下的方法。该方法先由企业总部的高层管理人员制定企业的总体战略,再由下属各部门根据自身的实际情况将企业的总体战略具体化,形成系统的战略方案。第二种是自下而上的方法。在制定战略时,企业最高管理层对下属部门不作具体规定,而要求各部门提交战略方案。企业最高管理层在各部门提交的战略方案基础上,加以协调和平衡,对各部门的战略方案进行必要的修改后加以确认。第三种是上下结合的方法。该方法由企业最高管理层和下属各部门的管理人员共同参与,通过上下级管理人员的沟通和磋商,制定出适宜的战略。

其次,评估战略备选方案。评估备选方案通常使用三个标准:第一个是适宜性标准,即考虑选择的战略是否发挥了企业的优势,克服了劣势,是否利用了机会,将威胁削弱到最低程度,是否有助于企业实现目标;第二个是可接受性标准,即考虑选择的战略能否被企业利益相关者接受,实际上并不存在最佳的、符合各方利益相关者的统一标准,经理们和利益相关团体的不同价值观和期望在很大程度上影响着战略的选择;第三个是可行性标准,即对战略的评估最终要落实到战略收益、风险和可行性分析的财务指标上。

最后,选择战略。选择战略即最终的战略决策,确定准备实施的战略。如果用多个指标对多个战略方案的评价产生不一致的结果,最终的战略选择可以考虑根据企业目标选择战略、提交上级管理部门审批、聘请外部专家进行战略选择等不同的方法。

(三)战略实施

战略实施是指将战略落到实处,将战略付诸实际行动,将总体战略、业务单位战略和职能战略所确定的事项从总体上作出安排的全部活动过程。

战略实施是战略管理中最复杂、最耗时,也是最艰巨的工作。在性质上与战略制定相同,战略实施完全是以行动为导向的,它的全部工作就是要让事情正确地发生。战略实施包含了管理的所有内容,因此必须从企业内外部的各个层次和各个职能入手,包括建设企业文化、完善企业规章和制度、制定策略方针、拟定各种预算、组织必要的资源、实施控制与激励、提高企业的战略能力与组织能力等。

战略管理的核心是使企业的自身条件与环境相适应,因此,战略实施的主要任务就是分析战略实施过程中的影响因素并使之与战略相匹配,具体来说,主要包括以下几个方面。

1. **建立与战略相匹配的组织结构**

"组织"是战略执行中最重要的、最关键的要素。完善而有效的"组织"不仅为"资源"或"要素"的运行提供最为适当的载体,而且可以部分地补足或缓解资源、要素等方面的缺陷。

一个好的企业战略只有通过与其相适应的组织结构去执行才能起作用。因此,战略决定组织结构,组织结构必须按照战略目标的变化进行调整。

2. 战略资源与战略的有效匹配

企业的战略资源是指用于既定战略实施的人力、财力、物力等资源的总和。战略管理的实质是使企业的内部条件与外部环境相配合,战略实施作为企业内部条件与外部环境相连接的中间环节,决定了战略与资源匹配的重要性。企业在不同阶段的发展过程中,应不断更新战略、不断积累资源。企业在制定现行战略时,必须充分预测将来的环境和资源的变化,并对资源进行必要的、合理的配置。资源的配置应该与既定战略和战略更新有效匹配,企业的战略资源与战略实施的匹配受外界复杂多变的环境的影响,是动态的匹配过程。

3. 企业管理层的领导风格与战略的匹配

管理层的领导风格与既定战略的匹配是战略实施有效性的关键。不同的战略对战略实施者的知识、价值观技能及个人品质等方面有不同的要求,因而管理层的领导风格要与既定战略相匹配。管理层必须具备对企业或管理熟悉、产业管理经验、管理职能的相关背景,提高与战略匹配的有效性。

4. 企业文化与战略实施的匹配

战略的成功实施建立在组织成员的共同信念和理解的基础之上。企业文化不仅影响组织所使用的分析方法,而且影响组织中流行的思维方式,因而也就影响战略的实施过程。企业文化是企业获得持久竞争优势的重要资源,与战略相匹配的先进企业文化可以推动战略的成功实施。相反,落后的、与战略思想相抵触的企业文化则会阻碍战略目标的实现。

(四) 战略控制

战略控制主要是指在企业经营战略的实施过程中,检查企业为达到目标所进行的各项活动的进展情况,评价实施企业战略后的企业绩效,把它与既定的战略目标与绩效标准相比较,发现战略差距,分析产生偏差的原因,纠正偏差,使企业战略的实施更好地与企业当前所处的内外环境、企业目标协调一致,使企业战略得以实现。

企业经营战略实施的控制是企业战略管理的重要环节,它能保证企业战略的有效实施。战略决策仅能决定哪些事情该做,哪些事情不该做,而战略实施的控制的好坏将直接影响企业战略决策实施的效果好坏与效率高低。因此,企业战略实施的控制虽然处于战略决策的执行地位,但对战略管理来说是十分重要的,是必不可少的。战略控制的内容包含以下几个方面:

(1) 设定绩效标准。根据企业战略目标,结合企业内部人力、物力、财力及信息等具体条件,确定企业绩效标准,作为战略控制的参照。

(2) 绩效监控与偏差评估。管理层应通过一定的测量方式、手段、方法,监测企业的实际绩效,并将企业的实际绩效与标准绩效对比,进行偏差分析与评估。

(3) 设计并采取纠正偏差的措施,以顺应变化的条件,保证企业战略的圆满实施。

(4) 监控外部环境的关键因素。外部环境的关键因素是企业战略赖以存在的基础,这些外部环境的关键因素的变化意味着战略前提条件的变动,必须给予充分的注意。

(5) 激励战略控制的执行主体。调动战略控制执行主体的自我控制与自我评价的积极性,保证企业战略实施的切实有效。

第二节 战略风险概述

企业的战略管理是一个动态管理的过程,战略管理活动的重点是制定和实施战略。它是对企业的生产经营活动实行的总体性管理,是企业制定和实施战略的一系列管理决策和行为,其核心问题是使企业自身条件与环境相适应,求得企业的长期生存和发展。因此,企业在制定战略、实施战略过程中所涉及的风险属于战略风险。本节主要介绍战略风险的理论基础及战略风险管理的相关内容。

一、战略风险的内涵

(一) 战略风险的概念

在企业管理领域,战略风险的概念处于"百家争鸣、百花齐放"的局面,至今人们对战略风险的概念尚未达成一致的认识,所以对战略风险没有一个明确的概念界定。根据现有的文献来看,其主要从三个方面对战略风险的概念进行了阐述。

第一个方面是将决策理论观作为切入点,安德鲁斯提出战略风险是由领导者作出影响公司全局的决策而造成的风险,认为战略风险是战略本身存在的风险。

第二个方面主要从风险理论的角度入手,将企业发生损失的概率认定为战略风险,该风险会引发企业的行业竞争力下降或企业收益波动等不良问题,进而导致企业的经济利益或非经济利益发生损失,这种观点认为战略风险是一种战略层面的风险。

第三个方面是从战略目标出发,将战略风险定义为阻碍战略目标实现的可能性。此观点从战略的角度体现了战略风险和其他类型风险的区别,并且该观点对于战略风险管理工作具有较强的指导性,适用于战略风险的识别、评估及应对等各个环节。

综上,本书认为战略风险是指企业在战略管理过程中,内外部环境的复杂性和变动性,以及主体对环境的认知能力和适应能力的有限性,而导致企业整体性损失和战略目标无法实现的可能性及因此而造成的一系列损失。

1. 战略风险所要考虑的主要方面

根据《中央企业全面风险管理指引》,战略风险至少要考虑以下几个方面:

(1) 国内外宏观经济政策和经济运行情况、企业所在产业的状况、国家产业政策可能引发的风险。

(2) 科技进步、技术创新可能引发的风险。

(3) 市场对企业产品或服务的需求可能引发的风险。

(4) 与企业战略合作伙伴的关系及寻找战略合作伙伴可能引发的风险。

(5) 企业主要客户、供应商及竞争对手可能引发的风险。

(6) 与主要竞争对手相比,企业实力不足可能引发的风险。

(7) 企业编制发展战略和规划投融资计划、年度经营目标、经营战略可能引发的风险。

(8) 企业对外投融资过程中曾发生或易发生错误的业务流程或环节可能引发的风险。

2. 从内部控制角度考虑战略风险的具体体现

根据《企业内部控制应用指引第 2 号——发展战略》,企业战略风险具体体现在以下三个方面:

4-2《中央企业全面风险管理指引》

（1）缺少明确的发展战略或发展战略实施不到位，可能导致企业盲目发展，难以形成竞争优势，丧失发展机遇和动力。

（2）发展战略过于激进，脱离企业实际能力或偏离主业，可能导致企业过度扩张甚至经营失败。

（3）发展战略因主观原因频繁变动，可能导致资源浪费，甚至危及企业的生存和持续发展。

（二）战略风险的成因

战略风险是阻碍企业战略目标实现的可能性。根据战略风险管理理论，企业之所以存在战略风险的本质原因是企业的战略目标与内外部环境变化无法匹配的结果，这种不匹配主要分为主动适应性失衡和被动适应性失衡两种情况。

当企业的战略调整超前于内外部环境变化，使战略目标无法和内外部环境之间达到平衡的情况属于主动适应性失衡；当企业内外部环境发生剧烈变化时，企业未及时对战略进行调整或调整偏离变化方向，而致使战略目标无法和内外部环境之间平衡的情况属于被动适应性失衡。企业的外部环境一般是指宏观环境，如政治、经济、社会、行业等，企业的内部环境可以从企业内部资源和企业能力两方面综合反映，所以上述的战略与内外部环境的不匹配则演变为战略风险的外因溯源与内因溯源。

1. 战略风险的外因溯源

企业的战略环境具有复杂性、动态性、无序性和不确定性的特征。在知识经济时代，企业面临的各方面的不确定性更加明显，主要表现在三个方面：首先，在经济周期性波动发生了改变时，企业必须根据变动情况及时判断调整企业的经营战略。其次，行业环境也在发生着变化，一方面，行业内的企业竞争已转向供应链竞争，五种行业竞争力量都在不断变化；另一方面，行业的集中度不断提高，取得成功的关键因素也在不断变化，传统行业的利润率逐渐下降，新兴行业的利润率迅速上升。最后，各国政府内外政策在不断调整，国际市场情况也在不断变化。这些都可能给企业的经营战略带来风险。

2. 战略风险的内因溯源

企业战略风险产生的内因，主要表现在企业董事会及高层管理者在分析判断、评价选择和实施与控制经营战略时，对迅速变化的形势认知不足，不能正确判断大环境变化对企业整体造成的影响，不能根据企业的实际状况，作出与企业资源相匹配的战略决策，甚至会加大企业面临的风险。另外，有些企业管理观念落后，也会导致企业经营存在巨大风险。

（三）战略风险的构成及分类

1. 战略风险的构成

罗伯特·西蒙将战略风险分成运营风险、资产损伤风险、竞争风险和商誉风险四个部分。企业当出现严重的产品或流程失误时，运营风险就转变为战略风险；如果是对实施战略有重要影响的财务价值、知识产权或者是资产的自然条件发生退化，资产损伤就变成一种战略风险；当产品或服务创新能力的竞争环境发生变化时，竞争风险就会变成战略风险；商誉风险是上述三个方面的综合结果，当整个企业失去重要关系方的信心而使企业价值降低时，就产生了商誉风险。

2. 战略风险的分类

战略风险按照不同的标准，可以分成不同的种类，具体如表4-1所示。

表 4-1	战略风险的分类
分类标准	类型
风险的来源	系统战略风险和非系统战略风险
战略的实施过程	按战略的实施过程,战略风险可分为战略制定的风险、战略实施的风险和战略评价风险
企业的基本竞争战略类型	低成本战略风险、差异化战略风险和细分市场战略风险
企业战略的行动	企业采取不同的战略行动,会产生不同的风险类型,例如创业(经营方向)风险、并购风险和创新风险等

二、战略风险管理概述

(一) 战略风险管理的过程

由战略风险的成因可知,战略风险管理理论的核心在于根据企业内外部环境的变化来调整战略或是采取一些措施以保证战略与外部环境、企业内部资源和企业能力三要素及各要素之间的平衡。到目前为止,国内外尚未对战略风险管理达成统一的认识,但大多数学者认为企业的战略风险管理过程一般包括战略风险的识别、评估和应对,具体内容将在本章后续小节展开介绍。

4-3 从宁德时代看海外并购中的战略风险

(二) 战略风险管理的重要性

战略风险管理的重要性表现在以下几个方面。

1. 应对企业外部环境变化的需要

由于企业外部环境的变化,全球性的竞争变得异常惨烈。在外部环境发生着所谓 3C 的变化,第一个 C 是指顾客(customer)在变化,顾客对企业产品的要求越来越高;第二个 C 是指竞争(competition)在变化,竞争频率加快,竞争的规则在改变,小企业也有可能战胜大企业;第三个 C 是指变化(change)的本身也在变化,内容在变化,周期在缩短,变化的可能性增加了。这是战略风险管理非常值得注意的。

2. 科学技术创新发展的需要

科学技术的迅猛发展,技术创新已经成为企业发展的重要动力。但是,企业在研究和开发上的投资面临着技术和市场的不确定性。技术的不确定性来自研究开发的实际进展与产品投入市场的实际要求之间存在着差异,市场的风险来自难以了解现实的和潜在的竞争对手在什么时候通过对技术的变革及新技术的推出对企业研究项目价值的影响。

3. 进行资本经营的需要

企业在运营和扩张的过程中,可能会出现兼并、收购、控股、参股等企业经营活动,为保证各项资本经营活动的正常运行,企业需要进行战略风险管理。

4. 走向国际化的需要

中国加入世界贸易组织(WTO)之后,给实体经济中的许多行业和企业带来了重大冲击,同时,外国企业和商品的进入也会在一定程度上分割一部分中国企业的内需份额。虽然外国企业和商品大量增加,但它们都是按照 WTO 规则运行的,外国企业将和中国企业开展全方位的竞争。这时,企业更需要有战略的指导,更需要注意战略管理的风险,才能在竞争中保持不败。

5. 企业内部发展的需要

在急剧变化的市场环境下,尽管很多企业拥有完善的内部管理体系和优异的生产技术,并在营销上付出巨大努力,但有时还是无法回避环境带来的威胁。而有些企业通过系统的战略风险管理则能将威胁变成机遇。

(三)战略风险管理的局限性

(1)战略风险只是企业面临的各类风险中的一种,部分战略风险能够预测和预防,但仍然会发生并引起不可挽回的损失,没有任何一家公司能够预防并规避所有的风险事件。

(2)战略风险管理过程复杂,需要企业形成完善的战略风险管理体系及战略风险预警体系,这需要企业投入大量的资金和精力。

(3)战略风险管理的效率受限。企业战略风险管理是通过建立有效的信念与边界等管理控制系统及实施完善的内部控制来实现的。有效的风险管理能释放企业的资源和资金储备,并将稀缺的资源投入与战略相一致并增进企业价值的活动中。

4-4 战略风险管理

延伸阅读4-2

风险管理与公司战略的关系

风险管理往往带有较强的技术性,人们倾向于认为风险管理是一个技术岗位。但风险管理其实是一个既要讲技术,又要讲管理的岗位。在技术层面,风险管理有专人专岗来负责。但是,如何把技术与公司的业务结合,如何把公司战略和风险管理战略落实,仅靠技术是难以做到的。此外,公司要做好风险管理,风险管理团队必须在公司里发挥一定的管理能力和影响力,这种管理能力和影响力仅靠技术手段同样难以获得。因此,风险管理其实是一个管理岗,风险管理者必须是一个管理者。

风险管理不能主导战略风险。战略是公司的整体发展规划,往往是由业务部门来主导,所以风险管理只能参与,而不能完全主导战略风险。但是风险管理作为公司战略的重要的组成部分,一定要对公司发展战略的风险保持谨慎和关注。

战略风险对公司造成重大影响例子有很多,下面列举两个案例。

第一个例子是战略风险管理的成功案例。在2008年美国金融危机爆发之前,当时开发结构化的债券产品,如MBS、CDs等,在美国大型金融机构里畅通无阻,这类产品被开发的前提是信用风险可以被独立出来定价和交易。据金融媒体报道,当时摩根大通的业务部门准备将这类结构化产品作为公司战略推广,但是摩根大通的全球总裁在听取了业务部门关于此类产品的介绍之后,并没有完全明白这类产品要做什么,其风险在哪里,将这样一类产品大规模推向市场,市场上又有多少人能够真正明白这类产品?所以他决定暂缓推动这类产品。之后在2008年的金融海啸之中,摩根大通得以独善其身。

第二个例子是战略风险管理的失败案例。马云和俞敏洪曾经有一个互动,当时俞敏洪所在的教育行业如日中天,俞敏洪称教育行业永远是朝阳行业,所以新东方的未来是无限光明的。但马云当时泼了一盆冷水,说教育行业永远在,但是新东方可能不一定一直在。这是战略本身的风险管理过程中一正一反的两个例子。

业务部门往往基于一些历史数据和一些美好的理论制定公司战略。但是由于货币政策、行业周期、市场信心、监管环境及人性都处于不断变化之中,基于历史数据的模型往往会失效。风险管理者一定要对公司和业务部门的战略心怀敬畏,任何战略都不可能是完美的,有些短期来看是对的,长期来看就不一定对,有些现在来看是对的,但随着时间的流逝,随着监管环境的变化,可能也不一定对。风险管理者要从长期来看,此类业务对国家是否有长远的好处,政府是否支持,做法是否合法合规,是否对更多的人群有利。

虽然风险不能主导战略风险,但风险管理一定要对公司战略保持高度的关注和谨慎,要考虑得更加长远一些。

资料来源:胡笑容.「TGES观点」如何建立可操作的风险管理战略?[EB/OL].(2022-09-27)[2022-12-13]. https://mp.weixin.qq.com/s/mmon32ZkSBymU6H6ModDGQ.

第三节 战略风险识别

战略风险的识别包括外部分析判断、内部分析判断和战略诊断分析三个方面。外部分析判断主要是识别外部向企业输入的不确定性而带来的战略风险,在对战略外部环境作出判断的同时,同样要关注来源于内部战略资源的风险分析,对企业的战略取向、战略管理层、企业的管理能力、人力资源状况及子公司和事业部的经营状况进行判断分析,而战略风险分析的主要目的是识别由于战略匹配过程中产生的战略风险,这需要考察战略风险形成和制定,以及实施过程中战略与外部环境和内部资源的匹配是否合适。

一、战略风险影响因素构成

企业应充分利用企业资源收集内外部环境变动的情况,保障数据资料真实、可靠、可利用程度高;通过搜集的资料找出战略风险的影响因素,对战略风险影响因素进行分析。具体来说,战略风险可以从外部环境和内部环境两个因素进行分析。

(一)外部环境因素

1. 宏观环境因素

宏观环境因素是造成战略风险的重要因素,其主要包括经济、政治、社会、技术、法律等宏观环境。根据我国国资委颁布的《中央企业全面风险管理指引》,关于影响战略风险的环境因素主要有国内外的经济政策和产业政策、国际环境、行业的发展周期、市场需求等,这些环境因素的变化都可能对企业实现长期发展的战略目标造成重大影响,需要企业对战略规划作出新的调整,否则可能会造成环境因素与企业战略目标之间的失衡,引发企业的战略风险。

2. 行业环境因素

行业环境因素主要依照波特五力模型中涉及的行业中决定企业竞争规模和程度的五种力量,重点关注企业在行业中的地位,企业的行业地位不同,战略目标就不同,战略目标决定着企业的战略措施,任何不恰当的定位都会引发企业的战略风险。

(二)内部环境因素

企业的内部环境因素包含企业内部资源因素和企业能力因素。

1. 企业内部资源因素

企业内部资源为企业实现战略提供了强大的动力,企业内部资源因素主要包括财务资源、人力资源、文化资源、客户资源等方面。财务资源是企业能够正常运转所必不可少的资源,企业的日常生产和经营活动都需要强有力的财务资源做支撑,财务资源一旦缺失,企业的基本活动将陷入停滞,造成巨大的战略风险。人力资源是企业间竞争的核心武器,当人力资源流失过快时,将会给企业带来巨大的人才损失,不利于企业实现战略目标。文化资源也是对企业发展至关重要的一个因素,优秀的企业文化能提高公司的凝聚力和效益,而落后的文化资源将会给公司带来危机。客户资源能够帮助企业提高市场份额和市场占有率,如果客户资源匮乏将严重地影响产品销售,给公司战略目标的实现造成阻力。

2. 企业能力因素

企业能力因素是指企业所具备的能在一定程度上帮助企业实现战略目标的技能,它主要包括管理能力、产品和技术的创新能力等。高水平的管理能力能使企业拥有精简的组织结构和高效的业务流程,帮助企业提高效率和效益。产品和技术的创新能力是企业在激烈市场竞争中的一项武器,能够使企业保持核心竞争力,从而促进企业更好地实现战略目标。

企业内部资源因素和企业能力因素之间有着密不可分的联系,它们都属于企业的内部环境因素,在一定条件下,企业内部资源因素可以向企业能力因素转化。根据战略风险的形成机理,当企业面临的外部环境、内部资源及自身能力之间失衡时,需要企业发挥能动性对各个因素进行调整,协调好各因素和战略目标之间的关系,达成新的平衡,否则就可能会使战略目标的预期和实际产生偏差,从而引发巨大的战略风险。

延伸阅读4-3

中小型跨境电商企业战略风险

跨境电商在高速发展的同时,中小型跨境电商企业也面临着激烈的竞争压力,它们在资金、人才、服务方面相比大型跨境电商企业都处于劣势的地位。目前国内的理论界对于跨境电商企业的研究相对缺乏,重视程度不够,较多的研究学者将研究对象集中在传统的外贸行业及较大型的跨境电商企业上面,这与我国目前扶植中小型企业的国家战略不符,所以对中小型跨境电商企业管理行为的研究就显得更加迫切。

1. 商业模式走位不明确

中小型跨境电商企业由于规模小、资金和交易量都不占优势,所以在市场竞争中往往处于劣势地位,一些中小型的跨境电商企业的货源不多,产品同质化严重,缺乏特色产品中小型企业只能将商品价格作为竞争筹码,通过压价方式来获客,但是由于价格不高,利润也比较薄,只能通过控制企业的管理成本或者物流成本来减少公司开支,这就造成客户维护做得较差,从而形成价格低廉但是销量不高的局面。

中小型跨境电商企业缺乏明确的商业模式定位,利润单薄让它们常常选择多种经营模式,不易于做大做强,它们在平台营销方面缺乏核心的竞争力,被动分散经营。企业缺乏明确的经营模式,在激烈的市场竞争中非常容易被大企业压过,企业的资源被浪费,市场份额也会逐渐被蚕食,更不用提品牌建设了。

2. 市场竞争力低

中小型跨境电商企业的市场竞争力较低,一方面中小型跨境电商企业的经营产品是市场上的爆款,如母婴用品、食品及健康产品等,这些产品同质化严重,各个跨境电商企业直接可以互相抄袭,行业壁垒很低,这导致企业的规模无法发展壮大,也因此无法获得跨境商品的代理权,所以中小型企业的采购成本相对较高。小微企业的产品主要靠经营爆款,企业之间互相抄袭,产品壁垒较低,由于企业规模较小,无法在国际市场上获得声誉和代理权,采用采货合作的方式导致成本较高。另一方面,中小型跨境电商企业面临较大的政策风险和物流风险。

3. 品牌竞争力差

中小型跨境电商企业在品牌竞争方面处于劣势地位,一方面中小型跨境电商企业的获客成本高,客户关系维护做得不够,客户黏性较差,企业对于客户关系重视程度不够,综合造成了企业的品牌声誉较差。另一方面中小型跨境电商企业的经营模式好多是通过外包模式,企业将自身业务的某部分外包给第三方公司,如客户维护外包、物流服务外包等,这造成中小型跨境电商企业对于市场情况的反应敏感度降低,市场形势的传导机制差,企业在市场竞争中的竞争力降低,从而影响了企业品牌的影响力,不利于企业品牌声誉的建立。

资料来源:纯和说财经. RCEP背景下,中小型跨境电商企业战略模式与战略风险研究[EB/OL]. (2022-05-02)[2022-12-13]. https://baijiahao.baidu.com/s?id=1731694489076506771&wfr=spider&for=pc.

二、战略风险的识别层面

战略风险通过对外部宏观环境、外部行业环境、内部环境的分析,借助专家调查法、头脑风暴法、现场观察法等,并结合企业内部因素和外部环境因素的变化对企业可能造成的战略风险进行识别。

战略风险在不同的环境里所表现出来的侧重点有所差异,但是从影响因素来源分析,可将战略风险分为宏观层面战略风险、行业层面战略风险与企业层面战略风险三种类型。宏观层面战略风险是由企业所在的外部宏观环境变化决定的;行业层面战略风险是由企业所处的行业本身决定的;而企业层面战略风险与企业自身的实际情况有关。

(一)宏观层面

宏观环境因素主要包括政策、经济、社会、技术、自然、法律和环境,不同的因素针对不同的企业影响情况不同,产生相应战略风险也不同,单一因素或多个综合因素均可以识别为宏观层面战略风险。

政治层面战略风险是企业面临的宏观环境下的风险,属于系统风险。企业面对这种风险一般来说比较被动,拥有较少的话语权。企业需要把握好政策的方向,不断地进行自身的调整,去适应政策变化的新环境。经济层面战略风险是国内外经济形势变化给企业生产经营带来的不确定性。

宏观环境的变化,对企业战略和战略实施产生影响,从而影响战略目标的实现。因此,宏观环境方面可能的战略风险因素和战略风险事件构成如下:

(1)国家经济环境的变化,如产业政策、货币政策、税收政策、贸易政策、利率、汇率以及经济增长速度等的变化,影响战略目标的实现。

(2)社会环境的变化,如人口结构变化、生活方式、社会风俗等的变化,影响战略目标的实现。

(3)技术环境的变化,如科学技术发展等,影响战略目标的实现。

(4)自然环境的变化,如气候、水资源的变化等,影响战略目标的实现。

(5)环境、法律环境的变化,如环保、劳动等法规的变化,影响战略目标的实现。

(二)行业层面

行业层面战略风险是指该行业中与企业经营有关的因素导致的风险,它属于系统风险,可能来自下游客户和上游供应商,也可能来自潜在进入者、替代者或行业内部竞争者。客户方面的风险可能是客户信用不佳和大客户流失造成的,若客户不及时还款、拖欠货款或服务款,可能会导致企业发生现金流不足的情况。供应商层面的战略风险主要是由原材料供应不足或原材料质量不符合企业需求的危险。

行业环境主要包括行业竞争和行业演变,可能的战略风险因素和战略风险事件构成如下:

(1)行业竞争加剧,行业吸引力下降,影响战略目标的实现。

(2)行业演变引起业务发生变化,影响战略目标的实现。

(3)行业演变引起资产价值损伤,影响战略目标的实现。

(4)行业演变引起能力价值贬值,影响战略目标的实现。

(5)客户需求的变化,引起行业业务变化,降低企业价值实现能力,影响战略目标的实现。

（三）企业层面

企业层面战略风险包括企业能力和企业内部资源因素带来的不确定性。

1. 企业能力层面战略风险

1）战略决策能力

战略决策能力是指战略领导者把握战略态势，制定正确的公司发展战略的能力。正确的发展战略是战略成功的基础和战略有效实施的前提。战略决策能力是将企业和环境建立对话的能力。战略决策能力受战略环境的不确定性、战略信息的占有量、战略领导者的心智模式、组织因素等的影响，可能存在战略决策的预期判断严重偏离客观实际，导致战略决策失败，引起战略风险。由战略决策失败而引起的风险是通过战略内容来体现，如战略愿景不清晰、战略目标不切实际、战略定位不准。战略决策能力引发战略风险的因素和风险事件可表述以下几个方面：

（1）战略愿景不清晰，影响战略目标的实现。战略愿景应当回答"企业是什么、应该是什么、将是什么"的问题，即向员工传递一个清晰的未来目标。如果愿景陈述不清晰，就无法为企业未来的发展指明方向，更不能发挥指引和鼓舞员工的作用。

（2）战略目标不切实际，影响战略目标的实现。战略目标是战略愿景的具体化，是一个关于3～5年的具体、可衡量并具有时限性、可达成的目标。如果战略目标定得过高，远远超出了企业组织的资源和能力承受范围，将引发战略风险。

（3）战略定位不准确，影响战略目标的实现。战略定位要回答"我们的业务是什么""我们要在什么地方经营"这样的战略方向问题，战略定位决定了企业在什么层面上生存和发展，以何种方式生存和发展。明确战略定位也就确定了企业竞争范围及目标市场，同时也确定了企业能力与资源整合方式、发展方向和路径。战略定位不准，将使资源配置效益得不到有效发挥，对战略目标的实现产生影响。

2）战略实施能力

根据上述战略实施体系中的战略风险形成机理，战略实施可能存在的风险主要包括战略沟通不畅、战略协同性差、战略控制体系不健全，影响战略的有效实施，引起战略风险。因此，战略风险因素和风险事件可表述为以下几个方面：

（1）战略沟通不畅，未充分达成战略共识，影响战略目标的实现。

（2）经营活动与战略不衔接，影响战略目标的实现。

（3）组织基础与战略不适应，影响战略目标的实现。

（4）战略控制信息系统不健全，影响战略目标的实现。

（5）战略业绩考核及奖惩激励制度与战略结果不衔接，影响战略目标的实现。

2. 内部资源层面战略风险

市场竞争实质上是核心技术、核心人才、雄厚财力的竞争。若企业存在核心技术缺乏、核心员工流失严重、企业资金周转困难等问题，内部环境因素的不断变化将会对企业可持续发展和企业合规管控的战略目标的实现带来负面影响，不利于企业的发展，导致内部资源层面战略风险。

1）人力资源

人力资源是企业的重要资源，其中企业家资源对战略方向的把握起到决定性的作用，战略性关键人才对战略实施会产生重要的影响。因此，人力资源的战略风险因素和风险事件可表述为：

(1) 企业家资源缺乏，影响战略目标的实现。企业家的进取心、企业家偏好和判断力直接影响企业对机会的识别和把握能力，影响企业的成败。企业家资源具有稀缺性，是企业竞争优势的源泉。企业家资源缺乏对战略方向和战略实施都将产生重要的影响。

(2) 企业关键人才缺乏，影响战略目标的实现。战略的实施需要人力资源的保障和支持，尤其是战略性关键人才。如果企业战略性关键人才缺乏，战略将得不到有效实施。

2) 信息资源

信息资源包括计算机信息系统和信息，计算机信息系统包括信息基础设施和应用软件，信息包括基于计算机信息系统获取的和非计算机信息系统获取的信息，如客户数据库、供应商数据库、自身的生产经营信息、技术信息、产品信息、竞争对手信息等。计算机信息系统具有即时分析和信息传输的功能，能够简化组织结构，提高组织对市场的反应速度，对管理决策和运营控制具有重要的支撑作用，如果信息系统不完善，将影响企业决策的有效性、及时性，降低组织运行的效率和市场反应能力，从而影响战略实施的有效性和战略目标的实现，引起战略风险。因此，信息资源的战略风险因素和风险事件可表述为：

企业信息资源（客户需求数据库、供应商数据库、行业及竞争对手信息、信息系统）缺乏，影响战略目标的实现。

3) 技术资源

技术资源包括专利、专有技术、技术诀窍、科研成果、研究开发的正式流程等，技术资源代表着企业整体技术水平，是形成核心竞争力的基础，也是技术创新和新产品开发的资源基础。技术资源是企业独特的有价值的资源。技术资源不足，对战略有效实施将产生直接的影响。因此，战略风险因素和风险事件可表述为：

企业技术资源（专利、技术诀窍等）缺乏，影响战略目标的实现。

4) 组织资源

组织资源存在于组织内部，反映组织成员（所有者、经营者、内部部门和成员）之间及组织成员与物质技术条件之间的正式结构和关系，包括组织治理结构和制度，由组织价值观、规则和惯例组成的组织文化，组织生产和管理的组织和过程等。组织资源是使组织提高对所承担的任务的协调能力的资产。组织资源对战略目标的影响，具体体现为以下内容：

(1) 企业组织结构与战略不适应，影响战略目标的实现。

(2) 企业文化与战略不匹配，将给战略实施带来困难，影响战略目标的实现。

(3) 企业管理资源不足（企业管理体系、业务模式、规章制度、程序和惯例），影响战略目标的实现。

 延伸阅读 4-4

未雨绸缪：中兴的战略风险管理

随着智能化时代的到来，科学技术在我们生活中扮演了越来越重要的角色，为我们的生活带来了巨大变革。1985 年，中兴通讯在广东省深圳市成立，几十年的时间里，中兴通讯积聚资金，迅猛发展，成为全球领先的综合通信解决方案提供商和中国最大的通信设备上市公司。但由于同业竞争者的压力，以及企业内外部环境的不断变化，中兴通讯在发展过程中可能会遇到很大的战略风险。如何尽可能地规避战略风险，在降低风险和获得最大收益之间找到平衡，是领导者值得思考的问题。

中兴通讯秉承持续为客户创造价值、合作共赢的经营理念，在2014年提出了M-ICT战略，让信息创造价值。战略旨在让所有的事物互联，实现信息网络的全覆盖。在国内市场，中兴通讯注重增强技术研发和产品竞争力。在国际市场方面，中兴通讯持续提升主要通信网络设备的全球市场份额，提高全球市场地位；进一步加强与重点垂直行业伙伴的战略合作，推进5G应用的研究和开发。

中兴通讯学习最先进的可持续发展理念和标准，继续夯实"人才、合规、内控"三大基础建设工作，计划在2020年步入战略发展期。根据中兴通讯年度报告披露的数据来看，战略风险没有被纳入中兴通讯风险管理的一部分。在年度报告中，中兴通讯并没有单独对战略风险进行说明，而是将部分战略风险和其他风险混合在了一起列示为经营风险，主要分为国别风险、知识产权风险、汇率风险、利率风险及客户信用风险等几个方面，未涉及企业的财务风险和其他方面的风险，并且报告只是对这些风险进行了较为笼统的说明，并没有将风险具体到下属的风险项目。

优化中兴通讯战略管理需要领导层充分认识到战略风险的重要性，加强对战略风险的系统化管理，培养自身对于风险识别的超前意识，在风险给企业造成巨大损失之前，采取有力的应对措施。中兴通讯需要加强战略风险管理的宣传，让员工树立起战略风险管理的意识，发挥群众力量来提高企业战略风险管理水平。聘请业界经验丰富的风险管理顾问，定期对管理战略风险的相关部门人员进行培训，学习风险关键点和风险管理的最新理论成果。健全的战略风险管理制度能够极大地提高企业战略风险管理的水平。通过合理配置企业资源来弥补战略风险管理中存在的漏洞及不足，改进战略风险管理的内容和流程，实现动态化的战略风险管理。

资料来源：财宇李. 未雨绸缪：中兴的战略风险管理[EB/OL]. (2021-10-28)[2022-12-13]. https://baijiahao.baidu.com/s?id=1714859054353043115&wfr=spider&for=pc.

第四节 战略风险评估

由于企业资源的有限性，企业不能关注全部的风险，需要对风险进行衡量与评估，其中包括战略风险发生的概率、风险发生导致的风险损失。并不是所有的战略风险都对企业有着重大影响，有些战略风险对企业影响的可能性较小，所以需要对战略风险进行评估，关注风险发生概率较大、风险损失重大的战略风险，为企业下一步进行风险有效处理奠定基础。本书中对战略风险的评估采用定性衡量方法。

风险定性衡量方法就是风险管理人员通过风险识别阶段所得到的信息，运用一定的方法，进行信息加工和处理，从而得到风险事件发生的概率及其损失程度这两个重要指标，为风险管理者选择风险处理方法、进行风险管理决策提供依据。

一、战略风险评估概述

根据现代风险衡量的方法，风险的大小应由风险影响后果和风险发生概率两方面共同决定的。基于此，本节内容在借鉴风险矩阵方法研究成果的基础上，将原始风险矩阵加以改造后引入战略风险的评估中，构建用于战略风险评估的风险矩阵。

由于战略风险受内外部环境因素的驱动，具有很大的不确定性，这种不确定性受人们认知的局限性影响，具有随机性和模糊性。

在对风险矩阵中各战略风险因素权重的确定过程中，引入层次分析法，避免由于采用名义群体法或专家投票法，受专家个人倾向和感受的影响，风险评估效果不理想。层次分析法应用专家经验知识设置指标体系，用一致性检验判断专家意见的一致性，有效地将定性分析与定量分析结合，为解决特定条件下大中型工程项目的多目标风险评估提供了科学、可行的思路。鉴于战略目标实现的复杂性和项目目标实现的复杂性相类似,将层次分析法引入战略风险评估中,为战略风险评估提供了科学、可行的思路。

二、风险矩阵

风险矩阵是在项目管理过程中识别风险(风险集)重要性的一种结构性方法,并且还是对项目风险(风险集)潜在影响进行评估的一套方法论。风险矩阵具有操作简便的特点,且有效将定性分析与定量分析相结合,主要用于项目风险管理中,如工程项目管理、金融投资、供应链管理等方面。目前其也逐渐被运用到其他领域,如在绿色制造实施领域、信息安全领域等。

(一) 原始风险矩阵

风险矩阵作为一种识别风险重要性和评估风险潜在影响的方法,其核心内容包括风险概念的界定、风险发生的概率、风险影响及风险等级的划分标准以及风险管理对策等内容。

在风险矩阵中,风险是指采用的技术和工程过程不能满足项目需要的概率。项目风险是指某些不利事件对项目目标产生负面影响的可能性和可能遭受的损失。在风险矩阵中,一旦识别出项目风险(风险集),下一步就要分析评估风险对项目的潜在影响,计算风险发生的概率,并根据预定的标准评定风险等级,实施计划管理或降低风险。

(二) Borda 序值法

当风险矩阵确定并有了一组输入值之后,接下来的问题就是确定哪一种风险是最关键的,应当将资源分配在哪里以消除项目最可能产生的风险。同一等级的风险重要性程度可能并不完全一样,因此风险管理者无法从众多的高风险结中分离出最为关键的风险。

风险矩阵对风险的评估只是一个相对值的评价,其评价结果只比较出风险因素间相对的风险程度高低,但无法定量判定各个风险之间的差距,其缺点在于当风险因素出现相同的风险程度时,管理者将不能直观判断这些风险因素的优先处理级别,需借助于其他的要素和工具来参与考虑和决定风险因素的处理顺序,如 Borda 序值法。

为了处理风险结(风险结是处于同一等级具有基本相同属性,还可以继续细分的风险模块),研究人员将投票理论应用到风险矩阵软件中,提出了 Borda 序值法。使用风险矩阵进行分析时,采用 Borda 序值法根据多个评价准则,将风险按照重要性进行排序。Borda 序值法的原理是由每个投票人按照一定的规则对评价对象排序,然后计算各个评价对象的得分总数,得到最高分的评价对象为胜者。将其运用于风险评估中,则其评价对象指代的是待排序风险,得分最高者就是最为关键的风险事实。Borda 序值法不仅可以用于高风险结,还可以用于中风险结和低风险结,具体方法如下:

设 N 为某一风险结中所含风险总个数,设 i 为某个特定风险,k 表示某一准则。风险矩阵只有两个准则:用 $k=1$ 表示风险影响,$k=2$ 表示风险概率。如果 r_{ik} 表示风险 i 在准则 k 下的风险等级,则风险 i 的 Borda 序值可由式(4-1)给出:

$$b_i = \sum_{k=1}^{2}(N - r_{ik}) \tag{4-1}$$

风险等级就由 Borda 序值给出,某个风险的 Borda 序值表示它所处风险结中比它更为关键的风险个数。如果被评估的风险结为高风险结,那么 Borda 序值为零的风险就是影响项目成功最为关键的风险。

引入 Borda 序值法可很好地弥补风险矩阵存在的不足,解决了风险矩阵中风险结的处理难题,从而扩大了风险矩阵在实际运用中的范围和适用性。

(三)风险矩阵用于战略风险评估的可行性

从风险矩阵中项目风险的定义来看,项目风险的定义是以目标为导向,对目标产生负面影响的不利事件发生的可能性和可能遭受的损失进行评估,这和战略风险的定义在概念上具有类似性。

从风险矩阵主要应用的对象项目来说,项目具有复杂性、探索性、创新性、综合性并且受外部环境和内部条件的影响,项目目标的实现具有一定的不确定性,如果将战略目标的实施过程看作是一个项目,则风险矩阵应用到战略风险评估中,可以提供科学、可行的思路。

风险矩阵作为一种简单、易用的结构化风险管理方法,可识别哪一种风险是对战略目标影响最为关键的风险,同时风险矩阵还可以对整体战略风险给出综合评价,并且风险矩阵的应用得到实践的检验,具有很高的科学性和可操作性。

三、战略风险评估模型构建

(一)构建战略风险评价体系

根据上述战略风险识别框架和战略风险因素的构成,战略风险由战略环境、战略、战略实施能力、运营能力和战略资源因素驱动。目标风险、一级风险指标及二级风险指标,形成了多层次风险驱动体系。多层次的风险驱动体系如表 4-2 所示。

表 4-2　　　　　　　　　　　多层次的风险驱动体系

目标风险	一级风险指标	二级风险指标
战略风险 U	战略环境风险 U_1	宏观环境风险 U_{11}
		产业环境风险 U_{12}
		需求环境风险 U_{13}
	战略 U_2	愿景风险 U_{21}
		战略目标风险 U_{22}
		战略定位风险 U_{23}
	战略实施能力风险 U_3	战略沟通风险 U_{31}
		经营协同风险 U_{32}
		战略控制风险 U_{33}
		战略绩效风险 U_{34}
	运营能力风险 U_4	采购管理能力风险 U_{41}
		人力资源管理能力风险 U_{42}
		财务管理能力风险 U_{43}
		技术创新与产品开发能力风险 U_{44}
		生产管理能力风险 U_{45}
		市场营销与客户关系管理能力风险 U_{46}

(续表)

目标风险	一级风险指标	二级风险指标
战略风险 U	战略资源风险 U_5	人力资源风险 U_{51}
		信息资源风险 U_{52}
		技术资源风险 U_{53}
		管理资源风险 U_{54}
		资金资产资源风险 U_{55}
		市场资源风险 U_{56}
		关系资源风险 U_{57}

(二) 建立战略风险评价标准

战略风险评价标准包括风险影响程度、风险发生概率和风险等级,根据原始风险矩阵的风险评价标准,引入量化值,与相应的评估等级相对应,将定性过程定量化,提高风险评估的客观性,降低定性的模糊程度。

为了提高风险矩阵方法运用于战略风险评估的科学性、可靠性和合理性,对其风险等级尺度划分进行改进,把风险等级尺度区分为:低、较低、中等、较高、高五个等级尺度。

五个等级的风险与风险等级对照表的等级相对应,从一级到五级风险逐步递增,一级风险表示该风险因素基本安全,但不排除其存在一定的隐患;二级表示该风险因素比较安全,但有潜在风险,应引起注意;三级表示该风险因素较为不安全,有可能造成不良后果,应采取一定措施;四级表示该风险因素不安全,应立刻采取措施控制,并非常有可能发生损失事件;五级表示该风险因素非常不安全,并会引起较为严重的后果。

延伸阅读4-5

什么是德尔菲法

德尔菲法是在20世纪40年代由赫尔姆和达尔克首创,经过戈尔登和兰德公司进一步发展而成的。德尔菲法作为一种主观、定性的方法,不仅可以用于预测领域,而且可以广泛应用于各种评价指标体系的建立和具体指标的确定过程。

德尔菲法依据系统的程序,采用匿名发表意见的方式,即专家之间不得互相讨论,不发生横向联系,只能与调查人员发生关系,通过多轮次调查关于专家对问卷所提问题的看法,经过反复征询、归纳、修改,最后汇总成专家基本一致的看法,作为预测的结果。

德尔菲法的实施步骤如下。

1. 制定征询调查表

征询调查表是为了对德尔菲法进行简要说明,为使专家全面了解情况,调查表一般都应有前言,用以简要说明征询的目的与任务,以及专家应答的作用。同时,该表应对德尔菲法的程序、规则和作用进行简要说明。

2. 选择专家

在征询调查表拟定后,就要据此选择专家。要考虑选择的专家是否有充分的时间认真填写调查表。经验表明,一个身居要职的专家匆忙填写调查表,往往不如一般专家经过深思熟虑认真填写的调查表更有价值。

专家小组的人数一般以10~50人为宜,最佳人数15人左右。在确定人选前,应发函征求本人意见,是否能坚持参加这项活动,以避免出现拒绝填表或中途退出等情况。

3. 征询调查

运用德尔菲法,通常经过四轮的征询调查。

第一轮向专家小组成员发出询问调查表,允许任意回答。调查表统一回收后由领导小组进行综合整理,用准确的术语提出一个"征询意见一览表"。

第二轮把征询意见一览表再发给专家小组成员。要求他们对表中所列意见作出评价,并相应地提出其评价的理由。领导小组根据返回的一览表进行综合整理后,再反馈给专家组成员。

第三轮、第四轮照此办理。

4. 确定结论

在经过四轮征询后,通常专家小组的意见都表现出明显的收敛趋势,逐渐地趋于一致。领导小组可以据此得出最后结论。

德尔菲法能充分发挥各位专家的作用,集思广益,准确性较高;能把各位专家间意见的分歧点表达出来,取各家之长,避各家之短。同时,德尔菲法又能避免权威人士的意见影响他人的意见;有些专家碍于情面,不愿意发表与其他人不同的意见;某些专家出于自尊心而不愿意修改自己原来不全面的意见。德尔菲法的主要缺点就是太耗时间,当需要进行一个快速决策时,这种方法通常是行不通的。

资料来源:AACTP中国.什么是德尔菲法?[EB/OL].(2022-10-17)[2022-12-13]. https://baijiahao.baidu.com/s?id=1746917105898554917&wfr=spider&for=pc.

第五节 战略风险应对

战略风险应对应在组织使命和愿景的统领下,围绕着战略目标的实现,以战略风险管理策略为指导,以战略风险组织体系和战略风险预警机制为保障,以战略风险控制为手段,防范和控制潜在的战略风险因素,保障战略运行在正常的轨道上。因此,战略风险管理策略是战略风险应对中的重要组成部分。

一、战略风险管理策略的含义

战略风险管理策略是有效管理和应对战略风险的重要手段。根据战略风险评估的结果,为将战略风险控制在可接受的范围内,需根据企业自身的风险偏好和风险承受度制定战略风险管理策略,以有效降低战略风险可能带来的损失。战略风险管理策略是企业根据自身条件和外部环境,围绕企业发展战略,确定风险偏好、风险承受度,选择风险承担、风险规避、风险转移、风险转换、风险对冲、风险补偿、风险控制等适合的风险管理工具的总体策略,并确定风险管理所需人力和财力资源的配置原则。风险管理策略为企业的整体战略服务,保证企业战略目标的实现,连接企业的整体战略和运营活动,指导企业的一切风险管理活动,分解为各领域的风险管理指导方针。

风险偏好是指企业在实现其目标过程中愿意接受的风险种类和大小的态度,即解决"企业愿意承担什么风险"的问题,描述企业对待风险的基本态度。企业的风险偏好是基于发展战略和自身所处的发展阶段的判断和认识,在均衡各利益相关者期望的基础上确定的,并和战略保持一致,起到引导企业的资源配置的作用。风险的大小是指为进入新产品领域或获得国内外资源,企业愿意承担投资收益率的大小的态度。

风险承受度是指偏离某一具体目标的可接受程度,风险承受度描述企业能够承担的风险的限度,解决"企业能够承担多大风险"的问题。风险承受度是风险偏好的边界,是为每一个具体的风险因素设定的量化的可接受水平,通常包括一整套关键的控制指标。在风险偏好的指导下,风险承受度由高管层根据业务发展的实际情况研究制定。例如,企业为了进入新产品领域和矿产资源控制,愿意承担投资损失占净资产比例的5%~10%的风险,高于10%的损失是企业不能容忍的程度。

风险应对策略解决"企业如何管理风险"的问题,针对各类重大和重要风险的应对策略各有不同,一般情况下,对战略风险可采取风险承担、风险规避、风险转换、风险控制等方法。

二、战略风险管理策略的制定

战略风险管理组织体系是战略风险管理策略实施的基础和保障,也是战略风险有效防控的基础。企业全面风险管理组织架构是在实践中不断总结形成的相互制衡、运营有效,有利于控制风险的成熟的组织体系。因此,战略风险管理组织架构应建立在企业全面风险管理的组织架构基础上,并进一步明确了相关单位在战略风险管理中的地位和职责,以战略风险管理为目标,来规范和确定组织中各单位之间的风险管理职责。战略风险管理组织体系需要根据战略目标,确定企业风险偏好及风险承受程度,进而选择合适的战略风险应对策略。

(一)风险偏好和风险承受度的确定

要确定风险偏好和风险承受度,应先确定企业的战略目标,根据战略目标确定企业业务范围内愿意承担的战略风险的种类和大小等方面的态度,即确定风险偏好。在风险偏好确定的基础上,根据战略目标确定战略目标衡量的指标和目标值,确定可能承受的范围,制定相应的风险承受度。风险偏好是企业希望承受的风险范围。风险承受度有两重含义,一是作为风险偏好的边界,二是作为企业采取行动的指标。在风险偏好以外,企业可以设置若干承受度指标,以显示不同的警示级别。

企业通常根据不同业务特点统一确定风险偏好和风险承受度,即企业愿意承担哪些风险,明确风险的最低限度和不能超过的最高限度。风险偏好多为定性描述,主要根据战略目标实现的过程中,企业可能涉及的业务范围进行确定,通常风险偏好分为厌恶、轻度厌恶、中立、轻度喜好、喜好等类型。风险偏好选择厌恶型的,则企业将采取更加严格的方式来管理风险;风险偏好选择喜好型的,则企业采取更加愿意承受的方式来管理风险。风险承受度一般为定量描述,在风险偏好确定的基础上,基于目标进行确定。

风险偏好和风险承受度的确定,可以利用平衡计分卡进行具体确定。平衡计分卡是一种战略管理工具,它可以使企业的绩效管理系统和战略相统一。企业利用平衡计分卡,可以将战略目标在财务、客户、内部业务流程和学习与成长方面进行分解,形成目标体系,根据目标制定关键衡量指标和目标值,根据战略目标实现的要求确定风险偏好的范围和风险承受度。例如,财务视角的目标指标,如利润总额,利润总额完成率不低于95%是可以接受的,低于95%要发出一级预警,低于90%要发出二级预警。又如,客户视角的目标指标,如大客户满意度半年度环比增长率,标准值为0%,即原则上下半年客户满意次数应持平或高于上半年客户满意次数,故将该项指标标准值设置为0%。如果大客户满意度半年度环比增长率≤−5%则发出一级预警,如果大客户满意度半年度环比增长率≤−10%,则发出二级预警。

确定风险偏好和风险承受度,要正确认识和把握风险与收益的平衡,防止和纠正忽视风险、片面追求收益而不讲条件、范围,认为风险越大、收益越高的观念和做法;同时,也要防止单纯为规避风险而放弃发展机遇。

(二)风险应对策略的确定

风险应对策略的确定,是在风险偏好和风险承受度确定的基础上,根据风险评估结果,对风险级别比较高的风险制定相应的风险应对策略,包括风险规避、风险控制、风险承担等,将风险控制在可接受的范围内。根据风险发生的可能性和影响程度对风险进行评估,根据评估结果将风险划分为五个等级。对于处于不同等级的风险,风险应对策略不同。通常风险应对策略的选择主要遵循以下的原则:对发生可能性较低、影响程度较小的风险主要采取风险承担的策略,如风险级别处于一、二级的范围内的风险;对发生可能性较高、影响程度较大的风险,主要采取风险规避、风险转移、风险对冲、风险补偿等策略,如风险级别处于四、五级的范围内的风险;对于风险级别处于三级范围内,通常采取风险控制策略。

企业的经营业务中所面临的风险可能涉及面较广,往往不是单一的风险策略工具能够管理控制的,更多的情况下需要多项风险策略工具进行组合式的管理,才能达到预期的效果。企业实际在制定风险应对策略时,可根据具体情况综合采取各种策略组合。例如,对能够通过保险、期货、对冲等金融手段进行理财的风险,可以采用风险转移、风险对冲、风险补偿等方法;对人力资源管理等内部管理风险主要采取风险控制的方法;对来自外部的技术、行业等风险主要采取风险承担、规避等方法组合。

但是,风险策略工具的组合使用,需要从理论与实际两个角度出发。就理论角度讲,当面临风险时,企业应采取适宜的风险管理策略工具或组合,以达到最佳的管理控制效果。就实际角度而言,当风险可能发生时,企业应在预先针对不同重大或重要风险确定的不同风险管理策略或组合的指导下,根据当期的实际资源和能力状况进行配置优化,以便有效管理风险的发生,并减少或避免所造成的损失。

风险策略工具及使用方式并非一成不变,需要根据企业业务运营需要、经营决策的管理要求等因素的变化,适度进行优化和调整,以便更好地管理风险。

风险管理策略的制定,可用业务开发风险管理策略的制定过程进行说明。我们可以将业务开发看作一个投资项目,业务开发的目的是获取一定的投资收益。假设企业具有一定实力和快速扩张的目标,对投资规模的风险偏好为愿景承担较大的投资规模,对投资收益的态度为不希望承担较低的投资收益率,投资规模可用投资超过投资能力的比率来量化风险投资规模上的偏好程度,如投资规模超过自身投资能力30%可以接受,如果超过50%则有些偏高,需要降低。投资收益可以用投资回报率和基准值的比率,来反映投资回报率偏离基准值的程度,如果投资回报率和基准值的比率为100%,即投资回报率正好等于基准值,则可以接受,如果为90%,则要进行规避。

三、战略风险预警体系

预警是度量某种状态偏离预警线的强弱程度,发出预警信号的过程。战略风险预警对影响战略目标实现的潜在战略风险因素进行分析,对可能发生战略风险的警源上设置预警指标,及时捕捉预警信息,便于采取预防措施,防止企业战略运行的不良趋势,保证战略运行处于正常和良性运转之中。

4-5 新零售模式下,瑞幸咖啡的战略风险,应采取紧缩与集中的战略应对

(一)战略风险预警指标的选取

风险预警指标体系是预警体系的核心部分,只有实现了指标化的风险测度,对风险的预警管理才能有效落实。战略风险预警指标能够直接或间接地预测和体现风险,并且能够指导关键节点的应对措施。

1. 战略风险预警指标选取的原则

战略风险预警指标是依据企业所面临的重大与重要风险的情况所归纳量化的度量指标,其必须能够以定量的形式来反映企业所面临的相关风险的程度。风险预警指标的选取须遵循以下原则:

(1)重要性原则,即在所有同风险具备相关性的指标中,选取最能够反映相关风险程度的量化指标。

(2)规范性原则,即经营业务范围内的同类的指标,应该具备统一的统计和计算口径。

(3)灵敏性原则,即要求指标尽可能具备较高的灵敏度,能够较为迅速、准确地捕捉风险的变化情况。

(4)互补性原则,即要求指标从总体上来说能够相互联系、相互补充,能够反映企业所面临的整体风险。

(5)可操作性原则,即指标的设计必须是可以落实的,数据来源清晰,能够落实到具体的部门进行操作。

2. 战略风险预警指标的来源

战略风险预警指标的筛选主要有以下两个来源:

一个是根据战略目标分解的关键绩效指标进行提取,根据指标的目标值的偏离程度设置预警线,可以借助于平衡计分卡工具进行目标的分解和指标的提取及预警线的制定。例如,人力资源管理绩效指标有关键员工离职率,当关键员工离职率在5%之内是可以接受的,当离职率超过5%则要进行预警。绩效指标有结果指标和过程指标,对于结果指标,要根据情况分析产生结果的原因,针对可能原因采取应对措施。

另一个是根据潜在的战略风险因素进行提取。对于发生可能性大和影响程度高的战略风险因素采取关键风险指标分析法提取预警指标,同时根据风险偏好和风险承受度设置预警值和应对措施。

具体设置预警指标需结合风险评估的结果,预警指标的设置重点针对风险发生可能性和风险影响程度比较高的风险设置预警指标,通常是风险级别为四级和五级的风险。战略风险预警指标的设置需根据企业所在的行业、企业经营状况、企业的风险偏好、风险承受度及战略目标实现的要求,进行综合确定。战略风险预警指标与企业内外部环境及战略规划的调整、风险偏好及承受度的变化,以及风险策略调整的影响有关。

(二)战略风险预警组织

企业战略风险预警体系的组织保障是风险预警体系的关键。企业风险预警组织是企业预警风险、分解风险、降低风险,化风险为优势的重要职能部门。它是在企业内部建立起来的具有自我纠错防错功能的组织,专司风险管理系统的监测、识别、诊断与修正,承担企业风险管理功能的实现。风险预警组织的各单位保障了企业风险预警体系的有效运转,通过事前揭示、报告风险,防患于未然,是风险管理的关键环节。

风险预警的组织架构是在企业风险管理的组织架构基础上建立的,其进一步明确了相关单位在风险预警机制中的地位和职责,以风险预警为目标导向,来规范和确定组织中各单位之间的风险管理职责。企业风险预警组织机构主要包括风险管理委员会、风险管理部门、各业务单位、职能部门。

(三)战略风险预警流程

在确定了职责和战略风险预警指标的前提下,流程是形成战略风险预警体系有效运作的基础,流程对部门、职责等进行串联,使得战略风险预警体系具备了落实的保障。战略风险预警体系离开具体的流程,就成为无本之木、无源之水,无法落实到企业具体的经营活动中去,在检测到风险变化的时候也不能高效率地应对。战略风险预警流程明确了战略风险预警指标提取的方式,流程使得企业的战略风险预警指标处在动态更新、持续维护的过程中。更重要的是,战略风险预警流程明确了在出现风险预警的情况下,风险管理中心和各职能部门及业务单位必须采取的工作流程。

风险预警工作流程主要包括风险预警信息收集流程、风险评估流程、风险预警月报的工作流程、风险预警报告的工作流程、风险预警应对会议的工作流程、风险预警专题会的工作流程、主管部门风险预警定期和不定期报告的工作流程、风险预警指标调整的工作流程。

(四)战略风险预警应对措施及应急预案制定

战略风险预警应对措施是指在风险搜集与评估后,风险管理主管部门会同风险预警主管部门针对重大风险和重要风险、风险事件所制定的风险管理策略、风险事件的控制措施等。战略风险预警应对措施作为处理该项风险的基本指导意见,是相对应的风险预警应急预案的基础。

战略风险预警应急预案是指在风险预警出现后,所需要采取的具体的针对措施与应对方案。战略风险预警应急预案应该由风险预警主管部门依据风险预警应对措施建立,每年年初依据相关的宏观经济情况和企业面临的具体情况进行调整,并在每年年初针对新增的风险指标建立战略风险应急预案,应当遵循以下原则:

(1) 时效性,应当是依据当前的风险状况和企业状况建立的,而不是一成不变的方案。

(2) 可操作性,必须明确战略风险应急预案中相关的措施和行动的负责部门、负责人,避免措施无法落实。

(3) 目标导向,战略风险应急预案的制定必须明确其所要实现的目标,以目标为导向来具体落实应急预案和决定何时可以终止应急预案的执行。

四、战略风险应对措施

(一)提高战略风险管理的重视程度

战略风险是给企业战略目标实现造成阻力的风险,对企业长远的生存与发展起着至关重要的作用。领导层的重视程度对企业进行战略风险管理是非常重要的,在风险给企业造成巨大损失之前采取有力的应对措施是十分必要的。选拔和培养企业风险管理人才,组成特定的风险管控小组,能更有效、全面地识别企业实现战略目标时内外部环境因素的变化,将战略风险控制在企业承受的范围之内。

(二)密切关注政治和法律环境等外部环境的变化

政治风险和法律风险均属于系统风险。PEST战略分析法理论可以发挥主观能动性,通过密切关注政治和法律环境的变化来降低政治风险和法律风险所带来的不确定性。政治风险主要涉及国家产业政策和国际环境不稳定两方面因素。在国内市场,企业要深入了解国家对行业的政策,把握好政策中对企业的优惠条件,在良好的政策环境下高效地开展业务。

企业可以成立专门的风险识别小组,找出业务中容易触发的风险点,及时调整企业的项目开展计划和合同条款,并在合同中明确索赔条款和责任人,尽可能地避免合同风险带来的不确定性。充分发挥法务部的作用,让法务部将法律法规中对企业业务活动中造成影响的政策变化及时和市场部进行沟通,减少市场部在开展业务时因未能了解法律和政策变化而给企业带来不利影响的可能。

(三) 提高产品和技术的自主创新能力

市场竞争激烈而导致的行业风险可以通过提高产品和核心技术的创新能力来实现。市场竞争激烈,企业要想降低行业风险和技术风险,在激烈的市场竞争中占据有利地位,必须加大研发投入,提高产品和技术的创新能力,提供差异化产品,增强企业的核心竞争力,在技术上抢占先机。提高产品和核心技术的创新能力需要从三方面着手,一是引进大量科研型人才,提高科研部门人才的薪资待遇,调动员工创新的积极性,同时鼓励员工出国交流学习,学习国外先进的技术和经验,提高员工的学习能力和创造能力;二是要加强研发部和市场部门的交流和沟通,市场需求不断变化,技术部必须紧跟时代潮流,产品和技术的创新要在满足用户需求的基础上进行,才能有更好的市场;三是在进行产品和技术创新一定要注重安全性,只有获得消费者的信赖,才能赢得更多的订单,为公司创造利润。

通过提高产品和技术的创新能力,企业除了可以有效地降低市场竞争激烈、产品技术创新能力不足等因素带来的行业风险和技术风险的不确定性,还能在一定程度上减少因知识产权及盈利能力弱等因素带来的法律风险和财务状况风险。

(四) 启动企业风险测评机制

启动企业风险测评机制,实行各业务部门自评的举措,优化责任追究制度和重大风险管控机制,明确战略风险管理的责任人和责任部门,避免出现风险管控不当,各部门相互扯皮、推诿的现象,使战略风险在第一道防线中实现闭环管理,进一步明确运营管理部门在第一道防线的职责。

充分发挥内部审计部门的作用,监督各部门关于战略风险应对的落实情况,对于战略风险管理落实过程中存在的客观环境或人为原因而导致战略风险应对措施执行效果不理想的情况,要及时向管理层反映和报告。除此之外,要实现企业董事会对战略风险管理的监督,以保证领导层能够在风险发生意外变化的情况下第一时间制订应对计划,减少战略风险给公司带来的损失。

企业战略风险管理对保障企业战略目标实现具有重要意义,对企业的发展方向及在激烈的市场竞争中生存发挥着至关重要的作用,战略风险管理水平越来越成为企业保持竞争力的重要因素。

延伸阅读4-6

乐高集团战略风险管理实践

乐高集团(LEGO)总部位于丹麦比隆,在全球拥有12 500名员工,是全球第二大玩具制造商。乐高公司专注于乐高积木的组合产品,拥有25条产品线,销往130多个国家。

1932年,乐高集团在丹麦成立,由奥莱·柯克·克里斯蒂安森(Ole Kirk Kristiansen)创立,最开始是一家生产木制玩具的小工厂。多年来,在专注于整个游戏和搭建系统的基础上,乐高集团对积木进行了升级完善。尽管会在形状,颜色和设计上进行一些细微调整,但今天的乐高积木仍然与1958年的积木没什么本质差别。在丹麦、捷克共和国、匈牙利和墨西哥的工厂生产了2 400种不同的乐高积木,生产精度维持最高并受到持续控制,有超过9亿种不同的方式来组合6块相同颜色的八柱积木。

乐高集团分四步开展风险管理:

第一步,通过严密的战略风险应对,将传统ERM中的财务、经营、风险和其他风险补充到全面风险管理体系中。

第二步,在2008年增加了蒙特卡洛模拟,以了解财务业绩波动性(事实证明这一点很重要)及其驱动因素,以便将风险管理纳入预算和报告流程中。

第三步,制定主动风险和机会计划(AROP),在项目决策最终决定之前,业务计划要作为准备业务示例的组成部分通过系统风险和机会过程测试。

第四步,应对不确定性,管理层努力确保长期战略与非计划中的未来变化有关,而且相适应。

在高层管理人员的大力支持和强烈关注下,乐高集团的风险管理方法发生了很大变化。他们已经证明了风险管理工作所做的努力的价值,还明确地将风险管理纳入了公司经营管理的大部分关键规划过程中,主要包括以下几点:

(1) 商业计划中使用的战略情景分析。
(2) 乐高积木开发过程——包括整体项目风险/机会风险的蒙特卡罗模拟。
(3) 客户业务计划流程——AROP协作。
(4) 销售和运营计划流程——战术场景。
(5) 绩效管理流程——基于结果而不是努力的奖励。

根据实际数据,乐高集团在2006年至2010年的平均增长率为20%,而这个市场每年仅增长2%和3%。2006年至2012年,累计年增长率达到20%,公司规模扩大了3倍。除此之外,盈利能力也发展得相当显著,销售回报率从2006年的17%增长到2012年的34%。

资料来源:Mark,Hans. 乐高集团(LEGO)战略风险管理实践[EB/OL]. (2021-05-23)[2022-12-26]. https://mp.weixin.qq.com/s/WtWhLU1HakM3vAXx9tLJ9w.

本 章 小 结

本章的主要学习内容是战略风险概述及战略风险管理的流程。通过本章学习,学生应认识战略风险的概念、成因、类型等内容;重点掌握战略风险管理中战略风险识别、战略风险评估和战略风险应对的相关内容,对整个战略风险管理的流程有了一定的了解和认识。

本章重要概念

战略风险　战略风险管理　战略风险识别　战略风险评估　战略风险应对

4-6 练一练

4-7 练一练答案

第五章　财务风险管理

- 内容提要
- 重点难点
- 学习目标
- 知识框架
- 思政育人
- 第一节　财务风险概述
- 第二节　筹资风险管理
- 第三节　投资风险管理
- 第四节　并购风险管理
- 本章小结
- 本章重要概念

内容提要

本章主要讲解了企业财务风险的含义及内容、财务风险的属性与成因、财务风险管理的目标及财务风险管理策略；并介绍了债务筹资及股权筹资风险识别、衡量、处理措施，投资风险的识别、衡量及管理，并购的识别、衡量及管理措施。

重点难点

本章重点为债务筹资及股权筹资风险识别、衡量、处理措施，投资风险的识别、衡量及管理，并购的识别、衡量及管理措施；难点为筹资风险、投资风险及并购风险的管理措施。

学习目标

通过本章的学习，学生应理解企业财务风险的含义及内容、财务风险的属性与成因、财务风险管理的目标及财务风险管理策略；掌握债务筹资及股权筹资风险识别、衡量、处理措施，投资风险的识别、衡量及管理，并购的识别、衡量及管理措施。

知识框架

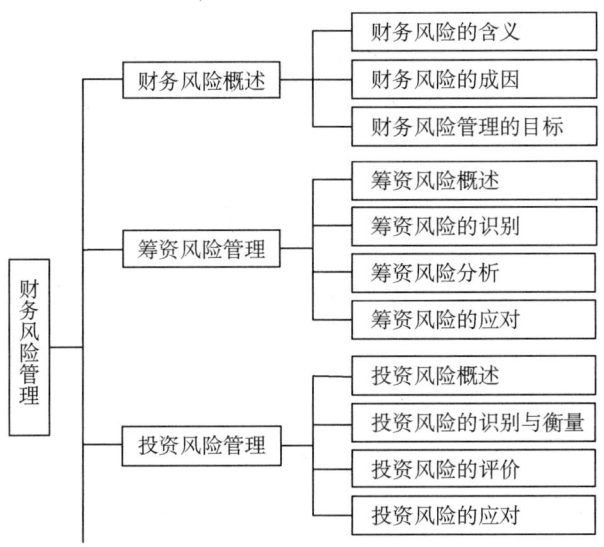

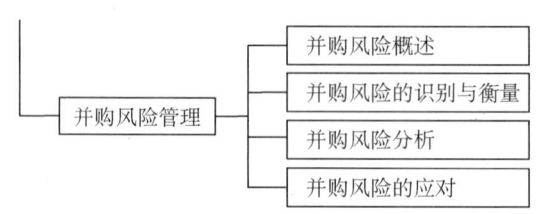

思政育人　　　你不知道的金融企业

2019年9月26日,财政部网站发布《金融企业财务规则(征求意见稿)》(以下简称《征求意见稿》),《征求意见稿》共15章164条,与现行规定相比,未作修改4条,修订60条,新增105条,删除5条,增加了预算管理、资本金管理、投资管理、考核与评价等,并对原有内容也都进行了较大幅度的调整。具体修改内容如下:

第一章总则。明确了修订宗旨和依据,增加了金融企业财务管理遵循的原则,并提出各级财政部门对金融企业财务行为进行监督管理的同时,要与审计部门、金融监管部门加强沟通协作。按照第五次全国金融工作会议统一规制、防范风险的精神,《征求意见稿》明确规定,依法获得金融业务许可证的各类金融企业,以及虽没有金融牌照,但主要经营金融业务的投资运营机构和金融基础设施企业或机构,以及小额贷款公司、融资担保公司、区域性股权市场、典当行、融资租赁公司、商业保理公司、地方资产管理公司等机构均适用于本规则。同时,本着实质重于形式的原则,《征求意见稿》还规定,经营活动在境内的境外注册机构比照适用,并将在境外离岸中心、金融自由港等注册的境外注册机构也一并纳入适用范围。

第二章财务管理职责。为适应经济金融形势变化,以及金融企业股份制改革的推进,按照相关法律法规,从"三会一层"公司治理架构的角度,该规定对各方财务管理职责进行了调整和完善。为加强风险防控、强化金融企业的内部管控,对金融控股公司的集团公司,增加了金融企业母公司对各级企业财务活动进行穿透管理的内容。

第五章筹资管理。针对近年来金融企业融资方式和管理过程中存在的问题,《征求意见稿》对筹资管理的内容进行了修订。一是明确筹资目的,强化筹资期限匹配管理,防范期限错配风险和流动性风险。二是要求金融企业建立健全筹资决策程序和权限,强化公司治理决策的风险管控作用。三是结合近年来融资创新情况,要求金融企业综合考虑业务需要、监管要求等因素,统筹境内外市场,合理选择筹资工具。四是为了防范期限错配风险,要求金融企业同业融资合理确定融资期限,严格用于流动性管理,原则上不得用于长期限或高风险投资,不得成为盈利主要来源。同时,为了防范金融风险在同业间不当扩散和传染,要求金融企业同业融资,仅限于交易双方,不得提供任何直接或间接、显性或隐性的第三方金融机构担保。五是针对金融企业境外筹资规模增长过快,资金运用不透明、业务管控薄弱等问题,进一步加强境外筹资管理。

第六章投资管理。近年来,金融企业投资出现了资金在金融体系内空转,利用债务资金进行杠杆收购等一些不规范现象,为从金融企业财务管理的角度规范投资活动,《征求意见稿》增加了投资管理的内容,对金融企业投资活动进行引导和规范。一是明确金融企业开展投资活动,要以回归本源、服务实体经济为原则。二是贯彻落实第五次全国金融工作会议精神,要求金融企业聚焦主业,严格规范产融结合行为;明确金融企业开展实物投资应以经营必需、满足自用为原则。三是金融企业应加强对投资事前、事中和事后的全流程管理。采用委托方式开展投资的,应按照"公开、公平、公正"原则,择优选择管理人;开展股权投资的,应对被投资企业资本金进行穿透式审查,履行相关资产评估或估值程序;做好投资监控及绩效评价等工作,并结合评价结果,及时调整或退出有关投资项目。四是结合资管新规,要求金融企业按照"穿透原则"对所发行的资产管理产品加强资金投向管理,全面掌握底层基础资产信息;审慎开展境外投资,严格控制境外非主业投资,切实防范境外投资风险。

第十三章改制、重组和清算。为确保企业在财产权变动阶段相关各方的权益得到准确计量和核算,《征求意见稿》在本章对金融企业在改制、重组及清算过程中的财务事项进行了规定。一是对金融企业改制和重组的审批程序、改制方案内容提出明确要求;二是明确金融企业改制重组中对资产评估确权的具体要求,确保客观公正确定企业资产价值,避免资产低价折股损害出资人权益;三是金融企业改制重组应做好职工安置、劳动关系接续、清欠工资等工作,切实维护职工合法权益;四是对金融企业改制重组中管理层持股提出限制性要求,避免在改制重组过程中,管理层凭借信息及决策优势扩大对金融企业控制权;五是恢复与处置计划;六是破产清算中的公众保护。考虑到金融企业外溢性较强,明确金融企业在破产清算时,特别注意保护公众存款人或个人受益者合法权益,避免因企业破产清算造成个人受益者权益受损。

资料来源:郑景昕. 财政部修订金融企业财务规则:修订60条,新增105条[EB/OL]. (2019-09-26)[2022-12-24]. https://www.thepaper.cn/newsDetail_forward_4530928.

第一节 财务风险概述

一、财务风险的含义

财务风险作为一种经济上的风险现象,无论在实务界还是理论界都得到广泛的重视。在财务实践中,企业往往会由于管理不善而遭受财务风险所带来的经济损失,有时甚至会破产倒闭。例如,英国巴林银行的倒闭,日本八佰伴总店及其在中国香港、澳门地区的分店的破产等都源于对财务风险的规避不善。而在理论界,财务风险已经成为现代财务理论的核心内容,财务风险有狭义和广义之分。

(一)狭义的财务风险

狭义的财务风险通常被称为举债筹资风险,是指企业举债而给企业财务成果(企业利润或股东收益)带来的不确定性。举债筹资一方面为满足投资需要、扩大规模、提高收益创造了前提条件,另一方面也增加了按期还本付息的筹资负担。由于企业投资收益率和借款利息率都具有不确定性(都可能提高或降低),企业投资收益率可能高于或低于借款利息率。如果企业决策正确,管理有效,就可以实现其经营目标(使企业的投资收益率高于借款利息率)。但在市场经济条件下,市场行情的瞬息万变、企业之间的竞争日益激烈,都可能导致决策失误、管理措施失当,从而使得筹集资金的使用效益具有很大的不确定性,由此产生了筹资风险。这种风险程度的大小受到负债规模的影响,负债规模越大,风险程度也越大;反之亦同。由于负债资金规定了严格的还款方式、还款期限和还款金额,一旦企业负债过度,经营不善,无力偿还到期债务,便会陷入财务困境,甚至于破产倒闭。可见,这种狭义的财务风险存在于负债经营的企业,没有负债,企业经营的全部资本由投资者投入,则不存在财务风险。

(二)广义的财务风险

广义的财务风险是指在企业的各项财务活动中,由于内外部环境及各种难以预计或无法控制的因素影响,在一定时期内企业的实际财务收益与预期财务收益发生偏离,蒙受损失的可能性。它是从企业财务管理活动的全过程和财务的整体观念透视财务本质来界定财务风险的。

1. 筹资风险

筹资风险是指由企业筹资活动的规划或运作而引起的收益变动的风险。筹资风险要受经营风险和财务风险的双重影响:一方面,只有在企业负债经营的条件下,才有可能导致企业的筹资风险。而且,负债比率越大、负债利息越高、负债的期限结构越不合理,企业的筹资风险越大。另一方面,虽然企业的负债比率较高,但企业已进入平稳发展阶段,经营风险较低,且金融市场的波动不大,那么企业的筹资风险就相对较小。

筹资风险分为债务筹资风险和股票筹资风险。

债务筹资的特点是筹资过程简易、筹资速度快、筹资成本低。企业还能够享受财务杠杆作用等多种因素带来的好处,但这种筹资方式也有致命的缺点。通过债务筹资的企业会承受较大的债务性资金风险,因为企业一旦取得债务性资金,就必须按期还付本息,对企业的生产经营来说有不小的资金压力。如果企业无法按时还清本息,那债务危机就会变成企业内部的财务危机,企业所欠的债务越多,财务危机就越大,越难以控制。如果处理不当,企业便有破产的危险。

延伸阅读5-1

万科拟新增直接债务融资工具

11月21日晚,万科发布公告称,为夯实公司融资资源储备,进一步优化债务的期限和类型结构,支持公司长期健康稳定发展,董事会同意向股东大会申请授权,公司新增不超过人民币500亿元的发行直接债务融资工具。

根据公告,万科此次直接债务融资工具,包括但不限于境内外市场的公司债券、中期票据、短期融资券、超短期融资券、绿色票据、永续类债券、资产支持类债券、企业债券等,或者上述品种的组合。

对于募集资金用途,公告称,募集资金将用于满足公司生产经营需要,调整债务结构,补充流动资金及(或)项目投资(包括但不限于长租公寓、物流地产、产业园、养老公寓等募投项目)等用途。

资料来源:冯体炜. 万科拟新增500亿直接债务融资工具[EB/OL].(2022-11-22)[2022-12-25]. https://finance.sina.com.cn/wm/2022-11-22/doc-imqqsmrp7138918.shtml.

股票筹资中股本没有固定期限,无须偿还。股票筹资的优点就是企业不用承受股票到期还本付息的压力,也没有股利负担,因此相对债务筹资而言,股票筹资风险较小。一般的股票筹资会构成权益性资本,可有效提高企业的信誉度。普通股股本在运行中会产生资本公积金和盈余公积金等,这就是企业负债的基础,它能有效扩展企业的融资渠道,提高公司的筹资能力,降低筹资风险。

2. 投资风险

投资风险是指对未来投资收益的不确定性,是投资主体在投资中可能会遭受收益损失甚至本金损失的风险。投资主体为获得不确定的预期效益,常常不可避免会承担一定的风险。

任何投资行为总会伴随着风险,投资的不同阶段有不同的风险,投资风险也会随着投资活动的进展而变化,不同投资阶段的风险性质、风险后果也不一样。

企业投资风险是一种经营性风险,通常是指企业投资的预期收益率的不确定性。投资风险一般具有可预测性差、可补偿性差、风险存在期长、造成的风险损失和影响大、不同项目的投资风险差异大、多种风险因素同时并存、相互交叉组合作用的特点。

二、财务风险的成因

财务风险是市场经济社会化大生产的客观产物,存在于财务管理工作的各个环节。不同的财务风险产生的具体原因不尽相同,有内部和外部的原因,也有主观和客观的原因。总体看来,财务风险是财务活动本身及其环境复杂多变性和财务主体主观认识的局限性共同作用的结果。其主要表现为以下两方面。

(一) 外部原因

企业财务活动所处的环境复杂多变,是企业财务风险产生的外部原因。企业财务活动的环境包括自然环境、政治环境、经济环境等,它们存在于企业之外,但会对企业的财务活动产生重大的影响。各种环境的变化对企业来说是难以准确预见和把握的,具有不确定性,这势必会给企业带来财务风险。

1. 自然环境的不确定性

自然界的运动发展过程呈现出不规则的变化趋势,通常是人们无法预知和控制的。企业的流动资产、固定资产等会因为自然灾害等不可抗力的发生而产生损耗或毁损。企业会因为债务人的死亡而无法收回应收账款,引起应收账款回收的风险。

2. 政治环境的不确定性

政治环境的不确定性主要是指社会的政治、法律等因素的变化。各种政治力量、政治观点的对抗及地区和民族冲突等都可能引起政府更迭、动乱、战争、罢工等,其结果可能引起财务风险。例如,战争引起世界原油价格上涨,进而导致成品油价格上涨,运输企业增加了营运成本,减少了利润,无法实现预期的收益。

3. 经济环境的不确定性

国家经济环境的变化主要包括产业结构、国内生产总值增长状况、经济周期的波动、国际收支与汇率、利率、通货膨胀与就业、工资水平等诸多方面。通货膨胀最直接的表现形式就是物价上涨,它又直接影响着企业财务活动的各个环节。例如,物价上涨必然导致资本市场上资本成本的上升,从而加大企业筹资的难度,影响企业适时、适量筹集资金,带来筹资风险;同时,原材料价格的上涨、工资水平的提高,会引起企业经营成本上升,使得企业财务状况恶化。此外,当国家出现严重通货膨胀时,政府往往采取紧缩银根、减少货币投放、提高利率或中央银行再贴现利率及法定存款准备率等货币政策来抑制通货膨胀。然而紧缩的货币政策在降低通货膨胀的同时,也会引起严重的经济衰退,势必会对企业财务状况产生重大影响,带来财务风险。

(二) 内部原因

财务主体的局限性所导致的财务决策失误是产生财务风险的又一重要原因。企业财务管理工作的财务主体的局限性,主要表现在主观认识的局限性上,并会由此导致各项决策风险。1978年,诺贝尔经济学奖得主赫伯特·西蒙认为:"企业的一切管理工作都是决策。"而决策和风险是联系在一起的,只要某项活动的未来结果有两种或两种以上,就存在风险。决策恰恰是对若干个方案进行评价并作出最优选择的行为。企业在进行财务决策时,面对自然和经济运动规律的不规则性、财务活动的复杂性,财务人员受到自身经验和能力的局限,不可能完全准确地预见客观经济活动的变化,做到完全正确的决策是十分困难的,信息略有偏误,决策略有偏差,便有可能失之毫厘,谬以千里,招致风险。

三、财务风险管理的目标

(一) 风险与收益的权衡

"高风险、高收益",一直是风险投资的基本规则,构成了风险管理的基本理念。财务风险贯穿于企业财务活动的始终,具有双重性的财务特征。一方面,财务风险通常能给企业带来风险收益,获得超额利益,而这种风险收益的诱惑与利益动机的驱使,引发人们迎接和承担财务风险的行为;另一方面,财务风险也可能使企业遭受到巨大的经济损失,甚至是破产倒闭,而这种风险损失的刺激会引起企业回避财务风险的行为。财务风险收益和损失的双重刺激要求企业在面临着一个风险项目时,要根据风险—收益权衡原则来确定其所承受的风险需要多大的收益来补偿,这就是风险与收益的均衡。

风险—收益权衡原则是指风险和收益之间存在一个对等关系,即高收益的投资机会必然伴随着巨大的风险,而风险小的投资机会必然只会获得较低的风险收益,这种关系确立是市场竞争的结果。在企业的财务交易过程中,人们作为理性经济人按照自己的经济利益行事,都倾向于高收益和低风险,当各种投资项目收益率相同而风险大小不相同时,人们都会选择风险小的项目进行投资,结果导致竞争加剧而使其风险增加,收益率下降。最终,高风险的项目必须要求高收益,否则就没有人会愿意投资;低收益的项目必须风险很低,否则也没有人会愿意投资。

企业在风险中谋取超额收益,必须对风险要素的程度和收益要素的程度进行理性的选择:为追求较高收益而承担较大风险,或者为减少风险而接受较低的收益。这在一定程度上取决于人们的风险偏好。有的人偏好高风险、高收益,有的人偏好低风险、低收益,但是任何人都会要求风险与收益对等,绝不会去冒没有价值的风险。

风险与收益的基本关系是:投资项目风险程度越大,所期望的投资收益率越高。期望投资收益率包括无风险收益率和风险收益率两部分,期望投资收益率如图 5-1 所示。

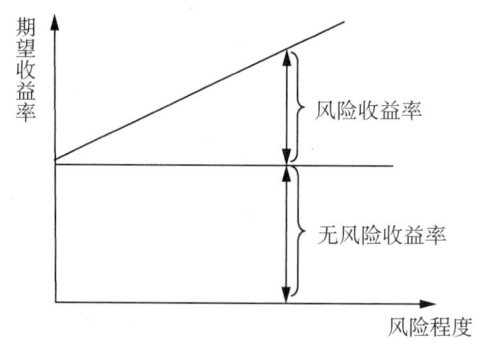

图 5-1　期望投资收益率

无风险收益率是指所要求的最低投资收益率。例如,购买政府债券,通常在到期时一定会收回本金和利息,基本上没有风险,所获得的收益即是投资的时间价值。

风险收益率与风险程度的大小有关,风险越大则要求的投资收益率越高,是风险程度的增函数。期望投资风险收益率的计算公式如下:

$$期望投资风险收益率 = f(风险程度)$$

假设风险程度与期望投资风险收益率成正比,可用线性方程表示如下:

$$期望投资风险收益率 = 风险收益斜率 \times 风险程度$$

其中,风险程度可以用标准差来度量。风险收益斜率取决于投资者对风险的厌恶程度。

由于所有投资者普遍认为风险是不利事件,对其有反感,所冒风险必须用额外的收益率来补偿,即风险收益斜率一定是大于0的正数。如果投资者愿意冒险,风险收益斜率就小,需要额外补偿的收益率也小;反之,如果投资者不愿意冒险,风险收益斜率就大,需要额外补偿的收益率也比较大。风险收益斜率是经验数据,可以根据历史资料运用统计方法来测定。

(二)财务风险管理目标

财务风险管理的主要目标是,在识别与衡量财务风险的基础上,对可能发生的财务风险选择适当的风险管理策略,防止和减少风险损失,保障企业财务活动的顺利进行,以实现预期财务目标收益。概括地讲,它主要包括以下两个方面目标:

第一个是财务风险控制目标,也称损失发生前的风险管理目标。它是指企业为了避免财务风险的发生或可能造成的各种后果,尽最大可能去识别、衡量,并采取各种措施尽量防止财务风险的发生或将财务风险控制在某一可接受的限度内。第二个是财务损失控制目标,也称损失发生后的风险管理目标。从风险和收益之间的权衡关系可以看出,风险和收益是孪生的,没有风险就没有超额收益,要实现期望的收益水平,企业必然要承担一定的财务风险,因此企业在财务活动中不可避免地要遭受到一些财务风险损失,也就是说,即使企业采取了一系列的措施对财务风险进行了预防与控制,也还是要承担一些财务风险。这些财务风险必然会使企业受到可能的损失。在这种情况下,企业应该采取转移风险、分散风险等手段,力求在财务风险发生后把风险损失降至最低程度,或将其控制在一定的限度之内。

第二节 筹资风险管理

一、筹资风险概述

筹资风险是指企业因借入资金而产生的丧失偿债能力的可能性和企业利润(股东收益)的可变性。筹资风险是指由负债筹资引起且仅由主权资本承担的附加风险。企业承担风险程度因负债方式、期限及资金使用方式等不同,导致面临的偿债压力也有所不同。因此,筹资决策除了规划筹资需要数量,并以合适的方式筹措到所需资金,还必须正确权衡不同筹资方式下的风险程度,并提出规避和防范风险的措施。

(一)筹资风险的种类

1. 按照筹资风险成因的不同分类

(1)现金性筹资风险。现金性筹资风险是指因现金短缺、现金流入的期间结构与债务的期限结构不相匹配而形成的一种支付风险。现金性筹资风险对企业未来的筹资影响并不大。同时由于会计处理上受权责发生制的影响,即使企业当期投入大于支出,也并不等于企业就有现金流入,即它与企业收支是否盈余没有直接的关系。现金性筹资风险产生的根源在于企业理财不当,使现金预算安排不妥或执行不力造成支付危机。此外,资本结构安排不合理、债务期限结构搭配不好时,也会引发企业在某一时点的偿债高峰风险。

(2)收支性筹资风险。收支性筹资风险是指企业在收不抵支的情况下出现的到期无力偿还债务本息的风险。收支性筹资风险是一种整体风险,它会对企业债务的偿还产生不利影响。从这一风险产生的原因看,一旦这种风险产生,即意味着企业经营的失败,或者正处于资不抵债的破产状态。因此,它不仅是一种企业理财不当造成的支付风险,更主要是企业

5-1 视频-筹资风险

经营不当造成的净产量总量减少的风险。出现收支性筹资风险不仅将使债权人的权益受到威胁,而且将使企业所有者面临更大的风险和压力,因此它又是一种终极风险,其风险的进一步延伸会导致企业破产。

2．按照筹资方式的不同分类

(1) 债务筹资风险。债务筹资风险是指企业的举债经营而导致偿债能力的丧失,或企业举债后资金使用不当导致企业遭受损失及到期不能偿还债务的可能性。

(2) 股票筹资风险。股票筹资风险是指发行股票筹资时,发行数量、发行时机、筹资成本等原因给企业造成损失的可能性。

(二) 衡量筹资风险

1．分析企业盈利能力及其稳定性

盈利能力是企业经营和理财业绩的主要方面,是企业生存和发展的基础。一个健康企业的偿债资金一般来源于盈利,而非负债资金,这样企业才有能力抗击各种风险,有实力迅速补偿风险造成的各种损失,否则企业将弱不禁风,随时面临着破产、倒闭的风险。分析一家企业的盈利能力,仅看一两个会计年度是不够的,它仅仅反映了企业的短期经营成果,要将其若干年度的盈利情况进行比较分析,才能客观地判断企业持续稳定的获利水平和创造能力。因此,盈利能力分析是判断企业是否存在筹资风险的前提条件,也是资信评估中首要考虑的因素之一。

2．分析企业偿债能力及其可靠性

企业由于自有资金不足,经常要靠举债筹集其所需的资金。企业如果生产经营活动能正常进行,能够及时归还其债务本息,就不至于造成财务风险,而且企业还能从举债经营中获得盈利;但是如果缺乏按时偿还债务的准备和能力,企业便会陷入"举债—再举债—债上加债"的恶性循环之中,以致危及企业的生存。在我国,资信评估指标体系中评价偿债能力的指标占了较大的比重,这也说明偿债能力分析也是判断是否存在筹资风险的一个重要方面。

3．分析企业资本结构及其稳健性

企业要进行正常的生产经营活动,必须拥有一定的资本金,并通过最初资本金的运用获得盈利和积累,以扩大和增强实力。企业资本金不仅要有稳定的来源,同时要有合理的构成,且符合国家有关方针、政策和法律法规的规定,符合企业有关章程、制度的规定,满足企业生产经营的需要,符合企业发展方向,体现稳健经营、减少风险的原则;反之,如果企业资金来源及构成混乱,企业的内部功能便会减弱,各种风险便会滋生、蔓延。如果一家企业接受的投资多数为小轿车、室内装修、高级办公用品等非生产性资产,这种方式虽然增强了企业的实力,扩大了企业固定资产比重,但是企业实际生产能力并没有提高,反而降低了企业的资金利用率,相对减少其盈利,进而增加了其财务风险。

4．分析企业资金分布及其合理性

企业经营资金总是分布在生产经营过程的各个环节中,企业经营的好坏并不完全取决于其筹资能力,更重要的是企业能否将其筹集的资金合理地运用到经营各个环节,使资金得到充分利用。也就是说,加快企业资金的周转速度,以最少的资金量获得最大的收益,才能增强企业抗风险的能力。一旦企业的资金在某个环节出现停滞,就会引起其整体经营状况恶化,进而引发财务风险。

5. 分析企业成长能力及其持续性

成长能力是指企业生产经营发展后劲和持续力,包括企业生产经营的安全性、营利性、应变性和竞争力及抗风险能力。对企业成长能力的分析往往是对其综合能力的分析,其分析方法有企业市场开发和占有率、生产经营管理组织、技术进步状况、企业管理人员和职工的综合素质、企业产品及其优势等详细分析。一般来说,成长性好的企业抗风险能力强,可以在激烈竞争中立于不败之地。

二、筹资风险的识别

(一) 债务筹资风险的识别

1. 债务筹资风险的类型

债务筹资风险是指企业的举债经营而导致偿债能力的丧失,或企业举债后资金使用不当导致企业遭受损失及到期不能偿还债务的可能性。对于向债权人借入资金,企业须按约定偿还本金、支付利息,否则,债权人将行使债权控制权,有对企业财产的追偿权,企业将面临诉讼甚至破产的威胁,遭受严重损失。

5-2 万科:董事会审议通过发行境外上市外资股(H股)方案的议案

(1) 支付性债务筹资风险。支付性债务筹资风险是指在某一特定的时点上,负债经营的企业现金流出量超过现金流入量,从而造成企业没有现金或没有足够的现金偿还到期债务的可能性。

其具有以下特点:它是一种个别风险,表现为对某项债务不能及时偿还,造成对企业信誉的负面影响;它是一种现金风险,只牵涉企业一时的现金不足,与企业的盈余状况并没有直接的联系;它是一种企业理财不当的风险,表现为现金预算与实际情况不符而导致的支付危机,或者说是由资本结构安排不当而引起的较高的债务成本与较低的获利能力所造成的偿付困难的风险。

(2) 经营性债务筹资风险。经营性债务筹资风险是指企业在收不抵支的情况下而出现的不能偿还到期债务的风险。一般来说,企业收不抵支意味着经营出现了亏损,亏损额必然要抵消企业相应的净资产,从而减少可以作为偿债保障的资产总量。在负债不变的情况下,企业亏损越多,则用自身资产来偿还债务的能力就越低。如果企业不能及时扭转亏损状况,势必会产生终极经营性债务筹资风险,从而陷入财务困境,最终导致企业破产,具体表现为企业破产清算时的剩余资产不足以支付债务。导致经营性债务筹资风险主要存在两个方面的责任:一是企业的经营获利能力低下;二是企业的财务管理不当。

2. 债务筹资风险的影响因素

企业债务筹资风险的形成既受企业举债筹资的影响,又受举债之外因素的影响。举债筹资的影响因素主要有负债规模、利息率、期限结构、债务结构、利率结构及企业的投资决策等,我们把这类因素统称为筹资风险的内部因素。举债筹资之外的因素主要是指企业所处环境的变化因素,我们把这类因素统称为债务筹资风险的外部因素。

1) 内部因素

(1) 负债规模。负债经营能给企业的投资者带来收益上的好处,但同时又增大了经营风险。负债比例低,企业的偿债和抗风险能力较强,但盈利能力受到影响。将这些风险收益因素进行权衡,企业应该存在一个能在一定风险条件下获取最大收益的资本结构,即最佳资本结构。在理论分析中,最佳资本结构的确定往往以加权平均资金成本最低和企业价值最大为依据。

(2) 利息率。在负债等量的条件下,负债的利息率越高,企业发生的偿付风险越大。不仅如此,在息税前、在负债前利润一定的条件下,负债的利息率越高,财务杠杆作用越大,股东受影响的程度也越大。因此,债务的利息率与企业的筹资风险程度呈同正方向变化。

(3) 期限结构。期限结构是指企业所拥有的长短期负债的相对比重,即[(短期借款＋平均应付款＋平均应付票据＋应付工资＋应交税金＋应付利润＋平均其他应付款＋预提费用)÷(长期借款＋应付债券＋其他长期应付款项)]。若负债的期限结构安排不合理,如企业需要长期资金但却采用了短期借款,或者相反,都会增加企业的债务筹资风险。但一般来说,企业所用的债务资金到期日越短,其不能偿还本息的债务筹资风险就越大;债务资金到期日越长,企业的债务筹资风险就越小。

(4) 债种结构。债种结构是指企业采用不同的筹资渠道所筹集来的资金比例关系。从大的方面考虑,即银行贷款、发行债券、融资租赁、商业信用这四种负债方式所筹资金各自所占的比例之间的关系。不同的筹资方式,取得资金的难易程度不同,所以其资本成本的水平不一,对企业约束程度也就不同,对企业受益的影响肯定也是不同的,因此,债务筹资风险的程度也就不同。

(5) 利率结构。负债的利率结构是指企业以不同的利率借入的资金之间不同的比例关系。通常在企业负债中,银行贷款利率比相应的公司债券利率、融资租赁利率要低,但比商业信用成本高;银行贷款利率一般为浮动利率,债券、融资租赁一般为固定利率。

2) 外部因素

企业外部环境的不确定性对企业债务筹资活动有重大影响,如宏观经济政策、利率的变动、汇率的变动等。例如,2008年爆发的全球金融危机,中小企业融资具有很大风险。为了缓解中小企业融资难题,我国财政部密集出台了一系列扶持政策,如增加对中小企业的资金支持,2008年用于中小企业的专项资金达到了35.1亿元。此外,政府还通过降低税率,扩大信贷优惠幅度来扶持中小企业发展。新出台的贷款优惠措施也规定,对纳入全国试范围的非营利性中小企业信用担保、再担保机构3年内免征营业税。劳动密集型小企业新发放的小额担保贷款的最高额度从100万元提高到200万元。同时,政府还将建立贷款奖励和风险补偿机制,进一步发挥小额担保贷款的政策效应。

3. 债务筹资的优缺点

一般来说,负债资金成本低于所有者权益资金成本,因此,企业喜欢选择负债资金;但是,负债的增加又会增加企业的财务风险。因此,企业要协调收益与风险之间的关系,选择适当的资金来源和筹资方式。

债务筹资的优点如下:

(1) 筹资速度较快。

(2) 筹资弹性大。

(3) 资本成本负担较轻。

(4) 可以利用财务杠杆。

(5) 稳定公司的控制权。

(6) 信息沟通等代理成本较低。

债务筹资的缺点如下:

(1) 不能形成企业稳定的资本基础。
(2) 财务风险较大。
(3) 筹资数额有限。

4. 债务筹资风险的识别方法

债务筹资风险的识别方法很多,在这里主要介绍资产负债表结构识别方法。企业资产负债表结构主要有保守型、稳健型、风险型三种类型。企业管理者可根据不同的结构类型来识别债务筹资风险程度的高低。

(1) 保守型资产负债表结构。这种类型的资产负债表在企业的实际业务中并不多见。企业用长期负债来满足短期资金的需要,投资者投入资金来满足长期资金需要。这种情况下,企业的整体风险较低,但资本成本最高,相对而言使企业的收益达到最低,而且企业的资本结构的弹性非常弱,具有很强的刚性,很难调整。

(2) 稳健型资产负债表结构。拥有这种类型资产负债表的企业比较多见,企业用短期负债和部分的长期负债投资于流动资产,而用剩余的长期负债和股权投资于长期资产。一般采用该种资金使用方式的企业会保持一个良好的财务信用,而且其资本成本具有可调性,其中包括了对企业债务筹资风险的调整,并且相对于保守型资产负债表结构来说,因为有了流动负债,其资本结构就具有了一定的弹性。

(3) 风险型资产负债表结构。拥有该种类型资产负债表的企业的筹资风险比较明显,其流动资产变现后并不能全部清偿流动负债,那么企业便会被要求用长期资产变现来满足短期债务偿还的需要,风险就此产生。

 延伸阅读 5-2

避免海鑫事件重演:山西运城常务副市长挂帅化解企业债务风险

为了化解当前企业债务风险、避免"海鑫"事件重演,山西省运城市政府近日出台措施,"一企一策"协调化解企业配合政府和银行化解债务风险,严查企业拖欠银行贷款甚至逃废银行债务行为。

海鑫钢铁集团曾是山西规模最大的民营钢铁企业,因债务危机爆发,于 2015 年下半年进行了破产重整,当时确认的债务总额达 223.12 亿元,高于其约 37 亿元的资产评估价值。重整方在清偿担保债权、职工债权、税收债权后,普通债权的综合清偿率仅为 4.83%。

在此之后,运城市许多民营企业因为与"海鑫"的连带担保责任导致债务风险传染,面临新的危机。为此,山西省运城市政府近日出台《关于化解企业债务风险促进经济社会发展的实施意见》,采取措施化解企业债务风险,提振经济发展信心。

据了解,运城市成立了由常务副市长任组长的化解企业债务风险领导组,重点挑选出现不良、违约或涉及担保圈风险的企业列入帮扶名单,按照"一企一策"的办法,协调企业主动配合政府和银行化解风险,杜绝企业拖欠银行贷款甚至逃废银行债务,并促进银行主动作为,做到不抽贷、压贷,帮助企业渡过难关。

与此同时,为了严厉打击逃废银行债务行为,银行可向运城市政府及主管部门上报恶意逃废银行债务的企业名单。对故意拖欠银行贷款或通过资产转移逃废债务的企业,将运用法律手段、行政手段对其进行制裁。

据了解,今后运城将围绕化解企业债务风险、优化金融环境这一关键,打击恶意逃废银行债务行为,努力营造政府帮扶、银行支持、企业用资的多赢格局。

资料来源:王飞航.避免海鑫事件重演:山西运城常务副市长挂帅化解企业债务风险[EB/OL].(2017-02-20)[2022-12-25]. https://www.thepaper.cn/newsDetail_forward_1622767.

（二）股票筹资风险的识别

股票按照其权利不同可以分为优先股和普通股两种。由于不同种类的股票有不同的特点,企业在发行该种股票的时候要结合其特点及企业的实际情况作出决策。

1. 普通股与优先股的主要区别

（1）普通股股东享有公司的经营参与权,而优先股股东不一定有公司的经营参与权。

（2）普通股股东的收益要视公司的盈利状况而定而优先股的收益是固定的。

（3）普通股股东不能退股,只能在二级市场上变现,而优先股股东可依照优先股股票上所附的赎回条款要求公司将股票赎回。

（4）优先股票是特殊股票中最主要的一种,在公司盈利和剩余财产的分配上享有优先权。

（5）优先股只有在公司有盈利的情况下才会分配红利,如果公司不盈利是不会分配红利的。

（6）由于优先股的股息派发率是固定的,不随公司业绩好坏而波动,相对于普通股,优先股的价格波动一向不大。

2. 普通股筹资的优点

与其他筹资方式相比,普通股筹措资本具有如下优点：

（1）发行普通股筹措资本具有永久性,无到期日,不需归还,这对保证公司对资本的最低需要、维持公司长期稳定发展极为有益。

（2）发行普通股筹资没有固定的股利负担,股利的支付与否和支付多少,视公司有无盈利和经营需要而定,经营波动给公司带来的财务负担相对较小;由于普通股筹资没有固定的到期还本付息的压力,所以筹资风险较小。

（3）发行普通股筹集的资本是公司最基本的资金来源,它反映了公司的实力,可作为其他方式筹资的基础,尤其可为债权人提供保障,增强公司的举债能力。

（4）由于普通股的预期收益较高,并可一定限度地抵消通货膨胀的影响（通常在通货膨胀期间,不动产升值时普通股也随之升值）,普通股筹资容易吸收资金。

3. 普通股筹资的缺点

（1）普通股的资本成本较高。首先,从投资者的角度讲,投资于普通股风险较高,相应地要求有较高的投资报酬率;其次,对于筹资公司来讲,普通股股利从税后利润中支付,不像债券利息那样作为费用从税前支付,因而不具备抵税作用。此外,普通股的发行费用一般也高于其他证券。

（2）以普通股筹资会增加新股东,这可能会分散公司的控制权。此外,新股东分享公司未发行新股前积累的盈余,会降低普通股的每股净收益,从而可能引发股价的下跌。

延伸阅读5-3

嘉凯城拟向实控人名下企业发行股票,预计募资不超过10.24亿元

12月5日晚间,嘉凯城（000918.SZ）公告称,公司拟非公开发行股票,拟募集资金总额不超过102 461.84万元（含本数）,发行数量不超过53 927 839股,发行价格确定为1.9元/股。所募集资金在扣除发行费用后,拟用于偿还有息负债及补充流动资金。

根据公告,嘉凯城本次非公开发行股票的对象为一名特定投资者。该名投资者为嘉凯城的间接控股股东——深圳市嘉惠实业发展有限公司的全资子公司深圳市建轲投资有限公司。嘉凯城与其签署了《嘉凯城集团股份有限公司与深圳市建轲投资有限公司关于非公开发行股票之附条件生效的股份认购协议》。

嘉凯城在公告中表示,报告期内,受房地产政策影响,公司主要通过银行借款及信托融资等方式进行资金筹措,融资成本高、难度大,同时也导致公司资产负债率逐渐提升。

2019年年末、2020年年末、2021年年末和2022年9月末,嘉凯城的资产负债率分别为80.84%、82.47%、92.01%和97.45%。本次非公开发行能在一定程度增强公司的资金实力和业务运营能力,提高公司净资产规模,降低公司资产负债率,优化资本结构,有利于增强公司的抗风险能力和持续经营能力。

嘉凯城认为,未来公司需进一步加快存量资产的去化进度,同时积极推进待开发存量项目,并充分利用影视文化产业、健康管理、商业管理的优质资源,采用多元化拓展模式,形成自主开发和轻资产管理输出并举的业务模式,提升自身业务稳定性及盈利能力。随着公司业务的发展,公司对资金的需求将进一步增强。

综上所述,公司通过本次非公开发行募集资金偿还有息负债及补充流动资金,可有效降低公司资产负债率,从而优化资本结构,降低财务风险,增强抗风险能力;同时,有利于满足公司业务发展及产业布局的资金需求,符合公司及全体股东的利益。

资料来源:刘秀浩. 嘉凯城拟向实控人名下企业发行股票,预计募资不超过10.24亿元[EB/OL]. (2022-12-06)[2022-12-25]. https://www.thepaper.cn/newsDetail_forward_21045152.

三、筹资风险分析

(一) 债务筹资风险分析

债务筹资风险的分析有很多方法,常见的有杠杆分析、概率分析、指标分析法、未来现金支付能力分析。概率分析就是用债务筹资风险发生的概率与风险损失程度来衡量。债务筹资风险事件的发生与否具有不确定性,在概率中称为随机事件,其发生的可能性通常用概率进行分析。因此,债务筹资风险分析的方法就是运用概率度量的方法。从理论上讲,发生损失的概率越大,财务风险也就越大;概率越小,债务筹资风险也就越小。同时,债务筹资风险的大小还与它的结果的概率分布密集程度有很大的关系,这种概率分布密集程度通常用标准差和变异系数来描述。未来现金支付能力分析是分析企业的未来现金支付能力和支付意愿,可通过企业的市场地位、企业历史偿债记录、产品市场空间等进行分析。

(二) 股票筹资风险分析

1. 股票发行的数量

股票发行数量(或股票发行规模)是指股份有限公司通过发行股票所筹集资金的数量,也就是股份有限公司的股本总额。

关于股票发行的数量,除了要符合国家有关股票发行数量最低限额的规定,还要注意以下方面:

(1) 与企业实际的资金需要量相符。
(2) 企业的资本结构。
(3) 企业控制权变化。
(4) 股票发行数量还影响到股票的定价。
(5) 股票发行市场的需求与经济景气循环和投资周期是有密切关联的。

2. 股票筹资品种创新

股票按其权利不同可以分为优先股和普通股两种,对于上市公司而言,进行决策时要考虑以下几个方面:

(1) 投资者的偏好。
(2) 考虑资本成本的大小。
(3) 对原有股权的影响。
(4) 筹资品种的影响。

3. 股票发行的方式

股票在上市发行前，上市公司与股票的代理发行证券商签订代理发行合同，确定股票发行的方式，明确各方面的责任。

股票代理发行的方式按发行承担的风险不同，一般分为包销发行方式和代销发行方式。

证券包销发行是指证券公司将发行人的证券按照协议全部购入或者在承销结束时将售后剩余证券全部自行购入的承销方式。

证券代销方式是指证券公司代发行人发售证券，在承销期结束时，将未售出的证券全部退还给发行人的承销方式。

我国法律规定，企业在公开发行股票时应当由证券机构承销。因此，企业在决定采用包销还是代销方式上应考虑以下影响因素：

(1) 企业自身的社会知名度和影响力。
(2) 对发行成本的考虑。
(3) 企业自身对资金需求的缓急。

4. 股票发行价格

股票发行价格有以下几种：面值发行、时价发行、中间价发行和折价发行等。

(1) 面值发行，即按股票的票面金额为发行价格。
(2) 时价发行，即不是以面额，而是以流通市场上的股票价格（即时价）为基础确定发行价格。
(3) 中间价发行，即股票的发行价格取票面额和市场价格的中间值。
(4) 折价发行，即发行价格不到票面额，是打了折扣的。《中华人民共和国公司法》规定，企业不得折价发行股票。

5. 股票发行时机

在选择股票发行时机时，企业应考虑的主要因素有以下几个方面：

(1) 股市行情。企业在选择股票发行时机时应选择股票交易活跃、价格上涨的时机。
(2) 社会经济阶段。股票发行应选择经济繁荣、政府经济政策宽松时期。
(3) 银行利率水平。投资者的资金是有限的，在银行利率水平较高的情况下，会吸引投资者将大量的资金存入银行；当银行利率较低的时候，一部分投资者就会将其资金投放到股市上来。

6. 证券承销机构

企业在选择证券承销机构时应考虑以下因素：

(1) 证券承销机构的资本实力。
(2) 证券承销机构的销售网络。
(3) 承销机构员工的整体素质。

四、筹资风险的应对

(一) 合理确定资金需求量

企业的筹资数量和资金投放使用时间都是根据企业实际的资金需求量及其使用时间决

定的。不管企业通过何种筹资方式、筹资途径,都必须首先确定合理的筹资量。筹资量对企业选择一个合理的筹资方式有重大意义,确定一个筹资限度也有利于企业控制筹资风险。如果筹资量不够,对企业的日常生产经营就会造成不良影响;而筹资量过剩,又会增加企业的筹资成本,降低企业资金的有效使用率。因此,在筹资前企业必须根据自身的实际情况制定筹资量计划,根据现有资金的使用情况,确定合适的筹资量。

(二) 科学选择筹资方式

市场经济体制的建立和发展给整个中国创造了新的发展环境,尤其是资金市场的完善,让企业的筹资渠道越来越广泛,筹资方式也越来越多。但不管通过哪种方法进行筹资,企业都要付出一定的代价,其代价就是企业会出现不同的资金成本。在筹资过程中,企业要严格遵守国家制定的筹资政策、方针和法律规范,科学选择筹资方式,并注意筹资成本的占用。这就需要综合考察各种筹资方式,研究各种资金来源的构成,从不同的资金需求和企业的经营条件出发,寻找一种最适合本企业的筹资方式,真正降低企业的筹资成本。

(三) 健全筹资风险防范机制

企业通过筹资促进自身发展,必须增强风险意识,全面考虑可能会引发风险危机的各种因素,完善企业内部的筹资机制,加强筹资风险监督,将筹资风险防范工作落实到企业生产发展的各环节中。企业还应建立筹资风险评估制度和重大风险报告制度,在未得到董事会批准的情况下,一律不得对外筹资。对于违反筹资规范的行为,企业有权追究其责任。为了预防筹资陷阱风险,企业可委托律师对投资方的具体信息进行调查,以防受骗,并签订严谨的筹资合同。事先约定好违约责任,预防因筹资陷阱造成的不必要的损失。企业在选择增资扩股或引进战略投资者的方式时,也要考虑到失去控股权的筹资风险。

(四) 建立企业信用担保体系

信用担保是降低企业筹资难度的一种手段,但我国企业筹资的担保体系还不够完善,基本处在初级发展阶段,还需要结合本国的实际情况,吸取发达国家的成功运作经验,建立行之有效的企业信用担保体系,并有节奏、有效率地完善筹资担保体系,从而有效地解决企业担保难、抵押难、筹资难的问题,为企业筹资提供更好的环境和条件,以及为企业开辟发展更多的筹资渠道。

延伸阅读 5-4

凯乐科技第四次发布强制退市风险警告 受损投资者可维权

12月23日晚间,凯乐科技发布关于公司股票可能被实施重大违法强制退市的第四次风险提示公告。

凯乐科技因涉嫌信息披露违法违规,被中国证监会立案调查。公司于2022年12月2日收到中国证监会《行政处罚和市场禁入事先告知书》(处罚字〔2022〕171号,以下简称《告知书》),根据《告知书》,公司可能触及重大违法类强制退市情形,如根据正式的处罚决定书,公司触及重大违法强制退市情形,公司股票将被终止上市。

根据《上海证券交易所股票上市规则(2022年1月修订)》第9.5.6条、第9.5.7条,如公司后续收到行政处罚决定书,显示公司触及重大违法类强制退市情形,公司股票将自披露收到行政处罚决定书之日起开始停牌,上海证券交易所将在披露行政处罚决定书后15个交易日内,作出是否终止公司股票上市的决定。

上海仁盈律师事务所主任张晏维律师向雷达财经表示,凯乐科技是首家因"专网通信"业务波及而被ST的公司,根据《证券法》及相关司法解释,凡是2017年4月19日至2021年7月24日期间买入且2021年7月24日收盘持有凯乐科技的投资者可加入索赔。

雷达财经注意到,截至12月23日收盘,凯乐科技报收于0.96元,跌幅为4.95%。

同花顺IFind统计显示,自12月以来,凯乐科技累计下跌52.48%,投资者损失惨重。

资料来源:雷达财经.凯乐科技第四次发布强制退市风险警告 受损投资者可维权[EB/OL].(2022-12-23)[2022-12-25]. https://k.sina.com.cn/article_7317133861_1b4229a25001015xnw.html.

第三节 投资风险管理

一、投资风险概述

(一)投资风险的概念

投资风险是指对未来投资收益的不确定性,在投资中可能会遭受收益损失甚至本金损失的风险。

投资风险是风险现象在投资过程中的表现。具体来说,投资风险就是从作出投资决策开始到投资期结束这段时间内,由于不可控因素或随机因素的影响,实际投资收益与预期收益的相偏离。实际投资收益与预期收益的偏离,既有前者高于后者的可能,又有前者低于后者的可能;或者说既有蒙受经济损失的可能,又有获得额外收益的可能,它们都是投资的风险形式。

投资总会伴随着风险,投资的不同阶段有不同阶段的风险,投资风险也会随着投资活动的进展而变化,投资不同阶段的风险性质、风险后果也不一样。投资风险一般具有可预测性差、可补偿性差、风险存在期长、造成的损失和影响大、不同项目的风险差异大、多种风险因素同时并存、相互交叉组合作用的特点。

(二)投资风险的分类

投资风险管理与控制的关键就是区分风险的类型,识别在投资过程中隐含了哪些风险。投资风险依据不同的分类标准可以分为以下几类。

1. 按投资风险形成的原因划分

按投资风险形成的原因,投资风险可划分为自然风险、社会风险、经济风险和技术风险:

(1) 自然风险是指由自然因素的不规则变化给投资主体造成的风险,如地震、洪水和台风等。

(2) 社会风险是指由不可预知的个人行为或团体行为给投资主体带来的风险,如欺诈、盗窃、玩忽职守等。

(3) 经济风险是指投资活动中,由经营管理不善或市场因素变化而引起的风险,包括经营风险、价格风险、利率风险和通货膨胀风险等。经济风险是市场的必然产物与固有现象,因而是投资风险管理的核心问题。

(4) 技术风险是指由技术设计及管理不周而产生的风险,如系统故障、工程质量不达标或环境污染等引发的风险。

2. 按投资风险的性质划分

按投资风险的性质,投资风险可划分为纯粹风险和投机风险:

(1) 纯粹风险是指不能带来获利机会、没有获得利益可能的风险。纯粹风险只有两种可能的后果,即造成损失或不造成损失。纯粹风险造成的损失是绝对的,一般与自然力的破坏或人的行为失误有关。

(2) 投机风险是指既可能带来机会、获得利益，又隐含威胁、造成损失的风险。投机风险有三种可能的后果：造成损失、不造成损失和获得利益。投机风险如果使活动主体蒙受了损失，但全社会不一定也跟着受损失；反之，其他人有可能因此而获得利益。

3. 按投资风险涉及的范围划分

按投资风险涉及的范围，投资风险可划分为系统风险和非系统风险：

(1) 系统风险是指由那些影响所有公司的因素而引起的风险，如战争、通货膨胀、经济衰退等。系统风险涉及所有的投资对象，不能通过多元化投资来分散，因此也称为不可分散风险或市场风险。例如，一家企业欲通过购买股票投资于另一家企业，不论其购买哪一家企业的股票，都要承担市场风险，因为在经济衰退时，各种股票的价格都会不同程度地下跌。

(2) 非系统风险是指由发生在个别公司的特有事件而引起的风险，如罢工、新产品开发失败、没有争取到重要合同、诉讼失败等。这类事件是随机发生的，因而可以通过多角化投资来分散，即发生于一家公司的不利事件可以被其他公司的有利事件所抵消，通俗地讲就是"将鸡蛋放在不同的篮子里，要比放在一个篮子里被打碎的风险要小得多"，因此非系统风险也称为可分散风险或公司特有风险。

二、投资风险的识别与衡量

投资风险识别是风险管理人员运用有关的知识和方法，系统、全面和连续地发现投资活动所面临的风险的来源、确定风险发生的条件、描述风险的特征并评价风险影响的过程。投资风险识别是风险管理的首要步骤，只有全面、准确地发现和识别投资风险，才能衡量风险和选择应对风险的策略。

(一) 投资风险识别特点

投资风险的识别具有以下几个特点。

1. 投资风险的识别是一项复杂的系统工程

风险无处不在、无时不有，这决定了投资过程中的风险都属于风险识别的范围；同时，为了准确、全面地发现和识别风险，风险管理部门和生产部门、财务部门等需要密切配合。

2. 投资风险识别是一个连续的过程

一般来说，投资活动及其所处的环境随时都处在不断的变化中，根据投资活动的变化适时定期进行风险识别，才能连续不间断地识别各种风险。

3. 投资风险识别是一个长期过程

投资风险是客观存在的，它的发生是一个渐变的过程，在投资风险发展、变化的过程中，风险管理人员需要进行大量的跟踪、调查。对投资风险的识别不能偶尔为之，更不能一蹴而就。

4. 投资风险识别的目的是衡量和应对风险

投资风险识别是否全面、准确，直接影响风险管理工作的质量，进而影响风险管理的成果。识别风险的目的是为衡量风险和应对风险提供方向和依据。

(二) 投资风险识别过程

投资风险识别活动的基本任务是将投资过程中可能面临的不确定性转变为可理解的风险描述，作为一项系统过程，风险识别有其自身的活动过程。

1. 发现或者调查风险源

风险管理人员在识别投资活动所面临的风险时，最重要、最困难的工作是了解投资活动可能面临的风险的来源,如果不能识别投资活动所面临的潜在风险,风险因素聚集或者增加,就会导致风险事故的发生。在风险事故发生以前,发现引起风险事故的风险源,是投资风险识别的核心,因为只有发现风险源,才能有的放矢地选择风险应对策略,改变风险因素存在的条件。引起风险事故的风险源既有可能是物质方面的和经济方面的,又有可能是社会方面的和政治方面的,还有可能是法律方面的和操作方面的。

2. 认知风险源

在识别了投资风险的风险源之后,风险管理人员需要对风险源进行认识、了解和测定,这是风险识别的关键。不同的风险管理人员,其认知风险源的能力和水平也是不同的。如果风险管理人员缺乏经验,对已经暴露的风险源视而不见,就会导致本来可以避免的风险事故发生。加强风险管理人员的教育和培训,提高风险管理人员认知风险源的能力,可以提高投资风险管理的水平,降低投资活动的损失。

3. 预见危害

危害是造成投资损失的原因,危害不能用来指那些可能带来收益的原因,因为危害不仅具有损失的意义,而且也比损失的程度更大。尽管在不同的环境下,产生投资风险事故的形式不同,但是风险事故带来的危害却是大致相同的,即造成投资活动收益的减少。无论由什么风险因素引发的风险事故,都会产生比较大的损失,因此,投资风险识别的重要步骤是能够预见到危害,这样,才能将产生危害的条件消灭在萌芽状态。

4. 重视风险暴露

风险暴露是投资风险识别的重要步骤。对于可能遭受损失的投资活动,都有风险暴露的可能,必须重视投资活动的风险暴露。重视风险暴露,就是重视风险因素与风险事故的关系。投资活动的风险暴露一般包括实物资产的风险暴露、无形资产的风险暴露、金融资产的风险暴露和责任风险暴露等。

(三) 投资风险识别方法

投资活动和其阶段不同,其风险识别的方法就不同。为了更好地识别投资风险,风险管理部门往往首先获得具有普遍意义的风险管理资料,然后,运用一系列具体的风险识别方法去发现、识别投资风险。

1. 流程图法

流程图法是将风险主体即投资活动按照其工作流程及各个环节之间的内在逻辑联系绘成流程图,并针对流程中的关键环节和薄弱环节调查风险、识别风险的方法。流程图法是识别投资活动面临潜在损失风险的重要方法,流程图可以帮助风险识别人员了解投资风险所处的具体环节、投资活动各个环节存在的风险及投资风险的起因和影响。

2. 财务报表分析法

财务报表分析法是通过一定的分析方法分析企业的资产负债表、利润表、现金流量表等相关的支持性文件,以分析企业的财务状况,以此来识别投资活动的潜在风险。

3. 现场调查法

现场调查法也是一种常用的识别投资风险的方法。现场调查法是风险管理人员亲临现场,通过直接观察风险管理单位的设备、设施、操作和流程等,了解风险管理单位的投资活动,调查其中存在的风险隐患,并出具调查报告书。调查报告书是风险管理单位识别投资风险的重要参考依据。

4. 事故树分析法

事故树分析法是识别投资风险的另外一种比较有效的方法,常常能够提供防止风险事故发生的手段和方法。事故树分析法就是从某一事故出发,以图解的方式来表示,运用逻辑推理的方法,寻找引起事故的原因,即从结果推到引发风险事故的原因。例如,某企业投资房地产业可以运用事故树分析法分析住宅销售风险,如图 5-2 所示。

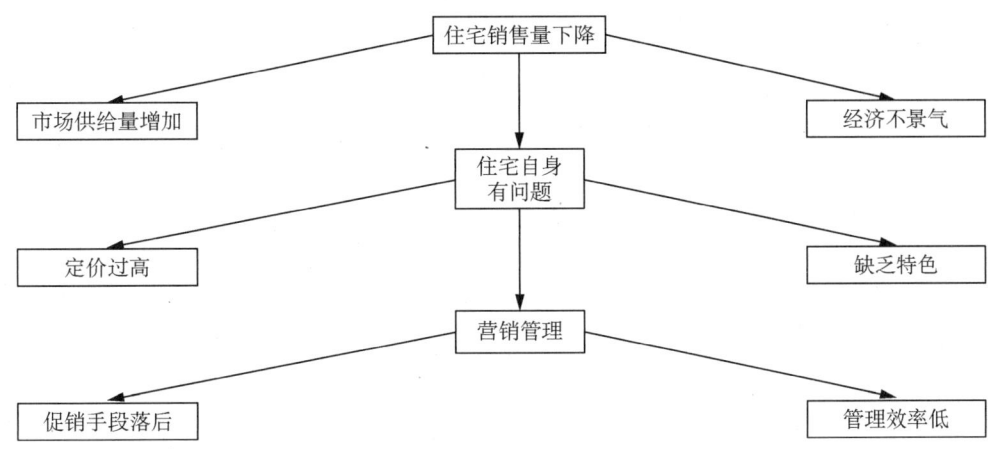

图 5-2 住宅销售风险事故树

5. 专家论证法

专家论证法采用匿名发表意见的方式,即专家之间不得互相讨论,不发生横向联系,只能与调查人员发生关系,通过多轮次调查专家对问卷所提问题的看法,经过反复征询、归纳、修改,最后汇总成专家基本一致的看法,作为投资风险识别和预测的结果。这种方法具有广泛的代表性,较为可靠。

(四) 投资风险衡量过程

投资风险的衡量是一项复杂的系统工程,一般需要经过几个过程。投资风险衡量过程如图 5-3 所示。

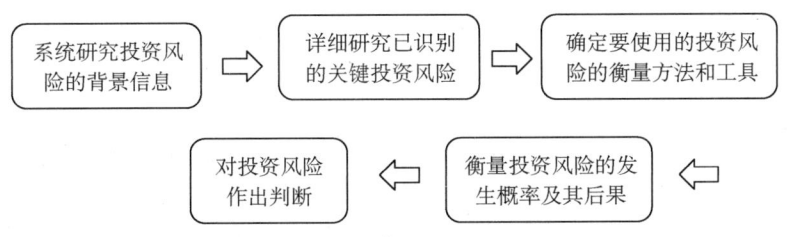

图 5-3 投资风险衡量过程

(五) 投资风险衡量方法

投资风险衡量的主要对象是风险发生的概率及风险损失的不确定性,它也是概率统计研究的对象,因此,投资风险衡量需要借助于概率和统计分析工具来完成。概率统计中的标准离差、标准离差率等离散指标都是衡量投资风险常用的指标。

1. 概率

在投资活动中,某一事件在相同的条件下可能发生也可能不发生,这类事件称为随机事件。概率就是用来表示随机事件发生可能性大小的数值,概率分布则是指一项活动可能出现的所有结果的概率的集合。

2. 期望值

随机变量的各个取值,以其相应概率为权数的加权平均数,叫随机变量的期望值,它反映随机变量取值的平均化。期望收益率体现的是预计收益的平均化,代表着预计收益的集中程度,在各种不确定性因素的影响下,它代表着投资者的合理预期。

3. 标准离差

为了完整地描述收益率的分布,需对期望收益率的分散度或离散度进行衡量,偏离度的一般衡量指标是标准离差。标准离差反映了概率分布中各种可能结果对期望值的偏离程度。标准离差以绝对数衡量决策方案的风险大小,在期望值相同的情况下,标准离差越大,风险则越大;反之,标准离差越小,则风险越小。应该注意的是,标准离差仅适用于比较期望值相同的两个或两个以上的决策方案的风险,而不适用于期望值不同的决策方案之间的风险比较。

4. 标准离差率

标准离差率是标准离差与期望值之比。标准离差率是一个相对指标,它以相对数反映决策方案的风险程度。与标准离差相比,标准离差率的适用范围更广,它不仅适用于期望值不同,还适用于期望值相同的两方案或多方案风险比较。标准离差率越大,风险越大;反之,标准离差率越小,风险越小。

三、投资风险的评价

投资风险评价是投资风险管理中的重要步骤,它有时是同投资风险识别和衡量同时进行的,有时是分步骤进行的,因此,在投资风险管理实务中,往往很难区分哪一步骤属于投资风险识别和衡量,哪一步骤属于投资风险评价。但是,可以肯定的是,投资风险的识别、衡量和评价可以为确定风险应对策略提供事实和数据的依据。

(一) 投资风险评价标准

为了更加准确地评价投资风险,需要引入评价投资风险损失程度的几个重要标准,即正常损失期望、可能的最大损失、最大可能损失。显然,运用这些标准进行投资风险评价,是以投资风险衡量的结果为依据的。

1. 正常期望损失

正常期望损失是指风险管理单位在正常的风险防范措施下遭受损失的期望值。正常损失期望值偏重对风险度的评价,侧重于对风险管理提供对策建议。例如,评价投资风险造成的损失,风险管理单位是否可以承受等。正常期望损失为投资风险管理单位提供了评价损失程度最低值的依据。

2. 可能的最大损失

可能的最大损失是指投资风险管理单位在某些风险防范措施出现故障的情况下,可能遭受的最大损失。可能的最大损失评价可以矫正风险管理人员未曾遇见的风险因素而带来的损失。

3. 最大可能损失

最大可能损失是指风险管理单位在最不利的情况下,可能遭受的最大损失额。最大可能损失为风险管理部门提供了评价损失造成最坏影响的依据,也是风险管理单位可能遇到的最大损失。

(二) 投资风险评价步骤

投资风险的评价一般要经过以下几个步骤:

(1) 系统研究投资风险的背景信息。

(2) 确定投资风险评价标准。

(3) 使用投资风险评价方法确定投资的整体风险水平。

(4) 使用投资风险评价工具挖掘各个风险因素之间的因果关系确定关键因素。

(5) 作出投资风险的综合评价,确定投资风险状态及风险管理策略。

(三) 投资风险评价方法

投资风险的评价可以采取简单的方式,也可以运用投资风险衡量的结果进行评价,目前,国际上比较流行的投资风险评价方法主要有以下几种。

1. 风险度评价法

风险度评价法是对投资风险事故造成损失的频率或者损害的严重程度进行的综合评估。风险度评价可以分为风险事故发生频率评价和风险事故造成损害程度的评价两种。一般来说,风险度评价可以分为 1 到 10 级,级别越高,危险程度就越大。

风险度评价法的优点是便于风险管理人员使用投资风险评价的结果,缺点则是风险度评价标准进行分类比较难,评价过于简单,无法适应风险管理的需要。

2. 检查表评价法

检查表评价法根据检查表,将检查对象按照一定标准给出分数,对于重要的项目确定较高的分值,对于次要的项目确定较低的分值,再按照每一检查项目的实际情况评定一个分数,每一检查对象必须满足相应的条件时,才能得到这一项目的满分。当不满足条件时,按照一定的标准将得到低于满分的评定分,所有项目评定分的综合不超过 100 分,由此,就可以根据被调查项目的得分,评价风险因素的风险度和风险等级。

检查表评价法的优点是可以综合评价投资活动的风险状况,评价结果之间易于比较,得分达到标准即为合格;相反,则为不合格。这种评价方法的缺点是评价结果的准确性依赖列举的风险因素的全面性,检查表设计的是否翔实、是否考虑到引发投资风险的各方面因素,是检查表评价能否准确的关键。

3. 德尔菲法

德尔菲法本质上是一种反馈匿名函询法,其大致流程是:在对所要预测的问题征得专家的意见之后,先进行整理、归纳、统计,再匿名反馈给各专家,再次征求意见,再集中,再反馈,直到得到稳定的意见。

德尔菲法的评价结果可以用表格、直观图或文字叙述等形式表示。通过德尔菲法的评价结果可以评价投资活动是否存在风险隐患、分辨投资活动是否存在异常状态,便于风险管理者采取必要的措施,将风险隐患和异常状态消除在萌芽状态。但是,这种方法只能提供投资风险的大致状况,无法提供存在风险隐患的原因。同时,这种方法需要大量的有关风险的统计数据,这些数据的真实性会影响到投资风险评价的效果。

4. 决策树法

决策树法是利用树枝形状的图像模型来表述投资风险评价问题,投资风险的评价可直接在决策树上进行。其评级标准可以是收益期望值、效用期望值或其他指标。采用决策树法来评价投资风险,往往比其他评价方法更直观、更清晰,便于投资管理人员思考和集体讨论,因而是一种形象和有效的投资风险评价方法。决策树以方框和圆圈为节点,由直线连接而成的一种树枝形状的结构。决策树图一般包括以下几个部分:

(1) 决策节点。从这里引出的分枝叫方案分枝,分枝数量与方案数量相同。
(2) 状态节点,也称为机会节点。从这里引出的分枝叫状态分枝或概率分枝。
(3) 结果节点。将不同方案在各自自然状态下所取得的结果标注在结果节点的右端。

四、投资风险的应对

近年来,一系列因投资失败导致企业破产的案例促使人们深入思考,如何有效控制投资风险,以避免不必要的投资损失。这就需要引入风险管理系统,强化投资分析,实施全过程的风险管理策略,以有效地识别、评估和应对复杂的投资风险,避免项目投资膨胀和工期拖延损失以及经营失败风险。

(一) 梳理业务流程,完善风险管理制度

投资风险管理以内部控制为基础,而内部控制的首要任务是梳理业务流程,以流程管理为平台,进行全过程风险管理。就投资风险管理而言,则需要建立和完善项目投资的可行性研究流程、项目投资决策流程等。为了减少人工干预,提高风险控制的效率和效果,企业还应当逐步实现投资决策流程的 IT 化、信息化、程序化和科学化。通过企业管理层支持与全员参与的结合,分别从企业、项目、文化和制度等不同层面强化员工安全意识,规范业务行为,形成可持续的、以风险监控为中心的文化环境与奖惩责任制度相结合的风险控制体系。

(二) 优化项目设计,规避环境风险

一个完整的投资决策要经过项目调查、可行性研究、项目设计、投资建设预算、试运行、正式投产经营等多个阶段。在项目投资的不同阶段,其风险程度是不一样的。一般而言,项目最大的风险发生于项目投资的初期阶段,项目早期的决策受环境因素影响较大,对后续项目实施成本的高低具有决定性的影响,因为项目成本终究要转化为经营成本,所以项目建成后的运营成本对最终产品成本的影响比较有限。企业项目投资受施工现场复杂多变的地质条件的影响,企业应当及时与设计部门沟通,根据实际施工条件,不断优化项目设计方案,控制项目投资成本,为后续经营成本的控制创造条件。优化项目设计,还可以将投资风险前移,提高企业抗风险能力。

(三) 多渠道筹资,分散融资风险

项目投资金额巨大,如果仅仅依靠企业自有资金或者依靠银行贷款进行项目投资,不但财务上难以承受,还会失去分散投资风险的机会。多元化融资机制为企业提供了难得的分散项目风险的机遇。企业可以通过借入银行贷款和发行企业债券的形式筹集资金,以便将项目投资风险部分转移给多个债权人,企业也可以通过发行股票的形式引进权益投资者共同分担投资风险。

(四) 优化组织形式,规避管理风险

投资项目的利益相关者众多,投资项目的运行过程是所有项目参与人利益冲突而引发的一个连续的动态博弈过程。项目参与人之间的利益关系的协调取决于资源的配置规则。在不同的资源配置规则下,人们会有不同的投资行为,如项目参与者在控制权大而剩余索取

权小时,就会出现败德行为;在控制权小而剩余索取权大时,就可能会出现怠工行为等。项目法人制下,投资项目的前期调研、可行性研究、项目建设、企业运营全过程的所有权利和义务全部由一个经济主体承担,有利于明确投资责任,避免互相推诿责任的现象发生。项目法人制也是控制项目投资风险的重要机制。

延伸阅读5-5

国电电力(600795.SH)拟实施象山1号海上风电(二期)工程项目
动态总投资约49.74亿元

智通财经App讯,国电电力(600795.SH)公告,公司拟实施象山1号海上风电(二期)工程项目,项目装机容量为50.4万千瓦,同时配置装机容量6%/1小时的储能设备,容量为30.24兆瓦/30.24兆瓦时。该项目于2019年12月取得象山县发改局核准批复,2021年12月取得开工建设延期一年批复,已取得电网接入系统、海洋环评、林地等批复。

该项目将由公司控股子公司国电象山海上风电有限公司投资、建设、运营和管理。本项目动态总投资49.74亿元,资本金为总投资的20%,资本金以外部分通过贷款解决。公司持有象山公司51%股权,按照股比计算,公司需向象山公司增资5.07亿元用于项目投资建设。

据悉,该项目选址为浙江省宁波市象山县石浦镇东南海域,场址区域内130米高度,年平均风速为7.25米/秒,风功率密度为437瓦/平方米。

资料来源:腾讯新闻.国电电力(600795.SH)拟实施象山1号海上风电(二期)工程项目 动态总投资约49.74亿元[EB/OL].(2022-12-25)[2022-12-25]. https://new.qq.com/rain/a/20221225A03G9X00.html.

第四节 并购风险管理

一、并购风险概述

(一)并购概念

企业对外投资活动中代表企业资本运作高级形式的活动就是企业并购。企业并购是企业兼并(merger)与收购(acquisition)的合称。

兼并是指两家或两家以上公司以股权集合、购买或统一合并的方式组成一家公司,原公司的权利义务由存续公司或新设公司承担。兼并有两种形式:吸收兼并和新设兼并。吸收兼并是指两家公司合并,保留其中一家公司的法人地位,可概括为"A+B=A(B)"。新设兼并是指两家或两家以上公司合并,另外成立一家新公司(新法人实体),原有公司均失去其法人地位,可概括为"A+B=C"。

收购是指一家公司用现金、债券或股票等方式,购买另一家公司的股票或资产,以获得该公司控制权的行为。收购可进一步分为资产收购和股份收购。股份收购又可按收购方所获得的股权比例分为控股收购和全面收购。

由于兼并和收购后,企业的产权和经营管理权最终都控制在一个法人手中,我们通常把企业兼并和企业收购统称为企业并购。企业并购是一种非常复杂的经营活动,它可以按不同的标准划分为很多种类,其中最主要、最常用的划分方法是根据并购双方的行业关联性,将之分作横向并购、纵向并购和混合并购三种。

5-3 特种化学品龙头科莱恩在华扩建阻燃剂工厂,总投资超7亿元

延伸阅读 5-6

马斯克正式收购推特

据美媒报道,当地时间 2022 年 10 月 27 日,马斯克正式收购推特。

据《华尔街日报》10 月 27 日报道,知情人士透露,在马斯克完成对推特的收购后,他解雇了这家社交媒体公司的几位高层:首席执行官帕拉格·阿格拉瓦尔、首席财务官内德·西格尔、法律事务和安全主管维贾亚·加德。

据悉,帕拉格·阿格拉瓦尔和内德·西格尔已经离开了推特位于旧金山的总部,并表示不会再回来。

目前,马斯克已经将自己的推特简介改为"推特老板"。

10 月 27 日,马斯克在推特发表公开信,向广告商承诺未来的推特不会变为一个"用户可以进行任何表达而不承担后果、自由放纵的地狱"。他表示,未来推特将提供高质量广告,并尽可能贴近用户,意在成为最受尊敬的广告平台。

报道称,马斯克在最初为这笔交易筹款时向银行合作伙伴提出了削减成本的想法,推特方面也一直在为裁员进行准备。一位知情人士表示,部分潜在投资者被告知,马斯克计划裁减推特 75% 的员工。而马斯克在当地时间 10 月 26 日到访推特总部时,否认了裁员的说法。

马斯克还曾表示,收购推特是为了加速创建万能应用程序"X"。BBC 报道称,不少人认为,这款应用类似于中国的微信,是一种"超级应用",融合了即时通信、社交媒体、支付和点餐等不同功能。

资料来源:腾讯新闻. 马斯克正式收购推特[EB/OL]. (2022-12-23)[2022-12-25]. https://new.qq.com/rain/a/20221028A090QW00.

(二)并购风险按并购进程分类

按并购进程(或按风险存续的不同期间),并购风险可分为并购前的决策风险、并购时的操作风险及并购后的整合风险。

1. 并购前的决策风险

并购前的风险主要是指在进行决策的过程中,各种不确定因素使决策存在不确定性。例如,企业的自我评估、目标企业的选择、并购价格的制定、战略计划的确定、资金的筹措等每一项决策都会存在风险。

2. 并购时的操作风险

并购时的风险主要是指并购行为实施操作过程中存在的种种风险。例如,企业在进行谈判时,在关键性问题上僵持不下就会浪费时间、加大成本,从而影响整个并购工作的效率和效果,也就是加大了并购工作的风险。

3. 并购后的整合风险(不协同风险)

企业并购的一大动因是股东财富最大化。为了实现这一目标,并购后的企业必须要实现经营、管理等诸多方面的"协同",即"1+1>2"。而在企业并购后的整合过程中,未必一定能达到这个初衷,导致并购未取得真正的成功。其主要存在如下风险:

(1)管理风险。企业并购以后,管理人员、管理队伍能否得到合适配备,能否找到并采用得当的管理方法,管理手段能否具有一致性、协调性,管理水平能否跟上因企业发展而提出更高的要求等。这些都存在着不确定性,都会造成管理风险。例如,著名的迪士尼公司收购了星波公司(Starwave Corp.)和音弗思克公司(Infoweek Corp.)两家公司,整合全部资源推出门户网站 Go Network。并购后内部组织管理并没有根本性的变化,结果内部争斗不断,两家公司的高级管理人员几乎人去楼空。

(2) 规模经济风险。企业并购以后,应该采取有效方法使人力、物力、财力达到互补,并形成更优越的配置,使各项资源真正有机结合在一起。而在某些情况下,并购方在并购完成后,不能实现规模经济和经验共享互补,而是低水平的重复建设,反而会因规模过于庞大而产生规模不经济,甚至导致整个企业集团的经营业绩都会被拖累。这种风险被称为规模经济风险。

(3) 企业文化风险。并购双方能否达成企业文化的融合,形成共同的经营理念、团队精神、工作作风会受到很多因素的影响,同样会带来风险。大到国家地域的冲突,小到个人行为准则的冲突,文化的无形性、历史性、隐蔽性,使得文化融合风险很突出。

(4) 经营风险。为了实现经济上的互补性,达到规模经营,谋求经营协同效应,并购后的企业还必须改善其经营方式,甚至产品结构,加大产品研发力度,严格控制产品质量,调整其资源配置,否则就会出现经营风险。

综上所述,企业兼并失败,其原因除了兼并交易价格、目的、对象和兼并时间等因素,一个重要的原因就是对兼并后的管理和控制失当,在兼并中没有适当的并购管理计划,缺乏有效的领导,忽视了公司间组织和文化方面的协调。可见,并购后的整合不当会使整个并购成果付诸东流。例如,国有企业与民营企业,存在着管理风格和文化理念的差异。一旦它们合二为一,这种管理冲突和文化冲突就不可避免,如果处理不当极易导致并购失败。

 延伸阅读5-7

缘结匈牙利:从海外并购到文化融合

在匈牙利东北部包尔绍德州卡辛茨巴茨卡市,有家中国化工企业很受称赞。

"我们有3 000多名工人在宝思德工作,如果不是万华,这些家庭就要面临失业的危险。"在宝思德工作20年的科林克说。

去欧洲:同竞技 共发展

宝思德公司是匈牙利最大的化工企业,创立于1949年,该公司聚氨酯产能在欧洲位居前列。2009年5月,宝思德公司遭遇经营困境与债务危机,濒临破产。

2011年1月31日,总部位于山东烟台的万华集团以12.63亿欧元的交易总额正式收购宝思德公司96%的股权。

万华集团是一家拥有自主知识产权的大型生产企业,其聚氨酯产品广泛应用于生活家居、运动休闲、汽车交通、建筑工业和电子电器等领域。

"40年前万华从海外引进设备建厂,只是为了解决当时中国人穿鞋子的问题,没人能想到40年后,万华依靠自主创新来到欧洲投资建厂,与世界最优秀的化工企业同台竞技。"万华匈牙利宝思德化学公司总经理刘军昌既兴奋,又感慨。

创佳绩:受欢迎 增信心

万华集团收购宝思德公司后,利用自身优势,加大投资、扩大产能、提高质量,并引入了精益制造管理。通过一系列管理举措,宝思德公司在经历收购后头3年亏损痛期,2014年开始扭亏为盈,盈利水平逐年提升,2017年实现业绩井喷,成为中东欧百强企业,成为中国企业跨国并购整合的一个成功标杆。这一收购项目也被《国际金融评论》评为年度欧洲、中东、非洲地区最佳并购项目。

资料来源:滕军伟.缘结匈牙利:从海外并购到文化融合[EB/OL].(2018-09-04)[2022-12-25].https://news.china.com/internationalgd/10000166/20180904/33790296.html.

(三) 反收购风险

企业在实施并购项目时,一旦目标企业不愿意参与并购,就会采取一系列措施进行抵制,这样就会降低收购收益,增加并购成本,使并购企业面临更大的风险。

一般说来,被并购企业主要是采取经济手段和法律手段来实施反收购防御的。其主要包括:

(1) 提高收购者的收购成本(如高估资产价值、"金色降落伞计划"),降低收购者的收购收益或增加收购者风险(如"负债毒丸计划""人员毒丸计划"),收购收购者,适时修改公司章程。

(2) 诉讼策略。通常以诸如反垄断、并购方信息披露不充分等为理由为并购制造障碍。

(四) 财务风险(筹资风险)

每一项并购活动背后,几乎均有巨额资金的支持,企业很难完全利用自有资金来完成并购过程。企业并购后能否及时形成足够的现金流入以偿还借入资金,以及满足并购后企业进行一系列的整合工作,对资金的需求是至关重要的。具体说来,财务风险主要来自筹资方式的不确定性、多样性、筹资成本的高增长性、外汇汇率的变动性等方面。由此,筹资所带来的风险不容忽视。例如,美国 20 世纪 80 年代以杠杆收购方式进行并购的公司达 2 800 多家,而到 20 世纪 80 年代末,垃圾债券信誉江河日下,危机四伏,造成投资者一片恐慌。

并购风险除了上述风险,还包括如政治风险、法律风险、体制风险、自然灾害风险、环境责任风险、行为风险等诸多的风险。所以说企业并购时,应该把握好各个环节,任何一个环节出现失误,都会导致之前所做的努力付之东流,使并购前功尽弃,以失败告终。

5-4 收购攻防战仍在持续!威立雅与苏伊士互不相让

延伸阅读 5-8

辉瑞洽购 ADC 龙头 Seagen,交易价格或超 300 亿美元

辉瑞公司正在谈判收购生物技术公司 Seagen,价格可能超过 300 亿美元。

据《华尔街日报》2 月 26 日报道,知情人士说,谈判尚处于早期阶段,不能保证会达成协议,需要克服许多障碍,包括可能对任何提议进行严格的反垄断审查。如果达成交易,那将是一笔巨大的交易:Seagen 的市值约为 300 亿美元,预计会获得更高的溢价。

事实上,去年就有市场传言默沙东将以 400 亿美元的价格收购 Seagen。据《华尔街日报》当时报道,这笔交易价值 400 亿美元或更多,但双方未能达成协议。知情人士称,辉瑞当时也在关注 Seagen。

辉瑞是全球最大的制药公司之一,去年销售额达 1 000 亿美元。如果达成交易,将有助于辉瑞在其癌症治疗阵容中加入一类药物,这些药物已显示出与所谓的免疫疗法一起对抗一些最常见肿瘤的前景。

它还可以帮助辉瑞"增加"170 亿美元的销售额,该公司预计到 2030 年专利到期可能会损失 170 亿美元。辉瑞设定了一个目标,在 2030 年之前通过包括收购在内的业务发展举措增加 250 亿美元的收入。总部位于纽约的辉瑞公司现金充裕,这家制药公司的新冠病毒疫苗、药物和其他产品的销售额约为 227 亿美元。

Seagen 成立于 1997 年。当年,Clay Siegall 离开工作 6 年之久的百时美施贵宝(BMS),创立 Seattle Genetics,仅用 4 年时间,在 2001 年就成功登陆纳斯达克。2020 年,公司正式改名为 Seagen。

Seagen 帮助开创了一种被称为抗体偶联药物(antibody-drug conjugate,ADC)的癌症治疗方法,这种药物的作用就像一枚制导导弹,用有毒物质攻击肿瘤。这些疗法已经被批准用于治疗霍奇金淋巴瘤和其他淋巴瘤等癌症,最近又显示出与免疫疗法结合治疗其他类型肿瘤(包括一种乳腺癌)的前景。

这种药物在乳腺癌治疗方面的潜力尤其吸引辉瑞,该公司有一种最畅销的治疗乳腺癌的药物 Ibrance。

Seagen 公布的 2022 年财报显示,总收入 20 亿美元,同比增长 25%;其中产品净销售额为 17 亿美元,特许权使用费收入 1.6 亿美元,协作和许可协议收入 9.1 亿美元。该公司 2023 年的预期收入在 21.4 亿至 22.4 亿美元,略低于此前 23.2 亿美元的预期。

截至 2 月 24 日美股收盘,Seagen 跌 0.51%,报收 161.37 美元,市值 301.4 亿美元。

资料来源:澎湃新闻.辉瑞洽购 ADC 龙头 Seagen,交易价格或超 300 亿美元[EB/OL]. (2023-02-27)[2023-12-03]. https://www.thepaper.cn/newsDetail_forward_22092880.

二、并购风险的识别与衡量

并购风险的识别与衡量是并购风险管理中很重要的程序,是进行并购风险管理的基础。它揭示了并购风险管理的具体对象及管理力度,即是对面临现实或潜在风险时加以判断、整理,并鉴定风险的"质"和"量"的过程。

(一)并购风险的识别

并购风险的识别就是确定产生风险的环节(按整个并购流程进行)和因素(主、客观因素)。一般来说,我们可以依照并购的程序来进行并购风险的识别,也就是按照整个并购活动的过程,有顺序地从最开始的并购意向的确定,到并购操作,乃至并购后的整合进行"搜索",找出风险可能存在的环节,找出可能导致风险发生的因素。只有识别出可能的风险损失来源,风险管理人员才能主动地选择适当有效的方法来处理可能发生的损失。

识别风险将使风险管理人员了解某一特定风险可能会在什么情况下发生和某一环节可能会有哪些风险,同时分析"风险动因"。在成本管理上,企业应越来越强调导致成本发生的驱动因素,即成本核算动因的分析,以抓住成本发生的源头。同样的道理,在进行并购风险管理的时候,风险管理人员要找到可能导致风险发生的因素,才能做到"防患于未然",并提前做好应对准备。不同并购者的主观风险偏好不同,对于冒同样程度的风险,不同的人会有不同的反应。所以,风险识别具有很强的主观色彩;同时,并购本身是一项非常复杂、充满许多不确定因素的活动,因而风险识别的方法是灵活多样的,并没有固定的模式可以套用,在这里仅介绍一些相对常用的、比较可行有效的风险识别方法。识别体系的设计可以根据自己的偏好主观判断,也可以根据经验判断或聘请投资银行等专业机构进行评估咨询等来协助进行。具体可以采用以下方法。

1. 风险询问法

风险询问法即以问卷调查的方式识别风险。采用问卷调查的一个特点就是它面向对象十分广,不必刻意地寻找样本。目标企业内部的员工、管理人员可以作为调查对象;目标企业外部的专业人士,乃至政府及相关部门也可以作为问卷调查的对象。这种方法不但有助于了解目标企业内部的经营状况,同时也有助于了解目标企业的外部环境。

2. 目标企业资料分析法

目标企业资料分析法主要有以下几种:

(1)企业财务资料分析法。该方法就是利用企业的各种财务报表及更详细的凭证、记录所反映出的信息为风险管理者提供诸多线索。例如,企业曾经发生过哪些意外事故、采取了何种防范及补救措施、效果如何、有哪些或有事项等,以此来找到企业的薄弱点和易存在风险的环节。

(2)企业其他的记录和文件分析法。例如,董事会、股东大会的会议纪要,内部资料,其他高层管理人员的会议记录,合同文书等,通过这些资料来了解目标企业的内部管理状况,以及了解目标企业与上下游供应商、客户之间的情况等,并提示企业需要防范的风险。

3. 合并流程分析法

这种方法主要向我们提供的是一个寻找风险顺序的思路。风险管理人员通过绘制合并流程图,将合并过程简明、直观地显现出来。通过"梳理",识别、分析出整个并购过程中关键活动、环节的潜在风险。这些关键活动通常起瓶颈作用,一旦这些关键活动出现差错,企业整个并购过程就可能因此而被迫中断、反复,甚至失败。并购全程风险分布图如图5-4所示。

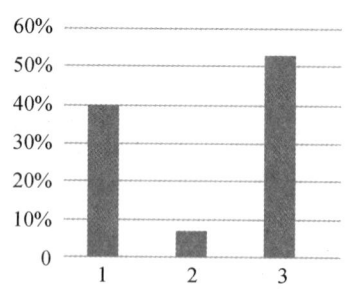

图 5-4 并购全程风险分布图

注:1:战略开发、筛选目标、全方位分析阶段,40%;2:谈判阶段,7%;3:整合阶段,53%。

从图5-4中我们可以看出,对于并购活动的全部风险,在第一阶段和第二阶段共占到47%,而在第三阶段则占到53%,图5-4有助于识别并购中存在的风险。在实务中,人们往往非常重视第一阶段和第二阶段,而忽略了第三阶段的风险管理。而大量事实表明,并购后的整合阶段是并购取得真正意义上的成功关键所在,所以整合阶段的风险识别和管理尤其重要。

4. 历史损失资料统计分析法

历史损失资料统计分析法即根据以往的损失统计资料来识别重大的损失风险。不过,这需要目标企业有比较完善的风险管理信息系统,通过分析历史损失的原因、涉及的人员、损失的金额、防范的手段、弥补的措施等来判断企业可能存在的风险。该风险并不一定是关于并购活动本身的,也可以包括企业的其他方面,如经营、管理、人员等。

5. 实地调查法

实地调查法即在并购的整个过程中进行定期或经常性的实地检查。俗话说"百闻不如一见",通过对目标企业经营场所和经营过程的现场调查,会得到很多目标企业生产经营和管理等方面的第一手资料,这是风险管理者识别、判断目标企业风险状况的最直接、最真实的资料。

关于并购风险的识别方法,既有适用一般风险识别的方法,又有其特定的方法。以上方法仅仅是众多方法中的几例,其区别在于有关信息的来源不同,即怎样搜集信息、从什么渠道获得信息等。

(二)并购风险的衡量

进行并购风险识别之后,就可以有针对性地衡量所识别风险的潜在破坏力程度,确定出风险对并购企业的影响。

并购风险的衡量主要包括两个方面:

一是并购风险发生的频率,即衡量潜在的损失发生的频率。这种频率并不需要,也不可能十分精确。只要可以大概反映其出现的频率就可以。例如,风险管理人员可以进行这样的粗略估计,将一种风险的频率分为很小、中等、较大。我们考察风险发生的频率,目的并不是要求确定出具体的百分数,而是只要能反映出风险损失发生的频繁程度就可以了。

二是风险损失程度。风险损失程度是指每次损失可能的规模,即损失金额的大小及波及的范围有多大。对于风险的识别、风险的衡量等工作应尽量聘请专业机构和人员,这样会使衡量更客观、更具科学性,减少工作的失误。并购风险的衡量方法主要采用统计、概率的方法等。

风险管理人员按照并购的过程确定风险可能发生的每个环节、因素,使风险管理有了"质"的范围;预测风险发生的频率和损失程度,就使风险管理有了"量"的范围。有了"质"和"量"的规定性,风险管理人员就能根据并购和企业自身的实际情况,对企业的风险承受能力作出评估,进而为风险管理方法的选择提供基础。也就是说,经过风险的识别与计量,风险管理人员可以初步判断出并购中可能遇到的风险、风险分布、风险出现的时间、风险发生的频率、风险损失发生的强度、风险损失的可接受性(与承受力比较)等一系列重要的问题。

经过这一程序,风险管理人员能估计出各类风险发生的频率,以及潜在损失后果的严重程度。但风险识别与衡量的重要性并不在于此,而是通过风险的识别和衡量确定企业自身的承受能力,并选择相应的应付风险的办法。当然,随着并购活动的开展,面对实际情况的时候,风险管理人员要适时对风险的识别与衡量等预测作出调整。

三、并购风险分析

(一) 制订风险管理计划

风险管理人员要想使并购风险管理能有序、有效进行,就必须有计划性。一般来说,在制订整个并购计划的时候,风险管理计划就应该同时制订。风险管理计划应该具有一定的前瞻性,并且跨越整个并购期,包括并购前的决策、并购中的操作、并购后的整合这一全过程。它可以包括以下几点:

(1) 确定并购风险管理的目标。
(2) 成立专门的并购风险管理机构或部门,并明确其职责。
(3) 对其他相关部门的要求。
(4) 制订妥善的资金筹集、运用计划等。

(二) 评价分析并购风险

并购风险的评价分析主要分为三个步骤,即风险识别、风险衡量、确定承受能力。风险的识别就是确定产生风险的环节和因素(主、客观)。这样弄清风险的来源和风险的形成过程,风险管理才会有范围,增加企业风险管理的主动性,减少盲目性;识别出风险以后,风险管理人员就需要将风险量化,即风险的衡量,就是考查风险发生的频率、衡量风险可能造成损失的程序。结合前面两个步骤的结果和自身的实力,明确企业准备承受的最大损失,即承受能力。执行这一程序的目的,是使风险管理人员能心中有数,能够"有的放矢",为风险管理策略的制定奠定基础。

1. 风险管理方案设计

在这一步骤中,主要是根据风险识别的结果——针对环节、因素、根据风险计量的结果——针对频率、程度,以及根据企业的风险承受能力正确制定对策,选择适当的风险管理手段和方法。这类措施主要有风险控制的措施和风险补偿的措施。

(1) 风险控制的措施。其主旨就是力求减少风险发生的可能性。也就是,在明确了某一风险发生的环节和条件以后,采取措施降低风险发生的频率,尽量把风险控制在潜在状态,不让其转化为现实风险。其具体方法主要有风险回避、风险控制、风险转移(包括保险、非保险方式)、风险隔离、风险组合等。

(2) 风险补偿的措施。其是指对已发生的损失提供资金补偿,其具体方法主要有风险固定(包括保险、非保险方式)、风险自留(包括启用自有资金、动用借入资金、获取保险赔偿)等。

可见,风险控制的措施主要是针对潜在风险管理而言的,它主要是要达到"防患于未然"的目的;而风险补偿的措施主要是针对现实风险管理而言的,它是在风险已经发生或决定承受风险时采取的应对措施。当然上述措施也可以互有交叉、互相结合运用。

2. 执行风险管理的决策

执行风险管理的决策是指根据制定的目标,针对"标的",如环节、因素,按照对策运用手段,对并购中可能发生的风险实施有效的管理,使得风险管理与并购进程协调一致,并推动并购顺利进行。

3. 风险管理成效的评价与调整

风险管理成效的评价与调整是指将实施风险管理手段、策略和方法产生的效果与所确定的目标加以对比,以此来证明管理方案的科学性、合理性,以及机构人员工作的成效性。并购风险管理本身是个动态的过程,因此,随着并购工作的进行,需要适时进行风险规划,对风险进行识别、估测、评价,对风险管理人员进行定期、阶段性的检查、考核和调整,以保证风险管理工作适应并购进程,使并购风险管理与并购活动协调进行。

总之,并购方需通过这一系列步骤,对并购过程中的各项风险进行管理。从计划阶段开始到最后对管理结果作出评价和修订,并购方始终要保持主动,提高评估风险和管理风险的能力,通过努力把风险控制在可以承受的范围之内。

四、并购风险的应对

并购的全过程都应遵循一致的原则、策略方法。同时,并购的不同阶段又有其自身的特点,因此,每个阶段又有其独特的风险管理措施。

(一)并购前的决策风险

并购决策阶段是并购活动的开始,如果这一阶段得出的结论是欠妥当的,那么恐怕以后的工作都会是无效的。

在这一阶段着重要做好以下几个方面的工作:

(1)企业可以聘请专业机构和成立专门风险管理部门,由并购风险管理小组协同专业机构制订出可行并购战略计划(尤其是资金计划)、严密的并购方案,使整个并购活动遵循一定的计划和步骤,使并购行为更规范、更科学。

(2)在选择目标企业的时候,参与并购活动者要大量搜集信息,包括目标企业的生产经营、管理水平、组织结构、人事状况、企业文化等诸多方面的状况,以改善并购方所面临的信息不对称的情况,然后以目标企业提供的信息为基础,采取不同的评估方法对目标企业进行各个方面的评估,并作出客观综合的评价结论。同时,并购方还可以向法律咨询机构做专项法律咨询,使企业的并购活动取得应有的法律支持和保护。

(3)做好与目标企业管理层、员工的沟通;做好相关政府部门、工商税务等机构的沟通咨询。一方面能了解到企业的情况;另一方面避免"信息真空",以取得目标企业人员及相关部门的信任和配合。这种沟通和咨询,不仅是并购决策阶段的必需,也是将来并购操作和并购整合顺利进行的重要保证。

(二)并购时的决策风险

这一阶段主要是针对第一阶段的成果加以实施和应用,如果第一阶段的准备工作很充分,这个阶段的工作相对要容易得多。

(1) 明确双方的权利责任,避免在关键性问题上双方出现僵持,浪费时间,加大成本和风险。所以并购方要在谈判前做好充分估计,在谈判的过程中一定要有自己的立场,即原则性问题不能让步,否则应放弃并购计划;对于对方某些苛刻的条件则需双方共同协议,互相有所妥协,促成谈判成功。这样,一方面利于并购操作过程的顺利开展;另一方面也为以后的整合创造良好的基础。

(2) 这一阶段仍要非常重视与并购相关各方的沟通,以取得支持,减少阻力。理顺与企业内、外部的关系,尤其是企业的政府主管部门,若其干涉过多,势必造成接管条件苛刻,加上兼并周期,束缚并购方的行动,以致即便并购操作工作勉强完成,以后也未必能达到并购的初衷。

(3) 操作人员本身要有较高的素质,对业务要尽量熟悉,要定期或不定期地对操作人员进行培训和工作总结汇报。

(4) 在并购操作过程中,参与人员要讲求谈判的技巧,在双方能达成一致的前提下,尽可能获得更大的利益。但参与人员绝不能唯"小利"是图,因为这种短期行为会给以后的工作造成很大障碍。

(三) 并购后的决策风险

企业并购合同的签订,并购操作工作的完成,并不意味着并购过程的终结,恰恰相反,这只是整个并购工程的前期工作,是一个铺垫,以后的工作更具复杂性、风险性、关键性。因为并购整合需要花费巨大的磨合成本,包括资金上和时间上的成本。如果说并购的操作是"吃",那么并购后的整合就是"消化吸收"。当并购方将目标企业接管过来后,面临最主要的就是整合问题。对于并购整合不能采取极端化的态度,既不能不加分析、事无巨细地"全盘改造",又不能"听之任之"保持原来的市场关系。否则,整合不力会导致并购的最终失败。并购后的整合应注意以下几个问题:

(1) 要考虑整合哪些部分,即确定整合的内容和对象。整合工作要有针对性,符合必要性。要分析清楚以下的情况:哪些是属于功能缺乏、哪些属于功能重叠、哪些是双方不一致、哪些是目标企业应该独立继续保留的,以及哪些是并购方自身应该改良的等。分析出这些内容,整合工作才有了具体特定的"标的",才不会盲目进行。例如,若目标企业本身就很富创业精神,则并购方就不应强加干涉,要鼓励其继续保持。但要保留一定干预的权力,以便一旦发生冲突能够采取果断措施减少损失;反之,若目标企业虽然有良好的物质资源,但缺乏有效的管理,并购方管理层就必须对经营管理一体化作出安排,才能使并购双方都能正常运转并取得更大效率。

(2) 应注意时间进度的控制和方法选择的得当。要尽量缩短集合时间,使合并后的企业尽快步入正轨。若磨合期过长,很容易因双方的不协调而出现问题;但不能因贪图速度而仅看到短期效果,忽视长期发展。同时,整合是一项很"人性化"的活动,方法的选择就显得尤为重要。并购方可以向目标企业派出一个专门的整合工作小组,指导配合目标企业进行整合。对"硬件"的整合更多的是在物质资源的配置、生产经营技术层面进行,对"软件"的整合,在可能的情况下,要坚持"多换思想少换人"的原则。同时,尤其要注意与目标企业的沟通交流,努力填补并购后经常发生的信息真空,而且同样内容的沟通可能要重复好多次才能起作用。

(3) 具体方法的应用主要包括如下几个方面：

一是生产经营的整合。企业并购后，其核心生产能力必须跟上企业业务、规模扩张的要求，否则并购没有意义。生产经营的整合主要有：根据企业既定的或新设的经营目标调整经营战略和产品结构体系，建立统一的生产线，使生产协调一致，取得规模效益；采取有效措施，稳定上下游企业，保证并购前后价值链的连续性。

企业的并购活动往往会对并购双方企业的销售、服务等部门形成冲击，所以并购方就必须警惕并购带来的客户风险。对并购双方原有的客户群都要给予一定服务和质量的承诺与保证，或者提供更优惠的条件。许多公司都在并购后不久有销售额下降和客户投诉增加的经历，发生这样的事情对公司是最为不利的。

二是管理的整合（制度整合）。不同的企业有各自的管理理念。对于同样的生产流程、同样素质的员工采用不同的管理模式，其经营效果是完全不同的。而随着并购工作的完成和企业规模的扩大，对企业的管理水平也提出更高的要求。对于管理整合，一要客观地对目标企业原有制度进行评价；二要考虑清楚企业并购的目的所在才能真正尽快建立起能驾驭新资源的管理系统。

三是人员的整合。人员的优化组合与管理是并购整合的重中之重。为防止产生人事风险（雇员风险）应注意的几点是：第一，通过正式的或非正式的形式对员工做思想工作，做好沟通工作。注意稳定员工思想情绪，防止出现大的心理波动，转变员工的观念；与工会、当地政府取得联系，减少人员变动的阻力，防止演变为诉讼危机。第二，不能轻易作出承诺，一旦承诺就必须兑现，否则会使目标企业员工缺乏信任，极大地打击员工积极性。第三，可以采取优胜劣汰的用人机制，建立人事数据库，重新评估员工，建立健全的人才梯队。根据所掌握的员工情况，将目标企业员工作出一定的划分，针对不同的人群实施不同的整合战略：对熟练员工、核心技术人员留用、调整、提升，对多余人员解雇安置等。第四，推出适当的激励措施。并且，这种激励要动态化、长期化，不能只作短期的权宜之计。

四是企业文化的整合。企业文化的整合与企业并购方式、目标企业的实际情况等都有很大的关系。所以企业进行文化整合时在时间上、方法上绝对不能只固守一个模式。如果并购双方是业务相关或相似的，企业双方要各有保留、互有妥协、互有补充，才能形成优势互补。如果并购完全"吸收"了目标企业或是一种"救济"式兼并，并购方可以根据被并购方的具体情况，将自己良好的企业文化移植到被并购方。这是一种"同化"形式的文化整合。

很多国外的管理学者认为，对于并购过程的这三个阶段，国外企业在并购决策和并购后整合这两个阶段花费的时间和精力最多，而在讨价还价的操作阶段花的时间和精力最少。

而我国企业并购的情况好像恰恰相反，往往期望在谈判时得到实惠。谈判的确是一门艺术，但是再高明的谈判手段也不能替代决策的正确性和整合的合理性。

延伸阅读5-9

世茂服务：收到大量独立股东反对，终止收购世茂股份旗下物业管理业务

2022年12月23日，世茂股份（600823.SH）和世茂服务（00873.HK）发布公告，世茂服务决定不再收购公司物业管理业务。公司将终止向其转让物业管理业务的关联交易，预计3年内不会与世茂服务发生上述类似交易事项。

2021年12月13日，世茂股份发布公告，以16.535亿元的代价出售旗下商业物业管理业务给关联方世

茂服务。世茂股份是世茂集团(00813.HK)的下属公司,实控人为富豪许荣茂,世茂服务也是世茂集团下属企业,按照相关规定,世茂服务与世茂股份构成关联关系。

世茂股份表示,终止本次关联交易,是受房地产行业影响,物业管理业务估值出现大幅下降,致交易无法履行所致。世茂股份同时表示,公司保留物业管理业务,将给公司带来较稳定的经营性现金流,对稳定公司财务状况,改善公司偿债能力等方面带来积极的作用。

世茂服务出具的《关于终止收购上海世茂股份有限公司所属的物业管理业务相关公司、资产、负债和业务的告知函》显示,由于距离协议公告时间已过去将近一年的时间,考虑到房地产行业波动,严重影响物业服务行业的经营情况,使得物业服务行业收并购市场发生巨大变化。

对于交易终止,世茂服务则公告表示,收购协议签订时,有关收购事项的估值基础已经不再适用现在的市场情况,而当时所商定的收购事项的代价和目前市场情况相比有较大背离。

世茂服务同时透露,自2021年12月13日公布收购事项后,收到大量来自独立股东的意见回馈,明确反对收购事项,因此,公司与资产出售方已在双方同意下终止有关收购事项的该协议,而双方在该协议项下的各自权利和责任将被解除和免除。

资料来源:庞静涛.世茂服务:收到大量独立股东反对,终止收购世茂股份旗下物业管理业务[EB/OL].(2022-12-23)[2022-12-25].https://www.thepaper.cn/newsDetail_forward_21283512.

本章小结

本章的学习内容主要是企业财务风险的管理。通过本章学习,学生应了解企业财务风险的含义及内容、财务风险的成因及财务风险管理的目标;筹资风险的概述、识别、分析及应对;投资风险的概述、识别、分析及应对;并购风险概述、识别、分析及应对。

本章重要概念

企业财务风险　筹资风险　债务筹资风险　股票筹资风险　投资风险　并购风险

5-5 练一练

5-6 练一练答案

第六章　运营风险管理

- 内容提要
- 重点难点
- 学习目标
- 知识框架
- 思政育人
- 第一节　运营风险概述
- 第二节　组织架构风险管理
- 第三节　人力资源风险管理
- 第四节　采购业务风险管理
- 第五节　研究与开发风险管理
- 本章小结
- 本章重要概念

内容提要

本章主要讲解了运营风险概述、组织架构风险管理、人力资源风险管理、采购业务风险管理、研究与开发风险管理。

重点难点

本章重点和难点为围绕组织架构、人力资源、采购业务、研究与开发等企业运营环节进行的风险识别和风险应对。

学习目标

通过本章学习,学生应了解运营风险的定义、内容、分类;理解组织架构的风险识别和风险应对;掌握人力资源、采购业务的风险识别和风险应对;了解研究与开发的风险识别和风险应对。

知识框架

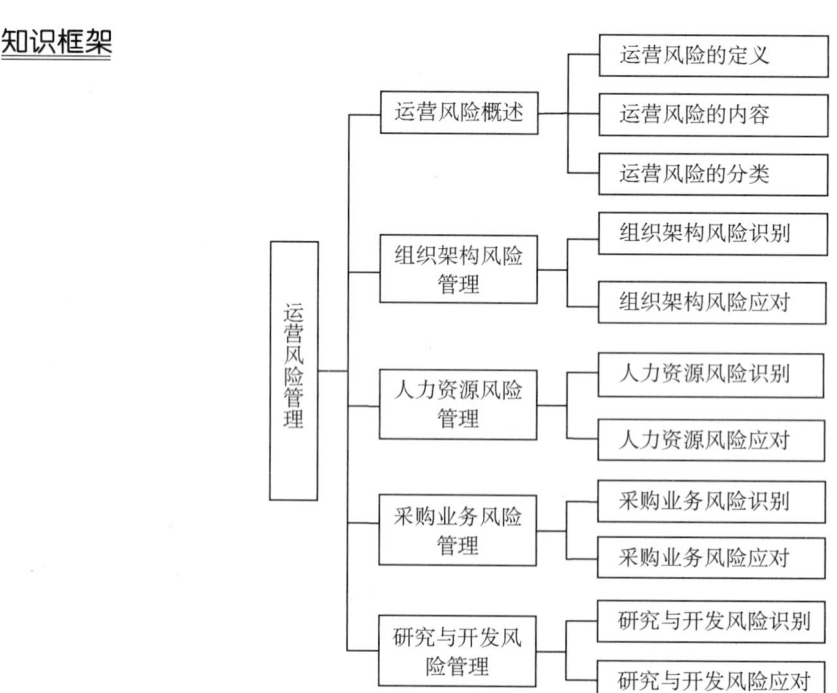

思政育人　　智能制造的运营管理离不开工匠精神

东方雨虹上榜"2021年度智能制造优秀场景名单"。在生产方面,东方雨虹智能制造的场景包括"无人车间""黑灯车间""智能仓储"等数字化车间,在推动智能制造过程中,致力于"5S管理"与精益生产,并且在研发设计、生产制造、营销服务、经营管理等方面进行技术投入。由"中国制造"到"中国创造"到"中国智造",东方雨虹正在向"成为全球建筑建材行业最有价值企业"大步迈进。东方雨虹跟所有制造业企业一样也在面临着企业运营管理的重大革新,如何将新一代技术运用于新时代制造业企业运营管理中来,是当代制造企业所面临的新挑战。

习近平总书记指出:"创新是一个民族进步的灵魂,是一个国家兴旺发达的不竭动力。"在现代工业条件下,传统工艺也是在传承与创新中得到发展的,我们要将传承与创新统一起来,在传承的前提下追求创新。工匠精神的核心要素是创新精神,现代机械制造尤其是现代智能制造,对技艺提出了越来越高的难度和精度要求,不仅要有娴熟的技能,而且要求技术创新。只有坚持创新的工匠精神,才能帮助企业紧跟前沿,开拓创新,不断构筑企业核心竞争力,为推动高质量发展插上"智能化翅膀"。

第一节　运营风险概述

6-2 运营风险概述

一、运营风险的定义

运营管理(operational management)作为管理学的一个分支,经历了多年的发展,其概念从原来的生产管理、生产和运作管理逐渐发展为现在的运营管理。运营管理简单来说就是组织对生产产品或提供服务的系统或过程进行管理,包括企业生产交付产品或者服务系统进行的设计、运作及改进。运营管理关注的是对产品生产和服务提供相关的整个系统的管理,是对研发、工业工程、管理信息系统、质量管理、生产管理、库存管理、会计等的智能集成,以有效地规划、利用和控制生产或服务机构。

企业在运营过程中,由于内外部环境的复杂性和变动性,以及主体对环境的认知能力和适应能力的有限性,运营失败或使运营活动达不到预期目标的可能性及损失就是企业的运营风险(operational risk)。根据全面风险管理的指引要求,企业需要围绕总体经营目标,通过企业管理的各个环节和经营过程中执行风险管理的基本流程,培育良好的风险管理文化,建立健全全面风险管理体系,包括风险管理策略、风险理财措施、风险管理的组织职能体系、风险管理信息系统和内部控制系统,从而为实现风险管理的总体目标提供合理保证。

企业运营风险管理需要实现的目标包括:第一,确保将风险控制在与总体目标相适应并可承受的范围内;第二,确保内外部信息沟通,编制和提供真实可靠的财务报告;第三,确保遵守有关法律法规;第四,提高运营效率和效果,实现运营目标;第五,针对重大风险,确保企业不遭受重大损失。

二、运营风险的内容

根据《中央企业全面风险管理指引》,运营风险至少要考虑以下几个方面:第一,企业产品结构、新产品研发可能引发的风险;第二,企业新市场开发、市场营销策略(包括产品或服务定价与销售渠道,市场营销环境状况等)可能引发的风险;第三,企业组织效能、管理现状、企业文化,高、中层管理人员和重要业务流程中专业人员的知识结构、专业经验等方面可能引发的风险;第四,期货等衍生产品业务中发生失误带来的风险;第五,质量、安全、环保、信息安全等管理中发生失误导致的风险;第六,因企业内、外部人员的道德风险或业务控制系统失灵导致的风险;第七,给企业造成损失的自然灾害等风险;第八,企业现有业务流程和信息系统操作运行情况的监管、运行评价及持续改进能力方面引发的风险。

 相关思考 6-1

如果树上的人是你,你会怎么做

如果一个人挂在河边的一棵大树上,大树即将被斧头砍断,树上有蛇,树下有狮子,水里有鳄鱼,都对你垂涎三尺,构成了致命的威胁。如果树上的人是你,你会怎么做?

其实,这种情况和很多面临困境的民营中小企业家的处境何其相似。树上的人就好比是企业主,大树是企业,企业摇摇欲坠,随时都可能会掉下;水就是财产,财产越多,有时反而危险也越大;鳄鱼就像是竞争对手,时刻在等待企业主犯错误;狮子可能是银行,当企业出现危机时,它们并不一定会伸出援手;树上的蛇就像是企业的债务,天上的大雁,或许是企业主的亲戚,或许是朋友,顺境时围绕在周围,一旦灾难来临,必将"大难临头各自飞";而那把斧头,则像企业的产品,如果产品本身有问题,会给企业带来致命的打击。

根据企业的发展周期。初创期的举步维艰、顺境时的盲目扩张、逆境时难挡趋势、衰退期苦苦支撑,这些都是企业在经营过程中需要面对的种种难题。有的企业家曾经感叹"创业就是一场不断打怪升级的修行",看似风光的企业家,在企业经营过程中却要面临重重考验,与游戏中"打怪升级"不同的是游戏可以很容易重新开始,而企业一旦失败却很难重来。所以,在企业经营过程中,做好风险识别与风险管理,就显得非常重要。

资料来源:子夜聊理财.企业主面临十大风险之一经营风险[EB/OL].(2021-07-15)[2023-03-02].https://zhuanlan.zhihu.com/p/389819824。

三、运营风险的分类

从内部控制角度来看,根据《企业内部控制基本规范》的规定,企业运营风险主要需要考虑以下几个方面。

(一) 组织架构

根据《企业内部控制应用指引第 1 号——组织架构》,组织架构设计与运行中必须关注的主要风险包括以下几个方面:

(1) 治理结构形同虚设,缺乏科学决策、良性运行机制和执行力,可能导致企业经营失败,难以实现发展战略。

(2) 内部机构设计不科学,权责分配不合理,可能导致机构重叠、职能交叉或缺失、推诿扯皮,运行效率低下。

(二) 人力资源

根据《企业内部控制应用指引第 3 号——人力资源》,人力资源管理必须关注的主要风险包括以下几个方面:

(1) 人力资源缺乏或过剩、结构不合理、开发机制不健全,可能导致企业发展战略难以实现。

(2) 人力资源激励约束制度不合理、关键岗位人员管理不完善,可能导致人才流失、经营效率低下或关键技术、商业秘密和国家机密泄露。

(3) 人力资源退出机制不当,可能导致法律诉讼或企业声誉受损。

(三) 社会责任

根据《企业内部控制应用指引第 4 号——社会责任》,履行社会责任方面必须关注的主要风险包括以下几个方面:

(1) 安全生产措施不到位,责任不落实,可能导致企业发生安全事故。

(2) 产品质量低劣,侵害消费者利益,可能导致企业巨额赔偿、形象受损,甚至破产。

(3) 环境保护投入不足,资源耗费大,造成环境污染或资源枯竭,可能导致企业巨额赔偿,缺乏发展后劲,甚至停业。

(4) 促进就业和员工权益保护不够,可能导致员工积极性受挫,影响企业发展和社会稳定。

(四) 企业文化

根据《企业内部控制应用指引第 5 号——企业文化》,建设企业文化方面必须关注的主要风险包括以下几个方面:

(1) 缺乏积极向上的企业文化,可能导致员工丧失对企业的信心和认同感,企业缺乏凝聚力和竞争力。

(2) 缺乏开拓创新、团队协作和风险意识,可能导致企业发展目标难以实现,影响可持续发展。

(3) 缺乏诚实守信的经营理念,可能导致舞弊事件的发生,造成企业损失,影响企业信誉。

(4) 忽视企业间的文化差异和理念冲突可能导致并购重组失败。

(五) 采购业务

根据《企业内部控制应用指引第 7 号——采购业务》,采购业务方面必须关注的主要风险包括以下几个方面:

(1) 采购计划安排不合理,市场变化趋势预测不准确,造成库存短缺或积压,可能导致企业生产停滞或资源浪费。

(2) 供应商选择不当,采购方式不合理,招投标或定价机制不科学,授权审批不规范,可能导致采购物资质次价高,出现舞弊或遭受欺诈。

(3) 采购验收不规范,付款审核不严,可能导致采购物资金损失或信用受损。

(六) 资产管理

根据《企业内部控制应用指引第 8 号——资产管理》,资产管理方面必须关注的主要风险包括以下几个方面:

(1) 存货积压或短缺可能导致流动资金占用过量,存货价值贬损或生产中断。

(2) 固定资产更新改造不够、使用效能低下、维护不当、产能过剩,可能导致企业缺乏竞争力,资产价值受损,安全事故频发或资源浪费。

(3) 无形资产缺乏核心技术、权属不清、技术落后、存在重大技术安全隐患,可能导致企业法律纠纷,缺乏可持续发展能力。

(七) 销售业务

根据《企业内部控制应用指引第 9 号——销售业务》,销售业务方面必须关注的主要风险包括以下几个方面:

(1) 销售政策和策略不当,市场预测不准确,销售渠道管理不当等,可能导致销售不畅,库存积压,经营难以为继。

(2) 客户信用管理不到位,结算方式选择不当,账款回收不力等,可能导致销售款项不能收回或遭受欺诈。

(3) 销售过程存在舞弊行为,可能导致企业利益受损。

(八) 研究与开发

根据《企业内部控制应用指引第 10 号——研究与开发》,研究与开发方面必须关注的主要风险包括以下几个方面:

(1) 研究项目未经科学论证或论证不充分,可能导致创新不足或资源浪费。

(2) 研发人员配备不合理或研发过程管理不善,可能导致研发成本过高、舞弊或研发失败。

(3) 研究成果转化应用不足、保护措施不力,可能导致企业利益受损。

(九) 工程项目

根据《企业内部控制应用指引第 11 号——工程项目》,工程项目方面必须关注的主要风险包括以下几个方面:

(1) 立项缺乏可行性研究或者可行性研究流于形式,决策不当,盲目上马,可能导致难以实现预期效益或项目失败。

(2) 项目招标"暗箱"操作,存在商业贿赂,可能导致中标人实质上难以承担工程项目、中标价格失实及相关人员涉案。

(3) 工程造价信息不对称,技术方案不落实,预算脱离实际可能导致项目投资失控。

(4) 工程物资质次价高,工程监理不到位,项目资金不落实,可能导致工程质量低劣,进度延迟或中断。

(5) 竣工验收规范最终把关不严,可能导致工程交付使用后存在重大隐患。

(十) 担保业务

根据《企业内部控制应用指引第 12 号——担保业务》,担保业务方面必须关注的主要风险包括以下几个方面:

(1) 对担保申请人的资信状况调查不深,审批不严或越权审批,可能导致企业担保决策失误或遭受欺诈。

(2) 对被担保人出现财务困难或经营陷入困境等状况监控不力,应对措施不当,可能导致企业承担法律责任。

(3) 担保过程中存在舞弊行为,可能导致经办审批等相关人员涉案或企业利益受损。

(十一) 业务外包

根据《企业内部控制应用指引第 13 号——业务外包》,业务外包方面必须关注的主要风险包括以下几个方面:

(1) 外包范围和价格确定不合理,承包方选择不当可能导致企业遭受损失。

(2) 业务外包监控不严、服务质量低劣,可能导致企业难以发挥业务外包的优势。

(3) 业务外包存在商业贿赂等舞弊行为,可能导致企业相关人员涉案。

(十二) 合同管理

根据《企业内部控制应用指引第 16 号——合同管理》,合同管理方面必须关注的主要风险包括以下几个方面:

(1) 未订立合同、未经授权对外订立合同、合同对方主体资格未达要求、合同内容存在重大疏漏和欺诈,可能导致企业合法权益受到侵害。

(2) 合同未全面履行或监控不当,可能导致企业诉讼失败,经济利益受损。

(3) 合同纠纷处理不当,可能损害企业利益、信誉和形象。

(十三) 内部信息传递

根据《企业内部控制应用指引第17号——内部信息传递》,内部信息传递方面必须关注的主要风险包括以下几个方面:

(1) 内部报告系统缺失、功能不健全、内容不完整,可能影响生产经营有序运行。

(2) 内部信息传递不通畅、不及时,可能导致决策失误,相关政策措施难以落实。

(3) 内部信息传递中,泄露商业秘密可能削弱企业核心竞争力。

(十四) 信息系统

根据《企业内部控制应用指引第18号——信息系统》,信息系统方面必须关注的主要风险包括以下几个方面:

(1) 信息系统缺乏或规划不合理,可能造成信息孤岛或重复建设,导致企业经营管理效率低下。

(2) 系统开发不符合内部控制要求,授权管理不当,可能导致无法利用信息技术实施有效控制。

(3) 系统运行维护和安全措施不到位,可能导致信息泄露或毁损,系统无法正常运行。

延伸阅读 6-1

《企业内部控制应用指引第1号——组织架构》等18项应用指引

为了促进企业建立、实施和评价内部控制,规范会计师事务所内部控制审计行为,根据国家有关法律法规和《企业内部控制基本规范》(财会〔2008〕7号),财政部会同证监会、审计署、银监会、保监会制定了《企业内部控制应用指引第1号——组织架构》等18项应用指引、《企业内部控制评价指引》和《企业内部控制审计指引》。

企业应当根据《企业内部控制基本规范》、应用指引及本企业的内部控制制度,围绕内部环境、风险评估、控制活动、信息与沟通、内部监督等要素,确定内部控制评价的具体内容,对内部控制设计与运行情况进行全面评价。这是完善我国企业内部控制的重要举措,有利于弥补制度短板,防范运营风险,提升企业服务质效。

资料来源:财政部.关于印发企业内部控制配套指引的通知(财会〔2010〕11号)[EB/OL].(2010-05-05)[2023-03-02].http://sx.mof.gov.cn/bszn/zhengcefagui/201005/t20100506_290781.htm.

第二节 组织架构风险管理

一、组织架构风险识别

组织架构(organizational structure)是指企业按照国家有关法律法规、股东(大)会决议和企业章程,结合本企业实际,明确股东(大)会、董事会、监事会、经理层和企业内部各层级机构设置、职责权限、人员编制、工作程序和相关要求的制度安排。组织架构风险识别主要从以下两方面进行:

6-1《企业内部控制应用指引第1号——组织架构》等18项应用指引

第一,治理结构形同虚设,缺乏科学决策、良性运行机制和执行力,可能导致企业经营失败,难以实现发展战略。目前,我国部分企业的法人治理结构流于形式和表面文章。法人治理结构尚存在诸多的不足,影响了内部控制作用的发挥。有的企业形式上虽也建立了董事会、监事会,但真正的法人治理结构并未到位,授权和监管都得不到体现;另外一些企业虽然聘任了经营班子,但实际工作中董事会的监控作用严重弱化,经常只有一个虚职,这些都谈不上内部控制,根本不能有效地制定科学的决策。一些企业的治理结构虽有名也有实,但企业内部控制仍然局限于纯粹的内部控制,还没有上升到以风险为导向的管理,这很容易造成企业对风险的控制缺乏主动性,多为事后控制。管理者这种内部控制意识,造成企业经营决策失误风险较大,从而导致企业经营的失败。

第二,内部机构设计不科学,权责分配不合理,可能导致机构重叠、职能交叉或缺失、推诿扯皮,运行效率低下。内部机构设计不合理也是应当注意的问题。例如,许多企业由于成本的原因没有单独的审计部门,或者由于管理者的个人喜好,或者将审计部门与财务部门混为一谈,或者有会计人员兼任审计工作,监管工作完全流于形式。这样造成各个部门、管理人员之间权责交叉,缺少相关的制约。在一些企业中,高层管理者权力高度集中,无所不管,且常常集决策权、执行权、监督权于一身。这与内部控制的原则和假设明显不符合。就算一些企业有内部监督机构,其职能设计与使用偏窄,只局限于会计业务的审计,不重视监督、稽查职能,内部控制制度评价和企业各组织机构执行职能的效率方面作用不能有效发挥。

二、组织架构风险应对

(一)以组织环境为起点

在现实中,每家企业不仅所面临的外部环境千变万化,而且所具备的内部条件也千差万别。采用静态、封闭的管理模式已经越来越不能适应组织内在因素和外界环境的变化,我们需要的是一个开放的自适应的内部控制系统,并与内外部环境变化相适应,因此不能够机械地套用规则,而应该允许每家企业在遵循内部控制规范及其配套指引基本原则的前提下,结合自身情况,借助权变分析工具,选择合理的控制程序和适当的控制方法,设计出反映企业特点的内部控制体系。

(二)区分控制层级实施

目前的内部控制基本规范及其配套指引,不仅有着多重控制目标,而且包含各种层次的规范指引。企业在实施过程中,需要区分控制层级,即按照战略控制、管理控制、作业控制的次序建立内部控制体系。

首先,战略控制主要侧重于战略目标的制定,是形成企业战略的过程,它主要是公司管理层尤其是董事会的职责。在这一过程中,企业需要分析企业内外部环境,设定战略目标,同时进行事项识别和风险分析,并采取相应的风险应对策略,在此基础上形成战略规划。为了能够有效形成战略,治理层还需要优化内控环境,否则控制将不会起作用。由治理层建立的控制环境应当包括发展战略、组织架构、人力资源、企业文化、社会责任等方面。

其次,管理控制是管理者影响组织其他成员以落实组织战略的过程,是决定如何通过业务经营达到战略目标的过程,它主要是公司经营管理层尤其是经理层的职责。由于企业具有经营多元化和组织层级制的特点,一家企业要实现其战略目标,需要先将战略目标进行逐步细化和层层分解,再将其落实到企业内部的各个组织单元,即从企业整体目标到部门目标,再到个人目标,这属于战略计划阶段(全面预算作为一种控制手段可以在这一阶段引入运用)。在企业战略实施过程中,需要检查企业内部各部门和员工为达到目标所进行的各项生产经营活动的进展情况(内部信息传递,包括内部报告和财务报告等形式),评价实施战略后所取得的效果效率,并与预定的战略目标进行比较,分析产生偏差的原因并采取措施纠正偏差(业绩评价),确保最终实现战略目标。由于战略计划归根结底是由人执行的,还需要考虑对计划执行者的激励,即建立激励机制。除了以上因素,还需要考虑内部监督因素,即需要设置或指定专门机构对内部控制制度的设计与运行情况进行检查,以便督促内部控制的有效运转,并发现其中的缺陷及时加以改进。因此,一个完整的管理控制系统应该至少包括战略计划(含预算)、内部信息传递、业绩评价、激励机制与内部监督等要素。

最后,作业控制主要侧重于某项具体业务或者某项具体任务的完成。它主要针对的是企业各项业务和事项,属于操作管理层和员工的职责。资金管理、资产管理、采购业务、销售业务等反映企业主要业务和事项的风险管理就属于作业控制的对象。

(三) 以信息技术为支撑

信息化是企业管理发展的重要趋势之一。信息技术的应用可以降低内部控制实施成本,减少人为操纵因素,保障内部控制效果;实现信息的及时和快速反馈,提高控制效率;促进信息的集成与传递,实现信息共享。同时,利用信息技术还可以将各项管理流程和方法融合起来,实现内部控制与其他管理制度的系统整合。传统的内部控制实际上忽视了信息技术的作用,现时期的企业应当遵循《企业内部控制基本规范》的要求,运用信息技术加强内部控制,建立与经营管理相适应的信息系统,促进内部控制流程与信息系统的有机结合,实现对业务和事项的自动控制,减少或消除人为操纵因素。因此,企业在实施内部控制时,应该考虑利用信息技术,将其贯穿于内部控制实施的整个过程,从而达到将内部控制的程序与措施固化于信息系统的效果。

 延伸阅读6-2

烟草商业企业财务共享服务组织架构设计

明确财务共享服务中心组织职责。根据烟草商业企业财务共享服务中心的四大职能定位:财务服务支持中心、标准管控规范中心、财务人才培养中心和数据价值实现中心,我们进一步明确财务共享服务中心的组织职责,涵盖强化财务管控、完善财务职责、规范财务工作、提升财务效率、稳定共享运营、监控共享质量、挖掘数据价值七个方面。

建立基于"三层运营模式"的财务组织规划。在整体组织职责明确后,结合未来财务组织转型的方向,我们可以根据烟草商业企业基于"三层运营模式"的财务组织规划,将企业财务组织整体划分为省公司战略型财务、市县级业务支持型财务、财务共享服务中心核算型财务。其中,省公司战略型财务牵头计划和管理,负责资金集中管理和调配,实施公司战略提供高价值的决策支持;市县级业务支持型财务靠近业务部门,提供财务分析和预算管理等经营决策支持服务;财务共享服务中心核算型财务的主要任务是运用集中化、标准化的手段,高效率、高质量、低成本地完成会计核算工作,并为战略型和业务支持型财务提供数据支撑。省公司负责对市县级财务和财务共享提供管理指导,与市县级财务进行沟通反馈;财务共享服务中心为省公司和市县级财务提供服务支持,如会计处理、数据服务等,并与双方进行沟通。在明确了组织职责后,需要进一步思考财务共享服务中心在烟草财务组织中的定位,以及具体的组织架构设计。

烟草商业企业财务共享服务中心组织架构设置。烟草商业企业财务组织架构横向上分为财务共享服务中心、管理会计中心和综合管理中心;纵向上分为省公司财务处一级单位、地市级公司财务部门二级单位、区县级公司财务部门三级单位。其中:省公司财务共享服务中心和地市级财务共享服务分中心负责会计核算、资金结算工作,由省公司提供运营支持主要采取"实体虚拟结合"的方式完成会计核算和资金结算工作;省公司管理会计中心负责预算管理、风险管理、资产管理、资金管理、税务管理和财务分析等工作;综合管理中心负责培训、人员管理、配合检查、制度管理、文件管理、档案管理、绩效考核和会务管理等运营工作。地市级公司财务部门负责烟草地市级公司财务会计工作中的财务初审、凭证审核、支付确认工作;负责管理会计工作中的预算管理、资产管理、税务管理、资金管理等;负责综合管理中的运营分析、会计档案管理等。区县级公司财务部门负责区烟草区县级公司的财务初审、预算管理、资产管理、税务管理、资金管理和综合管理等工作。整体组织架构设置如图6-1所示。

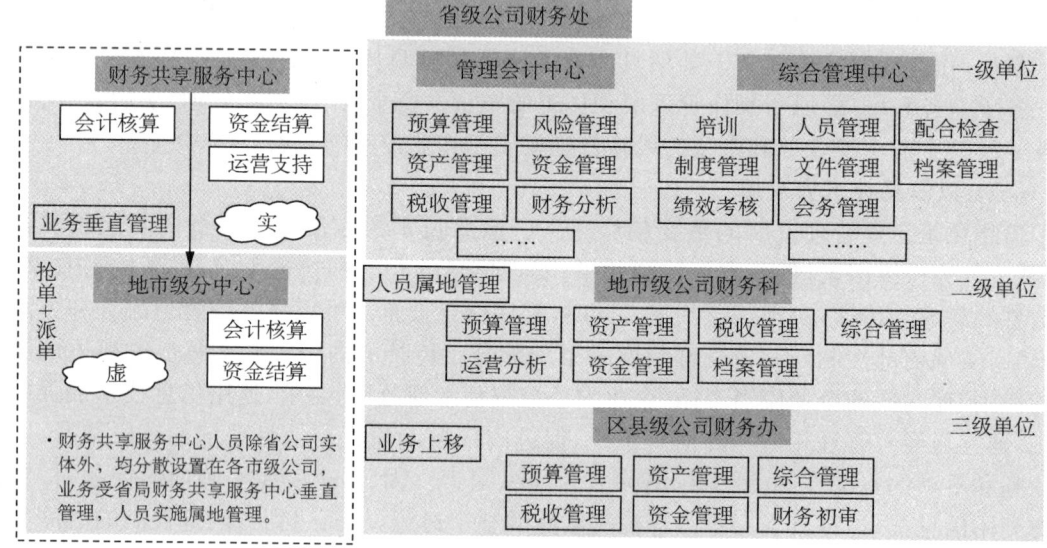

图6-1 整体组织架构设置

资料来源:周明星,付佳,等.烟草商业企业省级财务共享服务中心组织架构设计研究[J].商业会计,2022(20):21-25.

第三节 人力资源风险管理

一、人力资源风险识别

人力资源(human resources)是指企业组织生产经营活动而录用的各种人员,包括董事、监事、高级管理人员和全体员工。人力资源管理是每位管理者工作职责中一个不可缺少的组成部分,直线管理人员和人力资源管理人员都承担着人力资源管理方面的责任。人力资源管理应当主要关注以下风险:

(1)人力资源缺乏或过剩、结构不合理、开发机制不健全,可能导致企业发展战略难以实现。

(2)人力资源激励约束制度不合理、关键岗位人员管理不完善,可能导致人才流失、经营效率低下或关键技术、商业秘密和国家机密泄露。

(3)人力资源退出机制不当,可能导致法律诉讼或企业声誉受损。

延伸阅读 6-3

集团人力资源与公司人力资源的职能区分

集团人力资源负责主要制度规范,并对公司各项人力资源工作进行培训、指导、监督、审计;公司人力资源在集团人力资源制度框架下开展工作,对制度规范进行补充、明确实施细则。部分交叉人力资源工作的职责明确,如表6-1所示。

表 6-1　　　　　　　　　　　　　人力资源工作的职责

类别	工作事项	职责分工	
	交叉点	公司人力	集团人力
招聘	总监及以上职级	辅助招聘	主招聘,录用否决权
入职	总经理、人力/财务负责人	办公室、环境、人员熟悉	入职手续、新员工培训、合同签订
定岗	总监级	述职组织、定岗手续	调研
	总经理及以上	协助	组织、调研、审批
晋升	总监及以上职级	提名、审核	组织、考评、审批
转正	总监及以上职级	办理转正手续	组织、审批
聘用	部门副理及以上	提名、审核	审批、公告
调动	跨公司	协助	组织、审批、公告
离职	总经理及以上	协助	手续办理、公告
薪资	总经理、人力/财务负责人	提供考勤等工资辅助项	核算、审批

具体来看,主要应该从以下几个方面进行人力资源管理风险的识别。

(一)人力资源规划的主要风险点

(1)在人力资源规划过程中,可能因人力资源需求信息、供给信息和其他信息不准确、不相关等导致人力资源规划不科学、不合理。例如,在人力资源规划过程中,因理论依据的选择、领导传达的信息和价值出现偏差,从而导致人力资源政策走偏,出现背离。

(2)因人力资源规划工作的相关岗位设计不合理,相关岗位人力胜任能力不足、道德低下等导致企业人力资源规划不科学、不合理的可能性。人力资源部门的负责人与业务部门的负责人之间分工不明确,责任不清晰,从而导致人力资源规划过程中出现不和谐的现象,并有可能进一步导致人力资源政策不合理。

(3)在人力资源规划过程中,由于对外部环境的扫描和评估程序或方法不当,评估出现偏差。人力资源规划过程在很大程度上是企业在人力资源工作方面对外部环境变化的积极应对。

(4)人力资源规划过程中,对需求与供给的预测不准确,导致后续的人力资源配置计划、人力资源培训计划出现较大偏差的可能性。

(5)人力资源规划的变更缺乏合理的授权、批准和监督程序,导致人力资源规划变更不合理,人力资源规划缺乏约束力的可能性。

(6)人力资源规划缺乏领导的重视企业各部门的参与,导致人力资源规划无法实施或实施困难的可能性。

(7) 沟通机制不健全等原因,导致人力资源规划形成的各种政策、方针和工作计划无法有效地向有关人员传递的可能性。

(二)员工招聘与离职的主要风险点

1. 员工招聘的主要风险点

(1) 招聘成本的回报风险。一般情况下,人员招聘费用较高,如果招聘的人员不符合企业的实际需求,不仅会造成招聘成本无法回收,从长时间来看,还会给企业带来其他一些负面效应。另外,如果企业出现招聘条件与岗位的实际要求脱节,如企业拔高应聘条件,忽视岗位实际需求,不仅会加大企业本身的招聘成本,还会造成人力资源的浪费。

(2) 招聘渠道不恰当的风险。企业是通过内部招聘与外部招聘两种渠道。如果是内部招聘,可能在福利、薪酬、新老员工差异方面会出现一些问题,导致企业原有人才的流失;而外部招聘,通过广告的渠道,费用高但收效甚微,如果通过业内人士引荐、猎头公司推荐或者直接去竞争对手企业挖人,就需要提供具有竞争力的薪酬,相关的费用和薪资成本就会非常高。

(3) 应聘者的道德风险。企业的效益是通过人才能力的发挥来实现的,但是人才能力的发挥是无形的,对它的监督和控制非常困难,企业无法判断为了企业的利益,人才会发挥出多大的能力。而且在当前这个社会,一些只有假学历、假证书、假职称的"人才"更是道德风险的体现。

(4) 招聘工作缺乏效率与效果的风险。招聘速度是衡量人力资源管理工作的一个重要指标,对投递简历的应聘者反应速度越快,就越可能招到优秀的人才。如果招聘工作组织不当,就可能导致招聘速度过慢,让企业无法在规定的时间内获得所需的员工,导致招聘工作缺乏效率。

相关思考 6-2

人力资源招聘风险来自很多方面,除了上述风险,还有很多因素可能导致人力资源招聘风险,如信息不对称、招聘者的品质和动机问题、人员甄选时使用的测评工具与技术的局限性等。

2. 员工离职的主要风险点

(1) 关键技术或商业。企业中掌握关键技术的人才跳槽会将企业的关键技术带走,或者离职员工手上掌握着企业的商业秘密,如果帮助竞争对手将对企业的业务造成冲击。

(2) 客户流失。与企业客户直接打交道的销售人员,尤其是销售经理,掌握客户的第一手资料,与客户保持良好的交往,甚至与客户的关系非常密切,这些员工离开企业时经常会带走一批或大部分客户,甚至将客户带给竞争对手,使企业失去客户和市场。

(3) 岗位空缺。员工主动离职,直接的后果就是岗位空缺,关键岗位的空缺会使企业无法正常运转,高层管理人员离职后的空位成本会更高。

(4) 集体跳槽。企业中关键人才往往在员工中具有较大的影响力和感召力,甚至有一批忠实的追随者。因此,经常发生的情况是,某位关键人物如总经理和部门经理的离开会带走一批员工,结果可能导致企业瘫痪。

(5) 人心动摇。企业一旦发生员工离职,特别是关键岗位员工或管理人员离职,势必对未离职的员工产生负面影响,某些影响力大的员工离职事件会造成群体心理动荡,减弱组织的向心力、凝聚力,动摇员工对企业发展的信心。

(三) 人才测评与绩效考核的主要风险点

1. 人才测评政策风险

人才测评政策风险主要包括缺乏系统的测评政策、测评目的不明确及测评工作和方法不恰当。测评工作和方法不恰当,又包括测评工作适用范围和功能与测评目标不符,测评工具超出预期测评目标、测评指标不全导致测评目标不能完全实现及测评题目的格式和用词、测评程序不当等。

2. 人才测评执行风险

人才测评执行风险主要基于以下几点:未能进行良好的组织动员、测评时间和测评环境不当、测评程序安排不当、考评人的偏见等。

3. 绩效考核的主要风险

(1) 分工、合作混乱。绩效考评体系内最让管理者两难的业务是职能、责任的划分和相互关联绩效指标的确定。现代化大生产的基础是分工合作,在统一的考评体系中,岗位说明书要求严格的分工界限,避免职能和责任的混淆。而关键绩效指标在团队中又必须相容,由于绩效考评导致的混乱是经常发生的,组织在实施考评的每个要素时都必须考虑这个风险。

(2) 效率下降。任何一套绩效考评体系都不可能对员工的所有能力、所有行为、所有的成果都纳入进去,因此组织对考评的范围、考评的标准、考评的信息来源都有一个取舍过程。有一些组织设置多项,每项2到3分,常常从年初考评到年底都出不了结果,使得发放工资延迟,拖延到新一年的工作计划推出后。还有一些企业在日常的工作过程中需要员工做非常复杂的记录和填写大量的表格,以作为考评的依据。免得过了较长的时间,失去绩效证据。实践中常常出现重考评、轻业务改进的现象。结果考评不仅没有提高效率,反而降低了效率。

(3) 与法律、道德相冲突。我国的一些企业,由考评产生的法律风险,最常见的是组织"劳动合同"的违约。有的合同期限是3到5年甚至更长,而考评是1年修改一次,有的考评方式和结构化的考评工具直接与劳动合同发生冲突,如"末位淘汰制"常常不符劳动合同的条款。考评中打分的"积极性、主动性等"软性指标在合同中无法作为辞退员工的法律依据。还有的情况是装备的差异和个人能力的差异难以辨析的时候,对个人绩效的考评所带来的法律风险。

(四) 员工薪酬、激励管理的主要风险点

与员工薪酬相关的主要风险点有:战略研究风险、岗位分析风险、岗位评价风险、薪酬调查风险、薪酬定位风险、薪酬结构设计风险、薪酬体系实施和调整风险、薪酬政策执行的道德风险等。员工薪酬政策和员工激励政策的主要风险主要表现在政策制定风险和政策执行风险两个方面。影响企业薪酬和激励政策目标实现的风险因素主要包括外部环境因素和内部管理因素,以上这些风险因素均存在于薪酬政策和激励政策的制定和执行整个过程中。为了营造良好的人力资源内部控制环境,在员工薪酬政策和激励政策的制定过程中必须识别这些风险。

(五) 员工培训与劳动关系的主要风险点

(1) 企业通过员工培训不仅是要满足企业发展对具有胜任能力的员工的需要,同时也可以促进企业经营业绩的提高,确保员工培训有关信息的真实可靠,确保员工培训遵守法律、法规的要求,确保企业人力资源的安全,促进企业文化建设。为了营造一个良好的员工培训环境,保证培训政策的制定与执行能够实现企业与员工培训的目标,企业要关注因培训政策不适当导致企业培训效果低下以及因培训政策执行不到位而产生的风险,如在执行政策过程中,如果培训目的不明确,将会导致企业培训无效果,培训对象不清晰、培训方法不当将会导致企业培训效果低下。

(2) 劳动合同文本的不规范而引致的风险,如企业对国家法律、法规理解不透,而产生文本违反相关规定或产生歧义等。

(3) 劳动合同的签订不规范而引致的风险,如劳动合同新签过程中,员工到岗后故意不签订劳动合同的风险;劳动合同签订后,未给员工一份引致的法律风险;到岗后未告知员工录用条件,从而导致试用期无法考核的风险等;劳动合同续签过程中,劳动合同到期未及时续签,从而产生事实劳动关系的风险等。

(4) 企业规章制度不完善而引致的风险,如没有劳动规章制度或者劳动规章制度内容违法、特殊工时制度未经审批、不办理社保或住房公积金、工资发放没有记录、人力资源部门档案管理丢失或查询不到等,都会给企业引致相应的行政、经济和法律责任。

二、人力资源风险应对

(一) 人力资源规划的关键控制点

1. 授权审批控制

(1) 在人力资源规划工作中,对于各部门提交的人力资源需求与供给信息,必须经过各部门主管人员审核签字,并明确其相关责任。

(2) 人力资源规划过程中使用的战略规划数据、组织结构数据、财务规划数据及各部门年度规划数据等信息,必须经过各部门主管人员审核签字后才能使用。

(3) 企业应成立专门的人力资源供需平衡决策小组、委员会或由总经理、总经理授权人或专门的部门来负责企业人力资源供需平衡工作。

(4) 在人力资源规划过程中,人力资源部门应指定专人负责在相关数据的基数上对企业人力资源需求和供给的趋势进行分析,形成分析报告,报告在提交公司总经理或相关的决策小组、委员会讨论并批准后,方为有效。

(5) 人力资源规划过程中的供需平衡决策,要在总经理或相关的委员会会议讨论通过,并经全体成员签字同意后,方可作为进行下一步人力资源规划的依据。

(6) 人力资源部门根据经批准的供需平衡决策信息,组织相关人员汇总信息,拟写人力资源规划草案,并组织相关人员召开专项会议审核草案。

(7) 人力资源部门根据专项会议通过的草案,安排专人负责企业年度人力资源规划的编制和汇总,形成企业年度人力资源规划报告,规划报告经各职能部门负责人审定签字后,交由公司人力资源部门负责人审核通过,报请公司总经理审批生效。

(8) 公司人力资源部门负责组织实施年度人力资源规划报告的有关内容,并在公司内部做好沟通与传达工作,保障全体员工知晓公司人力资源规划的相关内容,保证人力资源规划实施的顺利进行。

2. 不相容职务分离控制

为保证决策使用信息的真实性相关性,在人力资源规划过程中决策使用信息的收集、鉴证和使用,人力资源需求计划的提出、审批、执行与监督需职务相分离,人力资源规划相关文件的保管、使用和审批,人力资源规划方案修改建议的提出、审批均需实行职务相分离。

3. 接触控制

(1) 人力资源规划的相关会议及会议决定,需要指定专人负责记录和整理,经过与会人员签字后存档。

(2) 公司人力资源部门应该将年度人力资源规划书作为重要机密文件存档,严格控制借阅,并将年度人力资源规划书的管理纳入公司有关商业机密和经营管理重要文件的管理制定。

(3) 编制人力资源规划书过程中使用和生成的各种报告应作为企业的机密文件存档,未经企业人力资源负责人审批,任何人不得调用。

(4) 若企业人力资源部门采用人力资源管理信息系统,企业人力资源部门负责人应根据上述权限,设定各相关人员对各种文件的使用权限,不得越权接近和使用。

4. 反馈检查的控制

(1) 企业内部审计部门应采用定期或不定期的方式,对人力资源规划的制定过程和实施情况进行审计和评价,并形成书面的审计报告。审计报告应提交公司审计委员会或类似机构。

(2) 企业人力资源部门应根据内部审计报告提出的缺陷进行分析提出处理方案,处理方案应提交总经理审批,同时抄送内部审计部门,内部审计部门认为必要时可以采取跟踪审计等措施。

(二) 员工招聘与离职的关键控制点

(1) 建立研发与技术团队,让关键技术或商业秘密为公司所有,而不是个人所有。在可能的情况下,不要过分依赖某一个或少数几个技术人员或工程师。如果是多人共同发明的技术申请专利时,专利权就不能为一人所有,而应该使专利权为大家所拥有。

(2) 对关键人才签订"竞业禁止"协定,要求企业的员工在任职期间不得兼职于竞争公司或兼营竞争性业务,在其离职后的特定时期或地区内,也不得从业于竞争公司或进行竞争性营业活动。

(3) 实施干部储备制度,平时注意培养有潜力的管理岗位接班人,减少和防止员工主动离职给公司带来的伤害和员工短缺成本。公司可以在业绩评价体系中增加一项"人才备用"指标,检测如果此人离开,他的工作将由何人接替,如果没有合适人选,说明这样的管理者其实是不称职的,这就要求管理者在一些关键会议、重要的交际场合等带着一些比较有潜质的下属参加,让下属充分掌握相关信息和资源,培养他的独立工作能力,这样可以保证管理岗位后继有人。

(4) 做好离职面谈。就离职事件与员工进行积极的沟通,了解其离开公司的原因,以利于公司在工作中改进和提高。同时也鼓励未离职的员工努力工作,让他们对前景充满信心。创建好的企业沟通关系和良好的人员关系,创造一种保持发展及激情的内部环境。

(三) 人才测评与绩效考核的关键控制点

1. 人才测评的政策控制

在制定人才测评政策时,要综合考虑到所处的行业性质、技术特点、组织规模及与组织利益相关的一些信息,其制定原则要确保公正客观、科学标准化、可行性与实用性相结合的原则,要制定系统的人才测评政策;要明确人才测评目的和测评对象,选择合适的测评工具和测评方法。

2. 测评小组的组织

由于测评人员对测评对象的评判有很多的主观因素,测评人员要有相应的经验和技能,能坚持原则,同时要了解被评测对象,特别要刻意消除评测过程中的偏见,不能让先入为主的印象、一见钟情的晕轮效应等干扰判断。

 延伸阅读6-4

面试官的晕轮效应

晕轮效应是一种以偏概全的认知偏误,在面试中,当考官对面试者的某种特质形成好或者不好的印象后,会倾向于根据这个特征去推断该面试者其他方面的特征,从而影响面试考官评分的有效性。其归纳起来主要有三个方面:一是总体印象影响了各独立维度;二是一个或者多个显著维度对其他维度产生了影响;三是评分者对各个维度之间区分不足而产生的晕轮。晕轮效应会引起考官的评价偏差,从而影响面试的信度和效度。晕轮效应会带来遮蔽性、弥散性、表面性和失真性,进而对面试考官的评分带来很大的影响,不利于企业挖掘人才资源和获得企业效益。其危害性主要体现在以下几个方面:首先,晕轮效应让考官对面试者形成认知上的偏见,容易错失人才;其次,表层的光环遮掩了人才潜在的本质,不利于组织客观地选拔人才;最后,受晕轮效应影响的考官评分,其偏差会对企业形象和信誉造成损害,不利于企业良好形象的树立。

资料来源:张小艳.面试考官晕轮效应及其对评分的影响研究[D].长沙:湖南大学,2018.

3. 测评方案的制定

测评方案用于确定测评对象、测评指标、参照标准及测评方法,是测评的基本依据。测评方法的正确与否,直接决定测评结果的正确与否。

4. 测评前的动员

测评要求测评人员要积极主动、认真对待测评,同时也要求被测评对象要积极主动配合、认真慎重地对待测评,否则很可能出现双方不能有效配合,对测评内容的不理解等现象,会造成测评结果的极大偏差。所以在实际执行测评前,一定要对测评人员和被测评对象加以动员和培训,让大家充分理解测评的目标和用意。

5. 绩效考核目标的选择

绩效考核的目标包括考核指标和目标值。绩效考核指标要结合企业的战略,要有利于企业战略的实现,同时指标数量要少,不能太多。目标值的选择要适合企业的现状体现,循序渐进的原则,是要通过努力能达到的目标。

6. 考核工具的选择

考核工具是实现考核目的的主要手段,不同的考核工具代表不同的考核方向,考核工具一定要适合企业目前的发展状态,是企业可以控制的。

 延伸阅读6-5

五种常见的绩效考核工具大盘点

第一类工具:关键业绩指标(KPI),KPI理论基础来源于二八原理,即一个公司价值创造过程中,每个部门或每个员工80%的成果,是由20%的关键行为完成的。抓住这20%,就抓住了主体。优点:与公司战略和预算目标组合成闭环,对于员工的关键结果有强大压力驱动,利于步调一致的管理。缺点:KPI关注量化结果,影响员工的利益特点,与创新产品、服务,提高用户体验度,增加用户黏性的理念相悖。

第二类工具:关键目标+关键结果(OKR),理论来源是德鲁克的管理者收购理论,目标自下而上地提出,指标保证公开承诺,并提出目标的关键结果是什么,考核的结果不直接应用在员工薪酬方面。优点:对目标层层分解,形成行动计划,实时对过程进行管控和评估,确保关键结果达成。缺点:重点是过程和行为,缺少有效的物质激励手段,员工动力系统不足。

第三类工具:360度评估反馈,理论来源英国陆军智囊团,在英特尔充分发展。由员工自己、上司直接部署、同仁同事甚至顾客等从全方位、各个角度来评估人员的方法。评估内容可能包括沟通技巧、人际关系、领导能力、行政能力等。优点:360度评估反馈几能让所有的员工都参与进来,提供了上级和下属间沟通的公开平台。缺点:考核成本高、信息不真实、考核培训难度大、高管主观意志影响大等。

第四类工具:平衡计分卡(BSC),由卡普兰和诺顿研究发明,后来发展衍生出战略地图。从财务、客户、内部运营、学习与成长四个角度,将组织的战略落实为可操作的衡量指标和目标值的一种绩效管理工具。优点:BSC反映组织综合经营状况,使业绩评价趋于平衡和完善,利于组织长期发展。缺点:不能单独使用,要和KPI或激励手段组合使用,设计要求较高。

第五类工具:薪酬全绩效(KSF),理论基础是将KPI+OKR+BSC结合,组合了绩效和薪酬的方法,汲取了各个工具的优势。提取考核对象的核心价值点,设计3~6个关键指标,每个指标配置不同的权重和平衡点,当实际贡献成果超过平衡点,即获得奖励。优点:代表岗位定薪或职级定薪,增加带宽,以价值定薪方式,以结果说话,实现多劳多得,使用场景广泛,减少了计薪、加薪的难度。缺点:对于没有绩效基础的企业,需要梳理数据和建立适用管控监督流程。

资料来源:乔木.五种常见的绩效考核工具大盘点[EB/OL].(2019-09-06)[2023-03-02]. https://zhuanlan.zhihu.com/p/81393922.

7. 选择和培训考评人

考评人是实施考核方案的主要责任人,考核的成败系于一身。首先,要求考评人要有正确的认识。考评人要充分明白公司考核的目的和意义,对绩效考核工作要有充分的热情。其次,要求考评人要能公正处事,坚持原则,不徇私情,不存偏见。最后,要求考评人要具有充分的绩效考核的知识,对企业、行业、竞争状况等都要有较为全面的了解。

8. 绩效考核结果的分析和评价

通过挖掘绩效考核数字背后的原因,找到影响和制约绩效考核结果的根本因素,并通过相应的分析作出完整而深刻的评价,是绩效考核的重要目标之一,同时也是绩效考核的难点之一。

9. 绩效考核结果的反馈

将绩效考核结果反馈给被考核人,尤其是面对面的绩效面谈,是考评人和被考核人直接主管的很重要的工作。只有让被考核人了解原因、认可结果,主动思考和行动,绩效考核才能真正起到激励的作用。

10. 绩效考核结果的运用

将考核结果与薪酬激励、培训,晋升等挂钩是运用的关键之处。但如何运用、怎么挂钩是控制的关键之处和难点所在。

延伸阅读6-6

BLKJ公司人力资源内控不合理的处罚案例

2020年度湖南证监局对BLKJ公司进行现场检查,并于12月31日对BLKJ公司及相关责任人出具警示函。在其违规事实中,除了信息披露不及时和应收账款坏账准备计提不准确,该公司还在应收账款管理内部控制中存在缺陷。其主要原因系公司的项目绩效管理主要从进度、质量、成本控制等方面进行考核,未考虑款项收回进度等因素,公司在薪酬考核管理中也未针对销售回款任务制定考核激励约束制度,致使项目管理与应收账款催收脱节。

该公司已披露的《2019年年度报告》显示,公司报告期末应收账款账面价值6.86亿元,占当期流动资产比例32.87%,2019年计提坏账准备6.44亿元,占应收账款余额的48.40%。年报中在"可能面对的风险"事项中提到,"……应收账款不能及时回收将给公司带来营运资金压力并会导致坏账风险"。

《企业内部控制应用指引第3号——人力资源》第十条的规定:"企业应当建立和完善人力资源的激励约束机制,设置科学的业绩考核指标体系,对各级管理人员和全体员工进行严格考核与评价,以此作为确定员工薪酬、职级调整和解除劳动合同等的重要依据,确保员工队伍处于持续优化状态。"上市公司未将销售回款作为销售人员和高管的绩效考核指标之一,考评指标设置不全面,容易导致员工利用制度漏洞,一味提升销售业绩,放宽客户身限,忽视客户回款进度,进而造成公司面临期末大额应收账款计提坏账准备的风险。上市公司建立内部员工考核制度尤其是针对销售人员的绩效考核,应当将应收账款回款情况作为考核评价的重要因素之一。

资料来源:审计观察.证监会公布13起由内控缺陷引发的典型违法案例(附内控监管要点)[EB/OL].(2021-02-02)[2023-03-02].https://mp.weixin.qq.com/s/-exqhhB5QilzwDJlCaT90w?.

(四)员工薪酬、激励管理的关键控制点

1. 员工薪酬政策的关键控制点

员工薪酬政策的关键控制点包括制定科学合理的员工薪酬策略、合理运用岗位分析方法、建立岗位评价机制、制定科学的薪酬调查流程、定位准确的企业薪酬、制定科学的薪酬结构、建立企业员工薪酬管理风险预警体系、建立风险责任机制等。

相关思考 6-3

企业想要吸引和留住人才,就要与社会上的类似企业保持可比性或者一致性,还要做好不同岗位的价值评估,那么企业在制定员工薪酬政策时应该如何保持外部公平性和内部公平性?

2. 员工激励政策的关键控制点

员工激励政策的关键控制点包括设定激励的目标、做好激励需求的调查、进行激励方式和激励时机的选择、确定激励的力度、评估激励的效果等。

(五)员工培训与劳动关系的关键控制点

1. 员工培训的关键控制点

员工培训要遵循层次性、针对性、系统性及科学性的原则。为了保证员工培训效果应该从以下方面对员工培训进行控制:确定培训的需求、进行培训内容和培训方式的选择、对培训效果进行评估。其中对培训效果进行评估是一个关键环节,通过培训效果评估,可以发现企业在需求调研、内容选择和方式确定方面是否达到预期效果。通过知识转移的评估,可以评价企业培训的实际效果,进行成本效益分析。

2. 劳动关系管理的关键控制点

劳动关系管理的控制点包括劳动合同的签订、劳动保护的设置、人力资源档案管理和相关法律的遵守。

延伸阅读 6-7

员工援助计划

员工援助计划(Employee Assistant Program, EAP)。最早出现于20世纪40年代的美国。EAP是一

种面向专门组织的综合性心理健康服务,内容包括压力管理、职业心理健康、裁员心理危机、灾难性事件、职业生涯发展、健康生活方式等各个方面,全面帮助员工解决个人问题。EAP 服务充分发挥心理学对企业生存发展的作用,通过专业人员对组织以及员工进行诊断和建议,为其管理者和员工提供管理及个人心理帮助的专家解决方案,提供专业指导、培训和咨询,帮助员工及其企业解决相关心理和行为问题,提高员工个人绩效和组织整体效能。如今,由于 EAP 对企业提高劳动生产率以及形成健康积极的企业文化的作用,已为世界各知名企业所广泛接受,成为现代企业人力资源管理的重要手段。

资料来源:倪春丽.谈人力资本管理中 EAP 的内涵、功能与应用[J].商业时代,2012(21):100-101.

第四节 采购业务风险管理

一、采购业务风险识别

采购业务(procurement business)是指购买物资或接受劳务及支付款项等相关的活动。企业需要在采购业务中关注的主要风险包括以下几个方面:

(1) 采购计划安排不合理,市场变化趋势预测不准确,造成库存短缺或积压,可能导致企业生产停滞或资源浪费。

(2) 供应商选择不当,采购方式不合理,招投标或定价机制不科学,授权审批不规范,可能导致采购物资质次价高,出现舞弊或遭受欺诈。

(3) 采购验收不规范,付款审核不严,可能导致采购物资金损失或信用受损。

采购业务又存在以下具体的风险点。

(一) 采购合同方面的风险点

1. 签订虚假经济合同,套取资金

材料采购合同主要是由企业的计划部门和物资等相关职能部门负责签订的。如果缺乏监管,有些企业内部的合同经办人员为了牟取私利,可能会与合同的对方当事人相互串通,签订虚假的经济合同,套取企业资金,给企业造成不必要的损失。

2. 价格虚高,合同条款表述不清

很多企业在签订合同时缺乏必要的市场调研,对市场信息掌握不够,未按市场行情及时调整价格,未进行招标,对价款组成部分的包装费、运输费缺乏明确约定等。此外,合同条款内容未按规范进行表述,容易使合同双方在供货时间、标的物规格及费用的负担上引起不必要的纠纷。

3. 合同条款执行不严,未能有效追究违约责任

有些企业材料采购合同条款中,违约责任的规定形同虚设,不能严格予以执行;有些企业计划、仓储与验收、生产部门脱节,导致合同履行不力,甚至出现对方单位没能完全履约或者在货未到全的情况下全额付款,给企业造成经济损失。

延伸阅读 6-8

STAT 公司采购业务的处罚案例

山西证监局通过对 STAT 公司进行现场检查,发现如下关于采购业务的内控问题:公司对关联方的付款管理不到位。公司关联采购未能严格按照合同约定或货物入库金额付款,其间存在大额预付款项的情

况。公司还存在其他关联交易不规范的情形,如公司关联销售和关联采购结算政策不对等、关联交易协议约定内容不明确等情形,因此,山西证监局于 2020 年 11 月 10 日对上市公司采取责令改正的措施。

上述情形违反了《企业内部控制应用指引第 7 号——采购业务》第十三条第四款的相关规定,"企业应当合理选择付款方式,并严格遵循合同规定,防范付款方式不当带来的法律风险,保证资金安全。"上市公司对关联方存在大额预付款项,容易影响公司营运资金正常流转,且极易构成关联方经营性资金占用,对公司日常经营活动产生重大不利影响。

资料来源:审计观察.证监会公布13起由内控缺陷引发的典型违法案例(附内控监管要点)[EB/OL].(2021-02-02)[2023-03-02]. https://mp.weixin.qq.com/s/-exqhhB5QilzwDJlCaT90w?.

4. 合同行为不正当

卖方为了改变在市场竞争中的不利地位,往往采取一些不正当手段,如对采购人员行贿套取企业采购标底、给予虚假优惠、以某些好处为诱饵公开兜售假冒伪劣产品等,以此损害公司的经济利益。

(二)采购成本方面的风险点

1. 采购前期费用

一般来说,材料供应计划确定以后,供应部门就会着手开始采购活动。采购的前期工作包括市场调查、质量评审、信用评估、供需洽谈及派出人员现场调查等。前期工作如果完成得不好,就会出现信息失真、欺上瞒下、差旅费用过高等问题。

2. 采购价格

采购价格直接决定原材料的采购成本。确定数量的产品最终所需要的原材料数量是确定的,因此采购价格的高低会极大地影响产品制造成本。采购活动中经常出现的价格差,关键是由供应者与采购者的市场信息不对称所致,供应者凭借较为充分的相关信息,常常占据较大的优势。

3. 采购批量

企业生产宏观的连续性和微观的周期性,决定了企业持续而且成批量采购,采购次数越频繁,储备资金越低,资金周转率越高,但采购前期费用和采购价格就会越高。

4. 质量特性

不同产品所用的原材料质量等级不同,同一产品不同部位使用的原材料质量等级也不同,因此,应按其质量特性高低划分为不同等级进行分类管理,并实施不同的控制。

二、采购业务风险应对

(一)采购合同风险的对策

1. 对采购合同进行全方位内部审计

在采购合同审计中,企业应运用签约审计、结算审计与消耗审计相结合的审计策略应对合同风险。签约审计重点是针对材料采购合同中盲目采购、虚假采购和扩大消耗、虚增成本等问题。为防止不合理的采购造成库存积压和损失浪费现象,按照先平库、后采购的原则,审查采购计划的真实性、合理性,提高资金使用效率;另外,贯彻订货选厂、产品选型、质量选优、价格选廉、运距选近、供货选快、服务选佳的宗旨,做好合同条款和价格的审计。结算审计是材料采购合同价款支付之前的最后一关,针对经常容易出现的高于合同约定结算、不按合同条款履行、结算手续不完善、结算多付款等问题。企业应该以合同约定为依据,做到物资验收单、运货单、发货票与合同书约定相符,入库产品的品种、规格、质量、价格与合同约定相符。消耗审计作为一种跟踪审计手段,主要目的是监督真实消耗,通过核实计划用量与实际用量之间的差异,防止实物短缺、物资散失及变卖行为,并提出相关的管理建议。

2. 审查采购合同价格

为确保采购合同价格审定的科学、合理与公平,企业可以根据实际情况,采取以下价格审查方法:一是价格咨询法,对价格变动频繁且市场用量较大的通用材料,以及价格相对公开的产品,利用上网咨询、电话咨询等方式,掌握当期价格的升降幅度以及变动因素,从而提供合理的市场参考价格;二是中标价格法,按照《中华人民共和国招标投标法》的规定,对大宗物资、大宗材料,采取货比三家的招标采购方式,落实中标价格和中标品种;三是最高限价法,对政府定价的产品和价格相对稳定且价值较低的物资,根据历史资料,直接实行最高限价;四是价格库应用法,在建立管理信息系统的企业,凡是已经签约过的价格全部存放在价格数据库中,随时调阅、修正,实行自动比价;五是成本测算法,对新产品和特殊加工制造产品实施成本测算,依据产品的科技含量和技术标准,测算人工、材料、机械费用,科学确定产品价格。

(二) 采购成本风险的对策

1. 充分进行采购市场的调查和信息收集

一家企业的采购管理要达到一定水平,应充分注意对采购市场的调查和信息的收集、整理,只有这样,才能充分了解市场的状况和价格走势,使自己处于有利地位。有条件的企业可以设专人从事这方面的工作,定期形成调研报告。

2. 建立严格的采购制度

建立严格、完善的采购制度,不仅能规范企业的采购活动,提高效率,杜绝部门之间的扯皮现象,还能预防采购人员的不良行为。采购制度应规定物料采购的申请、授权人的批准权限、物料采购的流程、相关部门的责任和关系、各种材料采购的规定和方式、报价和价格审批等。

3. 建立供应商档案和准入制度

对企业的正式供应商要建立档案。供应商档案除有编号、详细联系方式和地址外,还应有付款条款、交货条款、交货期限、品质评级、银行账号等,每一个供应商档案都应经严格的审核才能归档。企业的采购必须在已归档的供应商中进行,供应商档案应定期或不定期地更新,并由专人管理。同时要建立供应商准入制度。重点材料的供应商必须经质检、物料、财务等部门联合考核后才能进入,如有可能要到供应商生产地实地考核。企业要制定严格的考核程序和指标,要对考核的问题逐一评分,只有达到或超过评分标准者才能成为归档供应商。

4. 建立价格档案和价格评价体系

企业采购部门要对所有采购材料建立价格档案,对每一批采购物品的报价,应先与归档的材料价格进行比较,分析价格差异的原因。如无特殊原因,原则上采购的价格不能超过档案中的价格水平,否则要作出详细的说明。对于重点材料的价格,要建立价格评价体系,由公司有关部门组成价格评价组,定期收集有关的供应价格信息,以此分析、评价现有的价格水平,并对归档的价格档案进行评价和更新。这种评议情况可一季度或半年进行一次。

5. 选择有利的付款条件

如果企业资金充裕,或者银行利率较低,可采用现金交易或货到付款的方式,这样往往能带来较大的价格折扣。此外,对于进口材料、外汇币种的选择和汇率走势也要格外注意。

6. 把握价格变动的时机

材料价格会经常随着季节、市场供求情况而变动,因此,采购人员应注意价格变动的规律,把握采购时机。例如,企业所用的主要原材料价格不断上升,采购部门能把握好时机和采购数量,就会给企业带来很大的经济效益。

7. 以竞争招标的方式牵制供应商

对于大宗物料采购,一个有效的方法是实行竞争招标。此举往往能通过供应商的相互比价,最终得到底线的价格。此外,对同一种材料,应多找几个供应商,通过对不同供应商的选择和比较使其互相牵制,从而使公司在谈判中处于有利的地位。

8. 向制造商直接采购或结成同盟联合订购

向制造商直接订购,可以减少中间环节,降低采购成本,同时制造商的技术服务、售后服务会更好。另外,有条件的几个同类厂家可结成同盟联合订购,以克服单个厂家订购数量少而得不到更多优惠的矛盾。

 延伸阅读6-9

招投标领域违纪违法手段多样

1. 在工程建设等招标活动中不走程序、规避监管

《中华人民共和国招标投标法》中明确规定,任何单位和个人不得将依法必须进行招标的项目化整为零或者以其他方式规避招标。但在实际工作中,部分单位存在通过直接发包、项目分拆、内部邀标等方式逃避招标程序。一是以集体决定代替法定程序,直接发包。一些建设单位人员特别是基层农村干部不了解招投标制度相关规定,往往以集体决策代替法定招投标程序,直接将项目交给关系户来做。例如,某村经村"两委"和村民代表会研究,决定将村部原闲置旧房屋改造成村居家养老服务中心,根据规定,此工程必须进入镇公共资源交易站交易,但该村自行联系施工方,并签订了施工协议,规避镇公共资源交易站的监管。二是以项目分拆形式降低标的,规避招标。为规避招投标,故意将工程项目肢解为若干小项目或分阶段实施。例如,某村党总支书记张某某为了省事和加快项目进度,与其他村干部商定,将一项土地复垦项目违规拆分成两个预估金额低于50万元的工程,不进入县农村产权交易服务站招标,而是在工业园区农村产权交易服务站进行运作。三是以内部违规邀标替代公开招标。通过以内部邀请或询价的方式替代公开招标,在编制招标文件时人为设置限制条款等多种方式"明招暗定"。例如,某县水利农机局原副局长某某受建设工程公司毛某某请托,在局长办公会上提出,水库清淤工程施工工艺特殊,施工环境复杂,拟采用邀请招标的方案,由于毛某某经营的公司资质不符合条件,张某某让其找三家单位参与邀请招标,毛某某找的其他公司中标该工程后,由毛某某的公司挂靠该公司进行了具体施工。四是以既成事实、先斩后奏的方式补办手续。让施工单位先行进场施工再办理邀标或履行招投标手续,招标后又擅自变更合同内容。例如,某社区通过法院招商竞买的方式取得土地及厂房产权,该社区领导沿袭过去习惯思维、传统做法,直接决定建设企业先行进场施工,不经过正规招投标程序,两年以后再完善相关招标手续。

2. 在投标过程中弄虚作假,串标围标,谋取利益

招标的目的就是要通过公开发布信息,获得多家投标者参与竞争,以择优中标。但部分单位通过挂靠资质或串标围标等方式以满足招标条件,对招标质量造成很大影响,为后期项目的实施埋下隐患。一是挂靠资质,行贿送礼。一部分投标企业不符合招标条件,在投标时挂靠资质,并向有关人员行贿、送礼。例如,个体工程承包商薛某某在自身无相应资质的情况下,以挂靠其他公司名义承接工程,为谋取竞争优势,先后多次向挂靠资质公司的董事长徐某行贿后不经招投标直接承接相关工程。二是挂靠企业,中介提成。有些根本没有实体企业的人员,凭借社会关系,借用挂靠企业接洽业务,从中拿提成、中介费。例如,某单位退休职工张某,利用亲戚担任省某事业单位负责人关系,与某印刷厂商谈,以该厂名义承接此事业单位的印刷业务,5年时间张某从中获利数百万元。三是串标围标,违法分包。通过支付"陪标费"的形式,让多家有资质单位参与投标、相互串通抬高报价,以提高中标率。例如,某公司在某中学新校区建设工程投标过程中,与其他2家企业串通,借取了18家建筑企业资质参与投标,在开标前串通投标报价,开标后再向串通的投标企业结算、支付资质使用费。此外,一些投标单位中标以后违规执行合同,私下分包给与其有利益关系的施工单位,赚取利润差价。例如,某公司向分管工程项目的时任交通部门领导行贿,借用其他企业的从业资质承接工程项目,后将该项目的主体或关键性工程分包给他人,从中赚取高额利润。

3. 在招投标监管过程中滥用职权、失职失责

部分行政主管部门在履行监管职能时,存在监管不力、执法不严的情况,导致腐败案件的滋生;有的甚至以言代法、以权压法,直接干预招投标活动,破坏法定程序,权钱交易现象时有发生。一是以权谋私,插手干预。一些领导干部与招标代理机构、投标人以及施工监理之间利益输送,肆意干预和插手招标投标、工程分包、工程款支付等活动,为他人谋取利益,收取贿赂。例如,某市建设工程招标投标管理办公室原副主任陈某某滥用监管权力,大搞权钱交易,在建设工程项目招投标,招标代理资质延续办理,招投标投诉、质疑和复议事项处理等方面为多家企业谋取利益。二是监管不力,履职缺位。相关职能部门对投标方资质审查、评标专家监督、标后质量监管等重点环节的廉政风险防控不到位,滋长了招投标领域违纪违法腐败案件的发生。例如,某县人民医院申请采购血透设备,县财政局政府采购管理办公室副主任黄某某违反监管规定,没有到现场监督开标评标活动,也没有对评标专家抽取进行监督,未能及时发现该院违反规定抽取评标专家组织评标的行为。三是内外勾结,直接帮助。例如,某县招投标管理中心工程科原副科长薛某某利用职务之便收受贿赂,多次将道路工程、社区建设工程等工程招投标信息透露给包工头王某、陈某等人。

招投标领域案件易发多发的主要原因有:监管体系存在漏洞、涉案人员法治意识淡薄、违纪违法行为成本较低等。以上行为都为违纪违法行为发生提供了可乘之机,因此要以监督效能促进治理能力提升。

健全完善招投标制度体系。一是建立信息信用公开制度,制定信用标准、明确失信行为,并公示行业处罚决定、不良行为记录和运作规范、信誉良好的企业,提供社会公众查询,创造诚信得彰、失信必惩的良好市场环境。二是完善交易和监管平台,运用科技化、信息化手段,发挥互联网优势,将招标相关信息集中整合、公开发布,增强招投标管理透明度,杜绝暗箱操作,为投标企业及市场各方提供透明高效的网络平台。三是建立健全招投标运行机制,进一步规范招标文件范本、改进资格预审办法、严格开评标现场管理等。同时,对一定标的额以下的工程项目、集体资产资源等的招投标,可适当简化交易程序,并制定相应的具体操作办法。

加强对相关党员、干部的监督管理和风险防控。一是形成多部门联动机制。招投标监督管理涉及财政、发改、国土、审计、建设、纪检监察等多个部门,多部门密切配合,严厉打击租借、挂靠、出让代理资格等违规代理行为,规范市场秩序。二是开展日常监督检查。对招投标工作进行定期和不定期监督检查,把制度执行情况纳入党风廉政建设责任制检查考核和领导干部述职述廉内容,及时纠正制度执行不力的行为,严肃查处严重破坏制度的行为。三是加强涉及招投标领域党员、干部廉政风险教育,深入查找招投标各环节的廉政风险点,对招标活动全过程备案,从细从严制定防控措施,将每个环节的监督责任落实到人,做到防患于未然。

加大对违纪违法行为的惩治力度。一是加大执法检查力度,通过联合执法检查、专项治理,保证招标投标法中列举的违法违规行为的处罚能真正落到实处。二是行业主管部门加强对招投标活动的监管,紧盯招标采购中出现的串通投标、虚假招投标、滥用评标权、符合条件应招标而未招标等行为,加大处罚力度;纪检监察机关立足监督的再监督,督促相关单位部门认真履行监管职能,对党员干部、公职人员在招投标中违纪违法的,发现一起查处一起,对问题突出、发生窝案串案的单位和地区,要严肃问责追责。三是发挥查办案

件的治本功能。深入剖析招投标领域典型案件,以问题为导向,认真查找体制机制制度方面存在的缺陷和漏洞,对查处的腐败案件定期公开曝光,强化震慑作用,加强以案促改,做好查办案件"后半篇文章"。

资料来源:中央纪委国家监委网站. 严惩招投标领域违纪违法行为[EB/OL].(2021-04-08)[2023-03-02]. https://www.ccdi.gov.cn/yaowen/202104/t20210408_239290.html.

第五节 研究与开发风险管理

一、研究与开发风险识别

研究与开发(research and development)是指企业为获取新产品、新技术、新工艺等所开展的各种研发活动。研究与开发可以区分为研究阶段与开发阶段。研究阶段基本是探索性的,是为进一步的开发活动进行资料及相关方面的准备。相对于研究阶段而言,开发阶段应当是已经完成研究阶段的工作,在很大程度上具备了形成一项新产品或新技术的基本条件。因此研究阶段与开发阶段所面临的风险是不同的。研究与开发风险(research and development risk)为企业对新产品开发的内外环境不确定性估计不足或无法适应,或对新产品开发过程难以有效控制而造成新产品开发失败的可能性。研究与开发风险主要有以下三点:

(1) 研究项目未经科学论证或论证不充分,可能导致创新不足或资源浪费。
(2) 研发人员配备不合理或研发过程管理不善,可能导致研发成本过高,舞弊或研发失败。
(3) 研究成果转化应用不足,保护措施不力,可能导致企业利益受损。

具体来说,应该从以下几个方面进行风险识别。

(一) 论证风险

论证风险是指研究项目未经科学论证或论证不充分,可能导致创新不足或资源浪费的风险。

(二) 研发技术风险

研发技术风险可以定义为发展某项新设计所包含的风险,发展这项新设计、新技术的目的是要提高系统的性能水平,但却可能因为受到某些约束条件的作用而使目标难以实现。其中,许多研发技术风险往往是对新系统和新设备提出前所未有的性能要求造成的。

1. 技术方案风险

技术方案不合理,会导致后续设计产品的质量、性能不能达到设计要求,并造成后期设计变更,影响到项目的进度。

2. 不成熟的新技术

新技术的运用,还需要周边的配套系统都能与之匹配,且其生产工艺和可靠性得到验证。项目不能过度依赖一些新的"边缘"技术,如果项目团队对技术、工艺没有足够的经验,将会给项目留下不可估量的风险。研发一个大型工程项目,最终要求投入使用,不是纯理论的研究,要求最终产品有足够的可靠性。

3. 系统复杂性过高

系统的复杂性可能导致管理难度增大、设计反复增多、进而影响到项目的质量和进度。

4. 不成熟的工艺

采用的工艺如果不成熟会对工程项目产生不利影响,包括项目开发周期以及产品性能。

在方案设计阶段以及设计细化过程中,设计人员应该充分考虑工艺可行性,尽可能采用成熟的工艺。

5. 认证试验风险

不同市场都有系列强制性法规要求,必须通过相应机构的认证试验方可上市。试验的多次失败和重复,会造成进度拖延以及人力、物力等成本的增加,同时也会对新产品上市时机造成影响。

6. 设备风险

新产品设计中的新结构、新工艺往往会产生对现有设备进行调整或需要引进新设备。这需要在方案设计阶段即考虑,防止由于设备无法满足设计要求,达不到设计目标,或者造成新产品投入超标。

7. 产品的可靠性、可维修性设计

在产品设计中,要充分考虑可靠性及可维修性,否则将会影响产品的使用,引起最终用户的抱怨。

(三) 研发管理风险

1. 决策延误

上级拖延批准签订合同或者项目进入下一节点等,造成项目计划进度中断,会产生决策延误风险。

2. 项目进度风险

计划制定过程中,对项目本身不熟悉或者为了满足客户要求盲目压缩项目周期,会在项目运行中出现进度风险,而为了赶进度,往往通过增加人员、加班等措施来补救,会额外增加费用,同时,对项目质量也是一个考验。

3. 项目变更

项目方案的不可预测的变更,可能对项目的进度、技术、费用等各个方面产生影响。

4. 沟通风险

研究与开发需要多专业、多部门、多单位共同合作,如果沟通不到位,信息不对称,不能及时发现和解决问题,会导致设计效率低下,并可能造成质量和进度风险。

5. 项目范围

项目范围定义不清楚,会在项目执行中造成项目组与客户对于范围理解的冲突。

6. 人力风险

项目成员的稳定性、责任心及能力水平,直接影响到项目的进度、质量。

(四) 研发系统环境风险

按照风险来源划分,研发系统环境风险分为客户风险、供应商风险、分包商风险等。研发过程需要客户方技术人员与项目组同步开展,客户方技术员能力、稳定性以及数量,直接影响到对项目的支持力度以及项目试制生产阶段的消化吸收。客户方的生产试验设备、工艺水平等,会影响新产品的品质。

客户的决策能力、协调能力、组织能力、管理的规范化程度等直接影响项目组的沟通交流,并间接影响项目的质量、进度。客户对项目方案、进度以及质量等提出的不合理要求,直接影响到项目成败。研发项目分为多个项目节点,需要客户进行评审确认,如果客户迟迟不签字确认,就会影响项下一节点的开展,有时,客户还会在确认节点后,又推翻原有结论,会造成项目范围以及进度的变化。

客户的资质以及信誉度,影响项目款项能否及时支付以及供应商对于项目的配合,进而影响项目质量和进度。

在设计过程中,需要供应商介入同步进行零部件的内部结构开发以及工艺分析。供应商技术能力、稳定性、数量,影响开发的进度以及设计的质量,设备情况、工艺水平等,都会影响零部件的质量。

除了上述风险,企业还应考虑政策法规风险、政治经济风险、自然风险等。可见,研发过程中面临着各种各样的风险,但在实际研发过程中,考虑成本费用原则,企业要特别关注技术风险、资金风险、进度风险等重要风险,进行重点控制。

二、研究与开发风险应对

(一)做好新产品开发项目的选择和中止决策

新产品创新的投入是一个逐次进行的过程。因此,一个产品开发项目失败或中止的时点越往后,则累计投入越来越大,风险损失也会随之递增。

对一些没有前途的产品开发项目,如果不及时中止,还会占用企业大量的人力、物力和财力,产生新产品开发的资源短缺问题。在产品开发的早期阶段,如设计和试验阶段,做好项目的选择和中止决策,能实现对资源的合理分配,减少不确定性。让较少的项目处在危险之中是降低企业产品创新风险的最好办法,在全面介入之前,企业必须反复评价和提炼产品设计,以便执行最好的产品设计。

(二)加强新产品开发人员之间的信息交流

由于新产品开发被看成是一个信息的收集、评价、处理、传递和应用的过程,产品开发小组的任务就是最大限度地收集关于用户需求、技术和竞争环境以及所需资源的信息,以减少不确定性,不确定性降低得越多,产品获得商业化成功的可能性越大。在开发小组中,来自不同职能部门的人扮演着不同的角色。例如,市场营销人员主要立足于降低有关市场营销信息的不确定性;研发人员主要负责有关技术信息的不确定性,产品开发的过程就是一个不确定性逐渐减少的过程。因此,加强不同职能部门的人员,如研发、市场营销、工程、制造以及外部顾客和供应商之间的交流,能实现信息共享,降低不确定性,从而降低风险。

(三)加速产品开发

比竞争对手更快地投入新产品,能够使企业在竞争中处于主动地位,为企业创造许多发展机会,如建立产品标准,取得技术领先地位,对顾客需求作出快速反应,实现高额利润等,从而降低产品开发风险。

(四)合作产品开发

随着科学技术的发展,市场竞争程度的加剧,市场对新产品的要求不断高,有时企业不可能具有所有的新产品开发所需的人才和设备。在这种情况下,与其他企业和科研单位共同开发、销售新产品,可以加强企业的薄弱环节和分散研究开发风险。

(五)选择好新产品投入市场的时机

掌握好新产品投入市场的时机,是降低产品创新风险的另一重要方法。如果新产品相对于老产品投入市场过早,就会影响老产品的收益最大化;反之,在老产品开始衰退时仍没有新产品投入市场,就会造成销售额和利润剧烈下降,使企业陷入困境。如果新产品相对于竞争者的新产品投入市场过早,会面临难以被顾客接受的风险;如果新产品相对于竞争对手的新产品投入市场过晚,竞争将非常激烈,没有较强的成本、质量或服务优势是很难取得成功的。

对改进型产品来说,在老产品销售额开始下降(或销售额最大)时投入市场较为合适,既不影响原有产品的销售,又能使新产品尽快被市场接受;而对于创新型产品来说,应尽早投入市场,因为创新型产品被市场接受需要较长的时间;企业在早期阶段可以获得较多的利润,以尽快弥补开发费用;创新型产品技术变化速度较快,所用技术被新技术取代的可能性更大。

此外,新产品入市时机的选择,除所考虑的市场因素外,也要考虑新产品本身的技术成熟程度。新产品研制工作完成后,未经试产、试销、试用反复验证改进,在质量尚未过关的情况下,就匆忙地大量投入市场,一时可能得到一些利益,但终究要以败坏产品声誉而告终;反之,在市场激烈竞争情况下,若一种技术过关的新产品,不迅速投入市场,就会坐失良机。

 延伸阅读6-10

研发至上——佳讯飞鸿研发案例分析

佳讯飞鸿作为中国领先的智慧指挥调度全产业链综合解决方案提供商,深耕细分市场、聚焦主业,凭借技术领先优势、持续创新能力、高成长性及位居前列的市场占有率,先后获评北京市"专精特新"中小企业、北京市专精特新"小巨人"企业、国家级专精特新"小巨人"企业,公司的强竞争力和行业领跑力得到国家级认可。

一、专而求其精,指挥调度国产优势凸显

创新是引领发展的第一动力。佳讯飞鸿作为指挥调度产业的践行者,深耕行业多年,经历并推动了模拟、数字化、IP化、ICT融合化的技术迭代历程,持续满足并引导客户需求,专而求其精,以数字化带来通信质量飞跃,用ICT技术助力业务创新发展。

在新ICT技术领域,佳讯飞鸿通过优化重组客户调度业务,以新ICT架构加速信息沟通、助力信息共享,逐步实现覆盖到行业客户各级各层的高效安全、交互畅通、共享协同的融合通信平台。伴随着5G网络快速建设,万物互联时代的到来,佳讯飞鸿的智慧指挥调度系统不断升级完善,综合运用云计算、融合通信、人工智能、移动通信、视频监控、增强现实、GIS等先进技术,搭载了更宽的传输通道,为客户提供4K乃至8K的高清超高清视频;借助AI分析,使相关人员第一时间获得预警及报警信息,实现快速行动;通过自然语言处理、人机智能对话、大数据处理分析等,实现随时随地实时交互通信,为各级部门决策指挥提供准确、实时、全面、安全的通信信息支撑。

核心技术产出的背后,是佳讯飞鸿的长期持续性研发投入。作为以技术创新为基因的高科技型企业,佳讯飞鸿每年将10%左右的营业收入投入到研发当中。同时,为了进一步提升企业造血能力及研发预判能力,佳讯飞鸿成立了先进轨道交通智慧指挥调度技术国家地方联合工程实验室、宽带移动信息通信铁路行业重点实验室和佳讯飞鸿智能科技研究院,并建设了"铁路5G创新实验室",搭建起集科研技术研究、技术研发、产品孵化三位一体的科研创新体系。

佳讯飞鸿持续跟踪当前技术发展方向,把握市场前沿动态,强化产品预研能力,不断加强"自主可控"应用技术的研究和5G在铁路等行业应用的研究。公司参编并发布了《综合轨道交通5G应用技术白皮书》《智能铁路时代 新基建 新通信 新动能》白皮书、《智能铁路通信云技术白皮书(2020)》和《铁路下一代承载网应用技术白皮书(2020)》;完成了"5G宽带接入模块""基于5G网络的智慧运维平台""基于5G的铁路信号机房智能巡检和故障远程诊断系统"等的研发;公司持续跟踪当前技术发展方向,把握市场前沿动态,强化产品预研能力,凭借在研发综合实力、技术创新体系建设、创新成果产品化等方面的实用性、创新性及前瞻性,目前拥有已注册和被受理的专利276项,其中发明专利196项,拥有软件著作权302项。

此外,佳讯飞鸿取得了包括CRCC(中铁检验认证中心)证书、私有云可信云、ISO9001国际质量管理体系认证在内的多项重要资质。聚焦主业、精细运营,佳讯飞鸿以行业引领者身份助力指挥调度国产优势显著提升。

二、小赛道出圈,铸造行业隐形冠军

公司成立之初,佳讯飞鸿通过对功能、人群、场景的细分,迅速聚焦铁路通信,抢占赛道。专注"小而美"的细分领域市场做专做精,让佳讯飞鸿于细分行业中,迅速建立起品牌和技术壁垒,快速赢得发展机遇。稳基石,而后谋发展,伴随着产品及解决方案的愈趋成熟,佳讯飞鸿逐步将业务范围从交通拓展到国防、政府、能源等多个领域,且遍及全球10多个国家和地区,并凭借高可靠性、高安全性、高稳定性的产品、领先的技术水平及专业的服务水准,赢得了国内外行业用户及专家的高度认可,建立起了长期稳定的良好合作关系。

目前,在轨道交通领域,佳讯飞鸿智慧指挥调度相关产品及解决方案已实现18个铁路局全覆盖,市场占有率持续领先。在国防领域,佳讯飞鸿的智能化解决方案广泛应用于海、陆、空等各大军兵种,为建国60周年大阅兵、70周年大阅兵、北京第29届奥运会等国家级重大活动提供通信保障,同时为"神舟""嫦娥""天宫""长征"等重大航天任务保驾护航。在能源领域,佳讯飞鸿打造了国内最大的能源领域应急通信网络——中石油管道公司应急通信项目,百套系统覆盖于中石油总部及全国32家分公司。此外,佳讯飞鸿紧跟"一带一路"倡议步伐,产品及解决方案已应用于埃及、尼日利亚、肯尼亚、安哥拉等国家的400多个铁路、城轨和机场项目。在智慧指挥调度领域,佳讯飞鸿已经走在了行业最前列。

三、新时代赋能,加速产业数智化转型

目前,数字经济已成为引领新一轮经济周期的国家战略,而新基建是数字经济发展的重要基石。以5G、云计算、物联网、人工智能等为代表的新ICT技术正在向传统产业渗透融合,我国的数字化转型将进入一个新的阶段,为佳讯飞鸿带来了全新的发展机遇与更广阔的市场空间。

在加快推进"新基建"国家战略,以及工业4.0浪潮的大背景下,佳讯飞鸿适时调整角色转变,已经从指挥调度产品提供商稳步发展为智慧指挥调度全产业链综合解决方案提供商,确立了"大、智、移、云、物"的新ICT技术路线,布局云计算、大数据、人工智能等领域的技术研发,并从感知、传输、决策、分析四个层面,构建以飞鸿云、飞鸿数、飞鸿物、融合通信平台为基础的,调度指挥、综合运维、安防监控、信息化建设等多元产品线及解决方案,为赋能众多行业客户的数字化、智能化及智慧化转型升级,提供了坚实可靠的技术保障。

进入"十四五","变革融合、提质增效"已成为众多行业数字化转型的首要目标。为此,佳讯飞鸿聚焦"融合"这一数字经济时代下信息与通信技术发展的关键词,在业界率先推出了新一代智能化融合的多媒体调度通信系统。该系统综合运用语音调度、可视调度、现场图像接入、视频会商、即时消息等多种业务功能于一体,在网络条件和传输带宽得到保证的情况下,可提供双向高保真宽带语音和高清实时影像,为客户搭建起"看得见、听得到、能指挥、可协作"的全方位智能融合调度系统平台,为行业用户的数字化、智能化转型提供更具价值的解决方案。

资料来源:佳讯飞鸿官微. 获评国家级专精特新"小巨人",佳讯飞鸿蓄势而起[EB/OL]. (2021-09-10)[2023-03-02]. https://mp.weixin.qq.com/s?__biz=MjM5NTY4NzE1Mg==&mid=2650724481&idx=1&sn=52b8e4a5b6328fe60d52b98d25ee5566&chksm=befeaeee898927f8821b5c63b2eccf8aad666fd37b3b01b2b3d3de9523acd7d8a3bb158d34df.

6-3 练一练

6-4 练一练答案

本章小结

本章的学习内容为运营风险的定义、内容、分类;组织架构的风险识别和风险应对;人力资源风险识别和风险应对;采购业务的风险识别和风险应对;研究与开发的风险识别和风险应对。

本章重要概念

运营管理　运营风险　组织架构　人力资源　采购业务　研究与开发　研究与开发风险

第七章 市场风险管理

- 内容提要
- 重点难点
- 学习目标
- 知识框架
- 思政育人
- 第一节 市场风险概述
- 第二节 市场风险分析
- 第三节 市场风险监测与控制
- 第四节 市场风险经济资本配置
- 本章小结
- 本章重要概念

内容提要

本章主要讲解了市场风险的含义、特点、分类及成因,从度量指标、分析方法两个方面说明如何度量市场风险,以及市场风险的检测与控制。

重点难点

本章重点为利率风险和汇率风险两类市场风险的度量与控制;难点在于掌握市场风险的度量指标与分析方法。

学习目标

通过本章学习,学生应了解市场风险的含义和特点;熟悉市场风险的分类及成因;掌握市场风险的不同度量指标和分析方法,在此基础上明确市场风险的控制方法。

知识框架

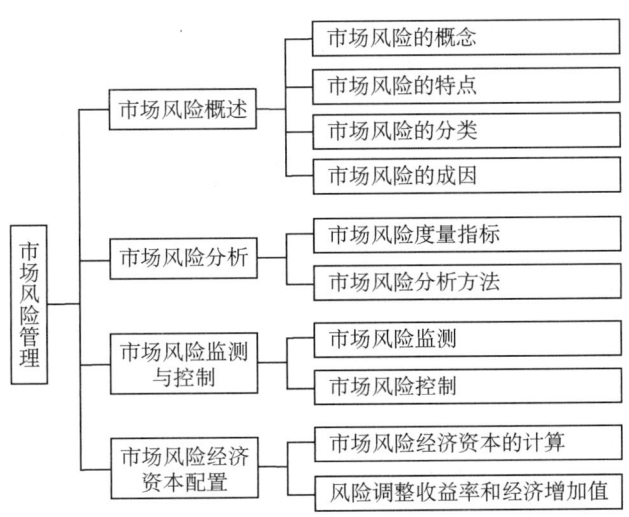

思政育人　　健全资本市场功能,赋能经济高质量发展

党的二十大报告提出要"健全资本市场功能,提高直接融资比重"。如何建设中国特色现代资本市场,进一步健全资本市场功能,更好服务构建新发展格局、推动高质量发展,易会满近日提出五大原则:坚持和加强党的全面领导,坚持服务实体经济,坚持完善资本市场基础制度,坚持守牢风险底线,坚持人民立场。

自2022年1月以来,健全资本市场功能成绩显著:11月10日,A股迎来第1 000家注册制发行的上市公司。前三季度,沪深交易所IPO筹资额分列全球交易所第一和第二。证监会出台《推动提高上市公司质量三年行动方案(2022—2025)》。截至2022年11月末,A股市场已有42家公司被强制退市,创历年新高。

毕马威中国12月份发布的最新报告显示,上海证券交易所和深圳证券交易所在2022年全球新股集资额中位居前两位,而A股市场为2022年全球IPO市场的主要驱动力,贡献总集资金额近一半。

厦门大学王亚南经济研究院教授韩乾指出,资本市场的功能就是通过群体的信息交互和交易博弈实现这些资产的估值定价、风险转移和资源配置。这三大功能的核心是估值,因为风险转移须以风险能被市场正确定价为前提,而资源配置的前提也是市场价格信号的准确性。因此,强化资源配置功能的关键在于建立科学高效的资本估值体系。同时,建立估值体系的要害环节是信息质量和交易质量。信息要做到充分、及时、准确地披露,交易要做到让信息公开、公正、活跃地进行交换。此外,继续深化注册制改革,严格信息披露制度和退市制度,改善市场微结构,完善市场风险管理工具,推进交易基础制度建设,促进资本市场高质量发展。在此过程中,地方政府、监管部门、交易所和金融机构应形成合力,积极引导企业正确认识资本市场对企业发展的积极作用,采取切实措施加大企业上市培育和支持力度,使直接融资与间接融资形成互补格局,共同为实体企业发展蓄力赋能。

田利辉认为,注册制是提高直接融资比重的重要抓手,市场质量是长足提高直接融资比重的根本所在。只有健全资本市场功能,才能为提高直接融资比重提供坚实基础。提高直接融资比重需要引导居民财富结构转型,促进资产和财富管理行业发展。渐进式的改革路径是我国资本市场在改革发展中摸索出来的成功经验,在有效防范化解系统性风险的同时推动资本市场形成稳中有进的发展格局。

资料来源:张炜,唐福勇.进一步健全资本市场功能(1)多方齐发力健全资本市场功能[EB/OL].(2022-12-13)[2022-12-13].https://baijiahao.baidu.com/s?id=1752027781905889605&wfr=spider&for=pc.

第一节　市场风险概述

一、市场风险的概念

市场风险(market risk)又称系统性风险或不可分散风险,是指市场供求或价格因素(如利率、汇率、股票价格及商品价格)发生不利变动,而使公司的表内和表外业务或公司价值发生损失的风险。

市场风险是由影响所有公司的因素所引起的,如宏观经济状况的变化、国家税法的变化、国家财政政策和货币政策变化、世界能源状况的改变都会使股票收益发生变动。这些风险影响到所有的证券,因此,不能通过证券组合分散掉。换句话说,即使投资者持有的是经过适当分散的证券组合,也将遭受这种风险。因此,对投资者来说,这种风险是无法消除的,故称为不可分散风险。但这种风险对不同的企业也有不同的影响。例如,在经济衰退时,所有公司都会受到这种负面影响但不同的公司受到的影响可能不同,有的公司股票价格下降得多一些,而有的公司股票价格下降得少一些。

二、市场风险的特点

市场风险具有以下特点:
(1) 主要由证券价格、利率、汇率等市场风险因子的变化引起。
(2) 种类众多、影响广泛、发生频繁,是各个经济主体所面临的最主要的基础性风险。
(3) 常常是其他金融风险的驱动因素。
(4) 相对其他类型的金融风险而言,市场风险的历史信息和历史数据的易得性较高。

市场风险主要来自所属经济体系,因此具有明显的系统性风险特征,难以通过分散化投资完全消除。

三、市场风险的分类

根据风险因素的不同,市场风险可以分为利率风险、汇率风险(包括黄金)、股票价格风险及商品价格风险。

7-1 市场风险的分类

(一) 利率风险

利率风险(interest rate risk)是指由于利率水平或者利率结构的变化,金融资产价格发生不利的变动而带来损失的风险。

按照来源的不同,利率风险可以分为重新定价风险、收益率曲线风险、基准风险和期权性风险。

1. 重新定价风险

重新定价风险也称为期限错配风险,是最主要和最常见的利率风险形式,源于银行资产、负债和表外业务到期期限(就固定利率而言)或重新定价期限(就浮动利率而言)之间所存在的差异。这种重新定价的不对称性使银行的收益或内在经济价值会随着利率的变动而发生变化。

2. 收益率曲线风险

收益率曲线是将某一债券发行者发行的各种期限不同的债券收益率用一条线在图表上连接起来而形成的曲线。收益率曲线风险是指由于收益曲线斜率的变化,期限不同的两种债券的收益率之间的差幅发生变化而产生的风险。

3. 基准风险

基准风险也称作利率定价基础风险,也是一种重要的利率风险。在利息收入和利息支出所依据的基准利率变动不一致的情况下,虽然资产、负债和表外业务的重新定价特征相似,但是因其现金流和收益的利差发生了变化,也会对银行的收益或经济价值产生不利的影响。

4. 期权性风险

期权性风险是一种越来越重要的利率风险,源于银行资产、负债和表外业务中所隐含的期权。一般而言,期权赋予其持有人买入、卖出或以某种方式改变某一金融工具或金融合同的现金流量的权利,而非义务。通常情况下,期权和期权性条款都是在对期权买方有利而对期权卖方不利时执行。因此,此类期权性工具因具有不对称的支付特征而会给期权卖方带来风险。

（二）汇率风险

汇率风险（exchange rate risk）是指汇率（外汇资本的本币价格）变动使某一经济主体以外币计值的资产、负债、盈利或预期未来现金流以本币度量的价值发生变动，从而使该经济主体蒙受经济损失的可能性。

根据表现方式，公司经营活动中面临的汇率风险可划分为交易风险、折算风险和经济风险。

1. 交易风险

交易风险是指公司的债权债务因汇率变动在进行外汇交割清算时所出现的风险。这些债权、债务在汇率变动前已发生，但在汇率变动后才清算，如持有外币应收账款的出口商会因外币对本币贬值而发生损失，而持有外币应付账款的进口商则会因外币对本币升值而发生损失。交易风险存在于应收款项和所有货币负债项目中。此外，一些表外业务中也包含着外汇交易风险：①买入外汇工具，如外汇远期合同、期货合同、期权合同及掉期合同；②卖出外汇工具；③尚未清算的客户的买卖合同，而合同的价格早已确定；④购买外币价格固定的商业合同。

2. 折算风险

折算风险又称会计风险，是指公司财务报表中的外汇项目因汇率变动而在转换为本币时价值跌落的风险。例如，按规定，公司期末决算编制利润表和资产负债表时，所有的外币资产和负债都要按照期末汇率另行折算，由此引起与原账面价值不一致。又如，本国公司设在国外的子公司，按合并报表原则，也应折算为本国货币，由于汇率在不断变动，按不同汇率折算的财务状况大不相同。但事实上，公司在期末编制合并报表时并未发生外汇交易，仅仅是会计上的一种折算而已。

3. 经济风险

经济风险是指未能预料的汇率波动引起公司未来预期收益发生变化的潜在性风险。这种风险可能给公司带来收益，也可能带来损失，主要取决于汇率变化对未来销售量、价格和成本影响的方向和程度。预期的汇率变化已反映在公司的经营计划之中，所以，经济风险只包括那些没有预期的汇率变化所产生的影响。

上述三种风险对公司的影响程度不同，对交易风险来说，汇率的变化随时间的变化而不断对交易过程产生影响；对折算风险来说，汇率变化只对某一变动点之前或到这一变动点时的过去情况发生影响；经济风险是真实资产风险、金融资产风险与营业收入风险之和，对经济主体影响最大。在这三种风险中，按其影响的重要性大小不同排序依次为经济风险、交易风险和折算风险。

（三）股票价格风险

股票价格风险是指因股票价格发生不利变动而给企业带来损失的风险。因政治、经济的宏观因素，以及技术和人为因素等个别或综合作用于股票市场，致使股票市场的股票价格大幅波动，从而给持有股票的企业带来经济损失。

（四）商品价格风险

商品价格风险是指企业所持有的各类商品及其衍生头寸因商品价格发生不利变动而给企业造成经济损失的风险。商品主要是指可以在场内自由交易的商品期货和现货，尤其以商品期货的形式为主。商品价格波动取决于国家的经济形势、商品市场的供求状况和投机行为等。

四、市场风险的成因

利率风险和汇率风险是最主要的市场风险,因此本书重点分析这两种风险的成因。

(一)利率风险的成因

1. 利率水平的预测和控制具有很大的不稳定性

从每家公司自身来看,它对自己的产品具有定价能力,也就是说它能确定本机构的筹资成本和贷款收益,但它的定价水平能否被市场接受,则取决于其能否与市场利率保持一致。如果其筹资成本低于市场利率水平,或贷款利率高于市场利率水平,那么其定价是很难行得通的。因此,它的定价能力是受到限制的,必须考虑市场利率水平,并与市场利率保持一致。当然,公司可以通过预测利率变化来对自己的产品定价,但是在市场化利率体系下市场利率是不断变化的,其变化是由多种因素(如资金供求状况、物价水平、经济运行周期、社会平均利润率)决定的。所以公司在预测和控制利率水平时面临许多不确定因素,要准确预测有很大困难。

2. 公司的资产负债具有期限结构的不对称性

公司通常是以较低成本的中短期负债来支持收益较高的中长期资产,通过两种利率水平的差额来取得收益。但由于利率水平处于不断变化之中,利率风险也常常伴随着公司。如贷款发放以后,利率水平上涨,银行不得不为以后的存款付出更高的成本,而原来发放贷款的利率水平却可能太低,使银行入不敷出,经营难以维持。

3. 利率计算具有不确定性

为了避免利率的变化在结构不对称的负债和资产方引起失衡,公司也在不断发展和完善利率定价技术,主要是通过引入浮动利率定价机制来减少利率风险,但这只能在一定程度上降低利率风险,并不能完全消除利率风险。这是因为消除利率风险的一个假设前提是利率是可控制的,具有可测性。而实际上,在市场利率体系下,利率是一个内生变量,是不可控的。因此,通过计算得出的利率水平与实际利率变化经常不一致。存贷利率定价方法不匹配也会造成公司的风险,如在利率下跌时,以高水平的固定利率吸收存款,以浮动利率发放贷款;或者在利率上升时,以浮动利率吸收存款,以固定利率发放贷款,都会导致公司经营成本过高,甚至亏损,引发危机。

4. 为保持流动性而导致利率风险

为了保证一定的流动性,公司通常需要持有相当于其总资产20%~30%的有价证券,以满足随时出现的支付需要。为了保持证券价格的稳定,公司一般倾向于持有流动性较强的短期证券或易于被市场接受的政府债券。短期证券主要是国库券、短期公司债、短期商业票据等,其利率一般是固定的,因此它们的市场价格随着市场短期利率水平反向变化。

利率通过流动性渠道引发的风险主要表现在两个方面:一是当市场利率较高时,证券价格会下降,由于折现系数变小,短期证券的现值就越低,流动性风险也就越大;二是在利率大幅波动时期,无论是固定利率的短期证券还是易于被市场接受的政府债券,其价格都会随市场剧烈震荡而受到影响。在这种情况下,公司持有的证券很难以令人满意的价格及时变现。然而,为了应对流动性需要,公司又不得不出售这些证券,从而造成收益下降或者亏损。

5. 以防范信用风险为目标的利率定价机制具有逆向选择风险

一般认为,高利率具有遏制贷款需求的功能,金融机构在对贷款定价时,也即确定利率水平时,主要根据借款人的资信、借款期限、贷款项目等因素来确定某一笔贷款的价格,借款人资信程度高、期限短、还款有保证,贷款的利率水平就低;反之,贷款利率则高。对于有信誉的借款人来说,在借款时就必须要考虑未来还款付息的承受能力问题。如果利率水平高于其承受能力,这样的贷款一般是不会被接受的,因为这可能会产生到期的支付问题。对于银行来说,这笔贷款虽然没有放出去,但也避免了由此可能产生的不良贷款问题。因此,高利率被认为具有防范不良贷款的功能。但这一规则并不适用于那些有道德风险倾向的借款人,对于他们来说,借款之时就存有赖账动机。因此高利率并不能阻碍他们对于银行的贷款需求,反而只会使那些本来具有资格的借款人退出,使得那些有道德风险的人最终获得贷款,从而增大了风险。这就是所谓的"逆向选择风险"。

6. 公司的非利息收入业务对利率变化也越来越敏感

在20世纪80年代以前,金融机构的收益主要来自传统的净利息收入,但随着新业务的不断拓展,如开展贷款管理服务和资产证券化、表外业务等业务种类,手续费和其他非利息收入迅速增加。在一些大的银行,这些非利息收入甚至超过了传统的净利息收入。这些非利息收入类业务对市场利率的变动也十分敏感,会受到利率风险的影响。例如,一些银行为不动产抵押贷款组合提供收取本息和贷款管理服务,并按其管理的资产总额收费。当利率下降时该机构同样会因许多不动产抵押贷款提前还款而导致服务费收入的减少。

(二)汇率风险的成因

1. 经济主体以外币计价的资产或负债存在"敞口"

汇率风险是由经济主体以外币表示的资产与负债不能相抵部分,即外币资产负债敞口部分造成的。例如,经济主体卖出6个月远期美元200万元,又买进6个月远期美元120万元,则该经济主体承受的汇率风险不是由全部320万美元的交易引起的,而仅仅是由其中80万美元的余额引起的。这一承受汇率变动风险的外币金额称为受险部位。

2. 汇率风险的产生源于经济主体的跨货币交易行为

该行为是以外币进行交易,却以本币核算效益的行为。经济主体可能发生各种以外币表示的收付,如应收应付外币款项、外币资金的借入借出、以外币资金表示的对外投资等,上述交易除需用外币进行交易和完成结算外,还需通过本币进行成本和收益核算。由于外币与本币之间的兑换率(汇率)不断发生变化,就产生了汇率风险。例如,10万美元的应收账款若以美元核算收益,则不存在汇率风险。若以人民币核算其收益,则10万美元可能是80万人民币(1美元=8.00人民币时),也可能是60万人民币(1美元=6.00人民币时),这就产生了汇率风险。由此可见,只要核算货币与交易货币相同(不存在跨货币交易),就不存在由汇率变动引起的汇率风险。各国经济主体普遍使用本币核算其效益,故以本币计价的交易无汇率风险,但以外币计价的交易则存在汇率风险。

3. 汇率风险的产生与时间因素有密切联系

汇率的变动总是与一定的时间相联系。在同一时间,汇率不可能发生变动;时间延续越长,则汇率变动的可能性越大,其可能发生的变动幅度也越大,相应的汇率风险也就越大。从经济主体外币交易的达成到结算的实际发生,均有一个时间期限问题。例如,进出口交易的达成到外汇的实际收付,借贷协议的达成到贷款的提用以及本息的实际偿付,投资决策的产生到实际投入资金等,时间成为汇率风险构成中的另一个重要因素。

 延伸阅读7-1

从硅谷银行倒闭看银行理财风险管理

2023年3月10日,美国硅谷银行突然倒闭,首要原因是其重仓长期债券面临巨大的利率风险。

硅谷银行不是毁于传统银行危机的经营不善导致的不良资产包袱。2022年年底,硅谷银行总资产为2 117.93亿美元,负债为1 955亿美元,账面净资产为163亿美元。不良贷款率仅为0.18%,远远低于我国国内四大行。负债中,存款达到1 731亿美元,其中1 112亿美元是新冠疫情期间增加的。硅谷银行将大部分新增存款投资于国债和抵押贷款支持证券(MBS),规模达到1 300亿美元。虽然硅谷银行在会计政策上将上述投资计入可供出售资产和持有到期资产,该会计政策(或者说资产分类和防控政策)本身就造成了资产负债的期限错配,带来利率风险和流动性风险。

更令人费解的是,硅谷银行本应采取措施缓释长期投资的利率风险,但却在2022年年中突然放弃了利率对冲策略,管理层给出的理由是将重点转移到管理利率下降的敏感性。在新策略下,2022年一季度,硅谷银行平仓了50亿美元的利率套期保值交易。随后又在二季度平仓了60亿美元的利率套期保值交易。两次平仓为当年贡献了5.27亿美元的收益,但也使得2022年年底硅谷银行的利率套期保值名义金额仅剩5.63亿美元,不到证券投资规模的0.5%。

由于美联储2022年开始的激进加息,美国金融市场收益率大涨,10年期国债从2022年初的1.64%提高到2023年3月8日危机爆发前的3.97%。因此,硅谷银行长期证券投资的盯市价值大幅下跌,远远低于投资成本,随后硅谷银行寻求发行股票增资失败,引发储户的挤提和市场做空的恶性循环。

前事不忘,后事之师。证券投资跌破投资成本在我国也曾经发生过。2022年3月和11月,不少银行理财产品跌破净值,陷入"净值下跌—赎回理财—抛售债券—净值下跌"的恶性循环。特别是2022年年末,根据万得资讯统计,其3万只理财产品中,破净超过1万只,比例超过30%。银行理财破净,一方面,表明"资管新规"在破除刚性兑付上作用明显,非常必要和及时。另一方面,传统上低风险的银行理财子公司短期理财,以及短债基金、货币基金等固定收益类理财的大面积跌破净值也反映出一些市场深层次问题,带来较为复杂的影响,既不利于经济复苏,又不利于经济金融稳定。

鉴于美国地区银行危机教训和经济复苏带来的利率上涨风险,需要高度重视理财产品破净带来的负面影响。为此建议:大力发展封闭型理财,统筹净值型和摊余成本型理财;增加理财底层债券的抵押范围和风险对冲工具;鼓励国有企业充分利用自有闲置资金投资银行理财产品;鼓励银行理财子公司增资,带头购买理财产品;加强统计监测,提高透明度。

资料来源:温建东,李永宁.从硅谷银行倒闭看银行理财风险管理[EB/OL].(2023-05-09)[2023-06-03]. https://www.yicai.com/news/101751761.html.

第二节 市场风险分析

市场风险分析可以使用度量指标进行定量分析,也可以使用各类分析方法进行定性分析。

一、市场风险度量指标

市场风险度量指标主要包括绝对价值指标、收益率曲线、敏感性指标、风险价值VaR等。

(一)绝对价值指标

由于人们有损失掉市场交易活动中资产组合的全部价值的风险,人们最初选用绝对价值指标来测度市场风险,即用资产组合的价值作为该组合的市场风险值。

1. 名义价值

名义价值通常是指金融资产根据历史成本所反映的账面价值(book value)。在市场风险管理过程中,由于利率、汇率等市场价格因素的频繁变动,名义价值一般不具有实质性意义。其对风险管理的意义主要体现在:一是在金融资产的买卖实现后,衡量交易方在该笔交易中的盈亏情况;二是作为初始价格,通过模型从理论上计算金融资产的现值(present value),为交易活动提供参考数据。在市场风险度量与监测的过程中,更具有实质意义的是市场价值与公允价值。

2. 市场价值

市场价值就是在评估基准日,在知情、谨慎、非强迫的情况下,自愿买卖的双方通过公平交易资产所获得的资产的预期价值。在进行市值重估时通常采用盯市(按照市场价格计值)或者盯模(按照模型计值)两种方法。

3. 公允价值

公允价值为交易双方在公平交易中可接受的资产或债权价值。公允价值的度量方式有四种:一是直接使用可获得的市场价格;二是如不能获得市场价格,则应使用公认的模型估算市场价格;三是实际支付价格(无依据证明其不具有代表性);四是允许使用公司特定的数据,该数据应能被合理估算,并且与市场预期不冲突。

与市场价值相比,公允价值的定义更广、更概括。在大多数情况下,市场价值可以代表公允价值。但若没有证据表明资产交易市场存在,公允价值可通过收益法或成本法来获得。

(二) 收益率曲线

1. 收益率曲线的含义

收益率曲线是指在由横轴为各到期期限、纵轴为对应的收益率坐标系中,把期限不同但具有相同风险、流动性和税收的收益率连接而成的曲线,用以描述收益率与到期期限之间的关系。

2. 收益率曲线的表现形态

收益率曲线通常表现为以下四种形态:

(1) 正向收益率曲线。正向收益率曲线意味着在某一时点上,投资期限越长,收益率越高,这是收益率曲线最为常见的形态。根据流动性偏好理论,由于期限短的金融资产的流动性要好于期限长的金融资产的流动性,作为流动性较差的一种补偿,期限长的收益率也就要高于期限短的收益率。

(2) 反向收益率曲线。反向收益率曲线表明在某一时点上,投资期限越长,收益率越低。当资金紧张导致供需不平衡时,也可能出现期限短的收益率高于期限长的收益率的反向收益率曲线。

(3) 水平收益率曲线。水平收益率曲线表明收益率的高低与投资期限的长短无关。

(4) 波动收益率曲线。波动收益率曲线表明收益率随投资期的不同,呈现出波浪变动,也就意味着社会经济未来有可能出现波动。

四种形态的收益率曲线如图 7-1 所示。

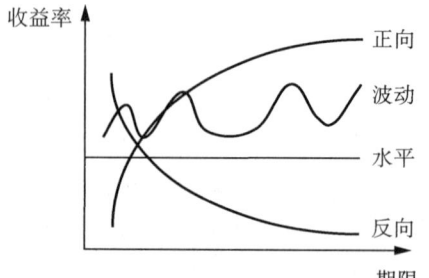

图 7-1 四种形态的收益率曲线图

3. 收益率曲线的特性

(1) 代表性。即收益率曲线代表一个市场的利率结构,能够反映出一个市场短期、中期、长期利率的关系,对投资者操作长期或短期债券十分重要。

(2) 操作性。即收益率曲线是根据市场上具有代表性的交易品种所绘制出来的利率曲线,这些具有代表性的品种称为指标债券,由于指标债券必须具备流动性强、成交活跃的条件,投资者可以根据收益率曲线上的利率进行投资决策。

(3) 解释性。即收益率曲线对固定收益证券的价格具有极强的解释性,了解曲线的结构有助于了解债券价格。如果某只债券的价格偏离了根据收益率曲线推算出来的理论价格,通常会有两种情况:一是该债券的流动性不足,因此,偏离的价格无法通过市场机制加以修正;二是该债券的流动性足够大,这种偏差将只是短暂现象,很快就会回到合理价格。

(4) 分析性。在进行债券的资产管理与风险分析时,收益率曲线是必要的参考数据;在许多财务金融的应用上,如未来开放利率衍生产品后,对于这类产品的定价,以及制定与利率相关产品的风险管理制度等,收益率曲线均是不可缺少的基本数据。

通过对金融产品交易历史数据的分析,投资者可以找出其收益率与到期期限之间的数量关系,形成合理有效的收益率曲线,就可以用来分析和预测当前不同期限的收益率水平。投资者还可以根据收益率曲线不同的预期变化趋势,采取相应的投资策略。假设目前收益率曲线是向上倾斜的,如果预期收益率曲线是基本维持不变,则可以买入期限较长的金融产品;如果预期收益率曲线变陡,则可以买入期限较短的金融产品,卖出期限较长的金融产品;如果预期收益率曲线变得较为平坦,则可以买入期限较长的金融产品,卖出期限较短的金融产品。如果预期正确,上述投资策略可以为投资者降低风险,提高收益。

(三) 敏感性指标

β 系数和风险因子敏感系数反映了证券收益率对证券所在市场及其他因素变化的敏感程度。

1. β 系数与资本资产定价模型

β 系数是由夏普(Shape)等人于 1964 年提出的资本资产定价模型(CAPM)中给出的。CAPM 模型表明,在证券市场处于均衡状态时,单个证券的超额期望收益率(也称风险升水)等于市场组合的超额期望收益率的 β 倍,即:

$$E(r_i) - r_f = \beta_i (E(r_M) - r_f) \tag{7-1}$$

其中,$E(r_i)$ 表示证券 i 的期望收益率,$E(r_M)$ 表示市场组合的期望收益率,r_f 是无风险利率。

$$\beta_i = \frac{Cov(r_i - r_M)}{VaR(r_M)} \tag{7-2}$$

由于证券市场处于均衡状态时市场组合的非系统风险为 0,β_i 度量的是证券 i 的系统风险。式(7-2)表明,β 系数实际上反映了证券 i 的超额期望收益率对市场组合超额期望收益率的敏感性,因而是度量证券 i 系统风险的灵敏度指标。

β 系数具有的特点如下:

(1) β 系数既可以取正值,又可以取负值,当 β 系数取正值时,说明所考察的证券与市场组合的走势刚好一致。

(2)当 β 系数的绝对值大于 1 时,说明所考察的证券的系统风险大于市场组合;当 β 系数的绝对值等于 1 时,说明其系统风险与市场组合相同;当 β 系数的绝对值小于 1 时,说明其系统风险小于市场组合;当 β 系数为 0 时,说明该证券的系统风险为 0。

(3)β 系数满足可加性,也就是说,证券组合的 β 系数等于组合中每种证券 β 系数的加权平均,即:

$$\beta_p = \sum_{i=1}^{n} w_i \beta_i \tag{7-3}$$

其中,β_p 是证券组合的 β 系数,β_i 是组合中第 i 个证券的 β 系数,w_i 是第 i 个证券的价值占整个证券组合价值的比重。

2. 风险因子敏感系数

风险因子敏感系数来源于 Ross 于 1976 年提出的套利定价理论(APT),套利定价理论把单因素 CAPM 模型扩展为多因素模型,因而是对 CAPM 模型的改进和推广。Ross 认为证券收益率不会只受市场组合的影响,还可能会受诸如通货膨胀率、证券市场组合指数等许多因素的共同影响,并可以表示为这些"共同影响因素"的线性组合,即套利定价理论的一般形式为:

$$E(r_i) - r_f = \sum_{k=1}^{k} b_{ik} \lambda_k \tag{7-4}$$

式(7-4)表明,证券 i 的超额收益率同时受到 k 个风险溢价因素 $\lambda_k (k=1,\cdots,k)$ 的影响,系数 b_{ik} 就称为第 k 个风险溢价因素 λ_k 的风险因素敏感系数,表示证券 i 的超额收益率对风险溢价因素 λ_k 的灵敏度。风险因素敏感系数反映了某证券的收益率随其对应的影响因素变化的情况,因而可以度量出因"共同影响因素"变动而给该证券带来的风险。

(四)风险价值 VaR

1. 基本原理

风险价值是指在一定的持有期内,在给定的置信水平下,利率、汇率等市场风险因素发生变化给公司造成的潜在最大损失,可以表示为:

$$Prob(\Delta P < VaR) = 1 - c \tag{7-5}$$

式(7-5)中,$Prob$ 表示概率测度,$\Delta P = P(t + \Delta t) - P(t)$ 表示组合在未来持有期 Δt 内的损失(为负值),$P(t)$ 表示组合在当前时刻 t 的价值,c 为置信水平,VaR 为置信水平 c 下组合的风险价值(取正值)。

2. VaR 计算的参数选择

VaR 的计算涉及两个因素的选取:一是置信水平;二是持有期。一般来讲,风险价值随置信水平和持有期的增大而增加。置信水平越高,意味着在持有期内最大损失超出 VaR 的可能性越小;反之,可能性越大。

(1)置信水平的选取。关于置信水平的选取,应当视模型的用途而定。如果模型是用来决定与风险相对应的资本,置信水平应该取高;如果模型只是用于银行内部风险度量或不同市场风险的比较,置信水平的选取就并不重要。

(2)持有期的选取。关于持有期的选取,需要看模型的使用者是经营者还是监管者。如果模型的使用者是经营者自身,则时间间隔取决于其资产组合的特性。如果资产组合变动频繁,时间间隔应该短;反之,时间间隔就应该长。公司对交易账户一般每日计算 VaR,是因为其资产组合变动频繁;而养老基金往往以一个月为持有期,则是因为其资产组合变动不频繁。如果模型使用者是监管者,时间间隔取决于监管的成本和收益,时间间隔越短,从成本的角度讲,意味着监管越频繁,监管的成本就越高;从监管收益的角度讲,时间间隔越短,越有利于公司尽早发现问题,监管的收益越高。因此,时间间隔应选取监管成本等于监管收益的临界点。基于此,巴塞尔委员会要求:持有期为 10 个营业日;置信水平采用 99% 的单尾置信区间;市场风险要素价格的历史观测期至少 1 年;至少每 3 个月更新一次数据。

在确定 VaR 计算的两个参数后,模型使用者还需确定是采用绝对 VaR 还是采用相对 VaR,这主要看模型的使用者关注什么。如果关注的是资产价值可能遭受的绝对损失,则应该用绝对 VaR;如果关注的是资产价值偏离均值的相对损失,则应该用相对 VaR。

二、市场风险分析方法

(一)缺口分析

1. 再定价缺口模型

缺口分析(gap analysis)是衡量利率变动对公司当期收益影响的一种方法,它是将所有生息资产和付息负债按照重新定价的期限划分到不同的时间段内,在每个时间段内,将利率敏感性资产减去利率敏感性负债,再加上表外业务头寸,就得到该时间段内的重新定价"敏感性缺口"。

缺口分析指标分为绝对指标和相对指标两种。

1)绝对指标

绝对指标用利率敏感性缺口(利率敏感性资产与利率敏感性负债之间的绝对差额)表示。根据敏感性资产和负债的规模,利率敏感性缺口可分为三种情况:

(1)正缺口。正缺口是指利率敏感性资产总量大于利率敏感性负债,为资产敏感型缺口,此时市场利率下降会导致银行的净利息收入下降。当利率上升,公司对敏感性金融资产负债重新定价后,由敏感性资产带来的收入增长幅度要大于敏感性负债带来的支出增长幅度,从而使公司的净收入增加,盈利水平相应提高;当利率下降时,公司对敏感性金融资产负债重新定价后,敏感性资产的收入和敏感性负债的支出都会减少,但前者下降的数额要大于后者,因此公司净收入将会减少,盈利水平也会下降。所以,公司面临着再投资风险,而且缺口越大,再投资风险越大。

(2)负缺口。负缺口是指利率敏感性资产总量小于利率敏感性负债,即负债敏感型缺口,此时,市场利率上升会导致银行的净利息收入下降。在这种情况下,当利率上升,公司对敏感性金融资产负债重新定价后,由敏感性资产带来的收入增长幅度要小于敏感性负债带来的支出增加幅度,公司净收入将会下降;当利率下降时,敏感性资产的收入和敏感性负债的支出都会减少,但前者下降的数额要小于后者,公司净收入反而会比以前有所增加,盈利水平也会相应提高。所以,公司面临着再融资风险,而且缺口越大,再融资风险越大。

(3)零缺口。零缺口是指利率敏感性资产总量等于利率敏感性负债总量。在这种情况下,无论利率水平如何变化,资产收入和负债支出水平将发生同等规模的变化,因此,利率变化将不会引发公司净收入的变化。

一般来说,敏感性缺口绝对值越大,公司所承担的利率风险也就越大。当然如果对利率走势预测准确的话,缺口越大,收益越大。

2)相对指标

利率敏感性缺口还可以用利率敏感性资产与利率敏感性负债的比率来表示,这项指标称为利率敏感性系数。即:

$$利率敏感性系数 = \frac{利率敏感性资产}{利率敏感性负债}$$

当利率敏感性系数大于1,为正缺口;当利率性敏感系数小于1,为负缺口;当利率敏感性系数等于1,为零缺口。

净利息收入变动计算式为:

$$\Delta NII = RSA \cdot \Delta R_{RSA} - RSL \cdot \Delta R_{RSL} \tag{7-6}$$

当资产利率变化与负债利率变化相等(等于 AR)时,有:

$$\Delta NII = (RSA - RSL) \cdot \Delta R \tag{7-7}$$

以该缺口乘以假定的利率变动,就得出这一利率变动对净利息收入的大致影响:

$$净利息收入变动 = 利率变动幅度 \times 敏感性缺口$$

当资产利率变化与负债利率变化不相等时,令:

平均利率变化为:

$$\overline{\Delta R} = \frac{1}{2}(\Delta R_{RSA} + \Delta R_{RSL}) \tag{7-8}$$

平均敏感性资产负债为:

$$\overline{RSAL} = \frac{1}{2}(RSA + RSL) \tag{7-9}$$

利差变化为:

$$\Delta RSPR = \Delta R_{RSA} - \Delta R_{RSL} \tag{7-10}$$

则可得利差效应分解式:

$$\Delta NII = GAP \cdot \overline{\Delta R} + \overline{RSAL} \cdot \Delta RSPR \tag{7-11}$$

式(7-11)中,第一项为利率效应,第二项为利差效应。

利率变动与净利息收入变动之间的关系如表 7-1 所示。

表 7-1 利率变动与净利息收入变动(假定借贷利率变动一致)

敏感性缺口	利率敏感性系数	利率变动	利息收入变动	利息收支变动关系	利息支出变动	净利息收入变动
正值	大于1	上升	增加	>	增加	增加
		下降	减少	>	减少	减少

(续表)

敏感性缺口	利率敏感性系数	利率变动	利息收入变动	利息收支变动关系	利息支出变动	净利息收入变动
负值	小于1	上升	增加	<	增加	减少
		下降	减少	<	减少	增加
零值	等于1	上升	增加	=	增加	不变
		下降	减少	=	减少	不变

再定价缺口模型只是考虑了利率变动对利息收入和利息支出的影响,并没有考虑利率变动对资产和负债本身市值的影响,所以需要到期模型加以补充。

2. 到期模型

到期模型认为,从市场价值角度,利率对资产与负债市场价值的影响主要取决于资产与负债到期期限。再定价模型使用历史(账面)价值法,适用于持有到期;到期模型采用市场价值记账法,适用于提前交易。一般地,利率上升,债券市场价值下降;到期期限越长,债券市场价值下降降幅越大。

资产组合的平均到期期限是以投资比重 W 为权重的各资产期限 M 的加权平均期限。即:

$$M_{AP} = \sum_{i=1}^{n} W_{Ai} M_{Ai} \tag{7-12}$$

负债组合的平均到期期限是以投资比重 W 为权重的各负债期限 M 的加权平均期限。即:

$$M_{LP} = \sum_{i=1}^{n} W_{Li} M_{Li} \tag{7-13}$$

则到期缺口为:

$$MGAP = M_{AP} - M_{LP} \tag{7-14}$$

到期缺口大于0时,机构面临着利率上升风险,利率上升会使权益资本减少;到期缺口小于0时,面临着利率下降风险,利率下降会使权益资本减少。到期缺口值越大,利率风险越大。

用杠杆率调整的到期缺口为:

$$MGAP = M_{AP} - M_{LP} \times \frac{L}{A} \tag{7-15}$$

3. 缺口分析的作用

(1) 可用于评估预期利率变动对净利息收入变化的影响,测量在某一时限内的利率风险。

(2) 可用于评估过去利率水平、资产负债规模及结构或净利息收入变动对企业经营成果的影响。

(3) 能够表明该企业利率敏感性的方向(正或负)及程度(适度或过高)。

(4) 能够帮助鉴定造成企业利率风险的各个项目。
(5) 能够帮助找到解决该企业利率敏感性问题的方法。

4. 缺口分析的局限性

(1) 缺口管理忽视了货币的时间价值。在同一敏感性分析期间内，重新定价发生在期初、期中和期末，其效果不一样。

(2) 它只考虑了缺口引起的短期现金流量的变化或净利息收入的变动，而忽视了利率变动对风险的累积效应。

(3) 设计过多的利率敏感性分析期间，不利于企业管理人员作出相应的决策。

(二) 久期与久期分析

1. 久期

1) 久期的定义及计算公式

久期也称持续期，久期的大小反映了金融资产价格对利率变化的敏感程度，其导数的定义如下：

$$\frac{dP}{dy} = -\frac{D}{1+y_0}P_0 = -D^* \cdot P_0 \text{ 或 } \frac{dP}{P_0} = -\frac{D}{1+y_0} \cdot \Delta y = -D^* \cdot \Delta y \tag{7-16}$$

式(7-16)中，P 代表当前价格；y 代表收益率；D 代表久期，D^* 为修正久期。

该公式表示，收益率的微小变化都将使价格发生相反的变动，而且其变动的程度将取决于久期的长短，久期越长，它的变动幅度也越大。

久期的具体计算是把每一期债券现金流的现值除以债券价格得到每一期现金支付的权重，并将每一次现金流的时间同其对应的这个权重相乘，最终合计出整个债券的加权平均到期期限。其公式如下：

$$D = \frac{\sum_{t=1}^{T} t \cdot \frac{CF_t}{(1+y)^t}}{\sum_{t=1}^{T} \frac{CF_t}{(1+y)^t}} = \frac{1}{P_0}\sum_{t=1}^{T} \frac{CF_t}{(1+y)^t} \cdot t = \sum_{t=1}^{T} \frac{CF_t/(1+y)^t}{P_0} \cdot t \tag{7-17}$$

其中：

$$P_0 = \sum_{t=1}^{T} \frac{CF_t}{(1+y)^t} \tag{7-18}$$

式(7-17)中，D 代表久期，t 代表金融工具的现金流发生的时间；CF_t 代表金融工具第 t 期的现金流量；y 代表贴现率或当前市场利率；P_0 代表当前价格。

2) 久期的特点

根据久期的定义，得出其具有的特点如下：

(1) 零息债券的久期为其距到期日的时间，而有息债券的久期不会长于其距到期日的时间。

(2) 当距到期日的时间一定时，债券的利息率越低其久期越长。这是因为债券的利息率越低，更大比例的现金流发生在到期日，因而久期越长。对于到期日相同的所有债券而言，零息债券的久期最长，其久期等于距到期日时间。

(3) 当利息率一定的时候，债券的久期随剩余期限的延长而延长。

(4) 当其他所有因素保持不变时,有息债券的到期收益率越低,其久期越长;证券到期期限越长,其有效久期越长;而证券所产生的现金流量越高,有效持续期越短。

(5) 永久年金的久期为$(1+y)/y$,其中y为到期收益率。

(6) 固定年金的久期计算公式如下:

$$D = \frac{1+y}{y} - \frac{m}{(1+y)^m - 1} \tag{7-19}$$

式(7-19)中,m为年金的支付次数,y为年金率。

(7) 息票债券的久期计算公式如下:

$$D = \frac{1+y}{y} - \frac{(1+y) + m(r-y)}{r[(1+y)^m - 1] + y} \tag{7-20}$$

式(7-20)中,r为每个付息期间的息率,m为付息次数,y为到期收益率。

(8) 当债券以面值发售时,久期计算公式简化为:

$$D = \frac{1+y}{y}\left[1 - \frac{1}{(1+y)^m}\right] \tag{7-21}$$

(9) 一个债券组合的久期为组合中各债券久期的加权平均值(久期具有可加性),其计算公式为:

$$D = \sum_{i=1}^{n} w_i D_i \tag{7-22}$$

式(7-22)中,w_i为第i个债券的价值占债券组合价值的百分比,$\sum_{i=1}^{n} w_i = 1$。

2. 久期分析

当市场利率变动时,公司资产和负债的变化可由式(7-23)和式(7-24)表示:

$$\Delta V_A = -D_A \cdot V_A \cdot \frac{\Delta y}{1+y} \tag{7-23}$$

$$\Delta V_L = -D_L \cdot V_L \cdot \frac{\Delta y}{1+y} \tag{7-24}$$

式(7-23)和式(7-24)中,D_A表示总资产的加权平均久期,D_L表示总负债的加权平均久期,V_A表示总资产的初始值,V_L表示总负债的初始值。上述两式表明,当市场利率y变动时,资产价值和负债价值的变动方向与市场利率的变动方向相反,而且资产与负债的久期越长,价值变动的幅度越大,即利率风险越大。

久期分析(duration analysis)也称为持续期分析或期限弹性分析,是衡量利率变动对经济价值影响的一种方法。它是对各时段的缺口赋予相应的敏感性权重,得到加权缺口,然后对所有时段的加权缺口进行汇总,以此估算某一给定的小幅(通常小于1%)利率变动可能会对经济价值产生的影响(用经济价值变动的百分比表示)。各个时段的敏感性权重通常是由假定的利率变动乘以该时段头寸的假定平均久期来确定。

利率变动时会对资产负债产生影响。为此,可以使用有效久期缺口比较总资产和总负债的平均有效久期,从而分析利率变动对利率风险的综合作用。

$$久期缺口 = 资产平均久期 - \left(\frac{总负债}{总资产} \times 负债平均久期\right)$$

当久期缺口为正时,资产平均久期大于负债平均久期与负债资产系数的乘积。如果利率下降,资产和负债的价值都会增加,但资产价值增加的幅度比负债大,市场价值将增加。反之,市场价值下降。久期缺口的绝对值越大,市场价值对利率变动越敏感,利率风险越大。表 7-2 总结了不同久期缺口情况下利率变动对银行市场价值的影响。

表 7-2　　　　　　不同久期缺口情况下利率变动对银行市场价值的影响

久期缺口	利率变动	资产价值变动	资产负债价值变动关系	负债价值变动	银行市场价值变动
正值	上升	减少	>	减少	减少
	下降	增加	>	增加	增加
负值	上升	减少	<	减少	增加
	下降	增加	<	增加	减少
零值	上升	减少	=	减少	不变
	下降	增加	=	增加	不变

【例题 7-1】 假设有两个距到期日都为 2 年的债券 A 和债券 B,投资金额为 1 000 美元。A 的利息为 8%,每半年付息一次,B 为零息债券,两债券的到期收益率皆为 10% 或每半年 5%。要求计算 A、B 两债券的久期。

解:

(1) 计算 A 债券的久期。

$$P_{A_0} = \sum_{t=1}^{T} \frac{CF_t}{(1+y)^t} = \sum_{t=1}^{4} \frac{40}{(1+5\%)^t} + \frac{1\,000}{(1+5\%)^4} = 964.54$$

$$D_A = \frac{1}{P_{A_0}} \sum_{t=1}^{4} \frac{CF_t}{(1+y)^t} \cdot t = \frac{1}{964.54}\left[\sum_{t=1}^{4} \frac{40}{(1+5\%)^t} \cdot t + \frac{1\,000}{(1+5\%)^4} \cdot 4\right] = 1.885\,2(年)$$

(2) 计算 B 债券的久期。

$$P_{B_0} = \sum_{t=1}^{T} \frac{CF_t}{(1+y)^t} = \frac{1\,000}{(1+10\%)^2} = 826.45$$

$$D_B = \frac{1}{P_{B_0}} \sum_{t=1}^{2} \frac{CF_t}{(1+y)^t} \cdot t = \frac{1}{826.45}\left[\frac{1\,000}{(1+10\%)^2} \cdot 2\right] = 2(年)$$

A 债券的久期为 1.885 2 年,短于债券期限 2 年。而零息债券 B 的久期则仍为 2 年。这是因为零息债券只有一个现金流量,加权平均的时间肯定仍然等于原现金流量发生的时间,亦即债券距到期日的时间。

【例题 7-2】 10 000 美元的 5 年期固定利率贷款,按年计付利息,息票票面利率为 9%。假定 10 000 美元贷款的市场利率或收益率由原来的 7% 降为 5%,试计算该笔贷款的久期及市场价格对利率变化的敏感程度。

解:利用久期计算式计算久期,具体计算过程如表 7-3 所示。

表 7-3　　　　　　　　　　贷款久期的计算过程　　　　　　　　金额单位：美元

年(t)(1)	现金流量(9%)(2)	贴现因子(3)	现值(7%)(4)	以现值比重作为权数计算的时间 (5)=(1)×(4)÷10 820.04
1	900	0.934 6	841.12	0.077 7
2	900	0.873 4	786.09	0.145 3
3	900	0.816 3	734.67	0.203 7
4	900	0.762 9	686.61	0.253 8
5	10 900	0.713 0	7 771.55	3.591 3
合计			10 820.04	4.271 8

由表 7-3 可知，久期(D)=4.271 8(年)。

在得出久期值之后，我们只要将它代入久期分析公式，就可以求出这笔贷款的现行价格（也即出售这笔贷款所应获得的市价）因市场利率下降一个百分点之后而提高的百分比。

$$\frac{dP}{P} = -\frac{4.271\ 8}{1+0.10} \times (5\% - 7\%) = 7.77\%$$

上述结果显示，如果贷款的市场利率或收益率由 7% 降至 5%，该笔贷款的现行价格将提高 7.77%；如果以绝对数表示，它的价格将因此增加 777 美元(10 000×7.77%)，变为 10 777 美元。

与缺口分析相比，久期分析是一种更为先进的利率风险计量方法。缺口分析侧重于计量利率变动对银行短期收益的影响，而久期分析则能计量利率风险对经济价值的影响。但是久期分析仍然存在以下局限性：

(1) 如果在计算敏感性权重时对每一时段使用平均久期，即采用标准久期分析法，久期分析仍然只能反映重新定价风险，不能反映基准风险，以及因利率和支付时间的不同而导致的头寸的实际利率敏感性差异，也不能很好地反映期权性风险。

(2) 对于利率的大幅变动(大于 1%)，由于头寸价格的变化与利率的变动无法近似为线性关系，久期分析的结果就不再准确。

延伸阅读 7-2

信用债发行现"取消潮"

2022 年 11 月份以来，信用债推迟或取消发行的情况明显增多。Wind 资讯数据显示，截至 2022 年 11 月 24 日，月内已有 85 只、原计划发行规模超 650 亿元的信用债取消发行，明显超出 2022 年 1 至 10 月单月全月的取消发行规模，也远超去年同期。

天风证券研报认为，2022 年 11 月，信用债取消发行数量和规模创 2022 年年内单月新高，取消发行占比也创新高。单周的取消发行占比均达到 20% 以上，已经与 2021 年永煤事件的冲击基本相当。

为何会出现信用债大规模取消发行的情况？天风证券认为系受多方面因素的影响：一方面，本身大量资管产品面临赎回压力，配置债券的力量减弱；另一方面，债市利率快速大幅调整，市场对于后续走势仍有迟疑，在一级投资上会更谨慎。从发行人角度而言，前期融资成本较低，而市场调整过程中，融资成本短期大幅提升，发行人需要临时调高发行利率，才能募集到所需资金，会倾向于主动选择推迟或取消发行，待市场利率平稳后再择机发行。

数据显示,此轮信用债发行"取消潮"过程中,高评级的城投债占比超半数。

中信证券首席经济学家明明认为,本次取消发行等级中枢明显上移,发行人更多为因时制宜地"主动"取消。从债券等级看,本次取消发行的信用债中不乏AA+及以上高等级的个券。与历史上集中取消发行事件相比,2022年11月取消发行的等级中枢有明显上移,发行人不再如过去般因监管或资质等因素"被动"取消发行,而是根据外部市场因素和自身水平因时制宜地"主动"取消。

剖析本轮信用债取消发行背后的成因,除了上述因素,情绪方面,债市调整下,大幅回撤造成机构赎回压力增大,甚至可能出现机构强制砍仓和抛售的情况,在此背景下,机构无心增配新债,需求走弱传导至一级市场,供给也相应调整。流动性方面,2022年第四季度以来,央行逐步收紧广义流动性,与市场预期存在博弈。市场宽松预期已经降温,导致债市融资遇阻,因此部分发行人选择阶段性取消发行。

资料来源:蔡越坤. 85只、650亿元 创年内单月新高 信用债发行现"取消潮"[EB/OL]. (2022-11-26)[2022-12-13]. http://www.eeo.com.cn/2022/1126/568660.shtml

(三)外汇敞口与外汇敞口分析

1. 外汇敞口

敞口就是风险暴露,即所持有的各类风险性资产余额。本部分所说的敞口是指狭义上的外汇敞口,也称外汇敞口头寸,分为单币种敞口头寸和总敞口头寸。

1)单币种敞口头寸

单币种敞口头寸是指每种货币的即期净敞口头寸、远期净敞口头寸及调整后的期权头寸之和,反映单一货币的外汇风险,包括以下几个组成要素:

(1)即期净敞口头寸是指计入资产负债表内的业务所形成的敞口头寸,等于表内的即期资产减去即期负债。

(2)远期净敞口头寸是指买卖远期合约而形成的敞口头寸,其数量等于买入的远期合约头寸减去卖出的远期合约头寸。

(3)期权敞口头寸,持有期权的敞口头寸等于因持有期权而可能需要买入或卖出的每种外汇的总额,卖出期权的敞口头寸等于因卖出期权而可能需要买入或卖出的每种外汇的总额。

(4)其他敞口头寸,如以外币计值的担保业务和类似的承诺,如果可能被动使用,又是不可撤销的,就应当计入外汇敞口头寸。

加总上述四项要素就得到单一货币敞口头寸,即:

敞口头寸=即期净敞口头寸+远期净敞口头寸+期权敞口头寸+其他敞口头寸
=即期资产-即期负债+远期买入-远期卖出+期权敞口头寸+其他敞口头寸

如果某种外汇的敞口头寸为正值,则说明机构在该币种上处于多头;如果某种外汇的敞口头寸为负值,则说明机构在该币种上处于空头。

2)总敞口头寸

总敞口头寸反映整个货币组合的外汇风险,一般有三种计算方法。

(1)累计总敞口头寸法。累计总敞口头寸等于所有外币的多头与空头的总和。这一方法认为,不管是多头还是空头,只要是敞口头寸,都应该纳入总敞口头寸的计量范围。这种计量方法比较保守。

(2)净总敞口头寸法。净总敞口头寸等于所有外币多头总额与空头总额之差。这种方法主要考虑不同货币汇率波动的相关性,认为多头与空头存在抵补效应。这种计量方法较为激进。

(3) 短边法。短边法是一种为各国广泛运用的外汇风险敞口头寸的计量方法,同时为巴塞尔委员会所采用,原中国银监会(现已改名为国家金融监督管理总局)编写的《外汇风险敞口情况表》也采用这种算法。其处理步骤是:首先,分别加总每种外汇的多头和空头(分别称为净多头头寸之和与净空头头寸之和);其次,比较这两个总数;最后,把较大的一个总数作为银行的总敞口头寸。

短边法的优点在于既考虑到多头与空头同时存在风险,又考虑到它们之间的抵补效应。

2. 外汇敞口分析

外汇敞口分析(foreign exchange exposure analysis)是衡量汇率变动对公司当期收益影响的一种方法。外汇敞口主要源于银行表内外业务中的货币错配。当在某一个时段内,银行某一币种的多头头寸与空头头寸不一致时,所产生的差额就形成了外汇敞口。在存在外汇敞口的情况下,汇率变动可能会给银行的当期收益或经济价值带来损失,从而形成汇率风险。其分析原理类似于前面介绍的缺口、久期分析。

在进行敞口分析时,银行应当分析单一币种的外汇敞口,以及各币种敞口折成报告货币并加总轧差后形成的外汇总敞口。对单一币种的外汇敞口,银行应当分析即期外汇敞口、远期外汇敞口和即期、远期加总轧差后的外汇敞口。银行还应当对交易业务和非交易业务形成的外汇敞口加以区分。

外汇敞口分析是银行业较早采用的汇率风险计量方法,具有计算简便、清晰易懂的优点。但是,外汇敞口分析也存在一定的局限性,主要是忽略了各币种汇率变动的相关性,难以揭示由各币种汇率变动的相关性所带来的汇率风险。

(四)盈亏平衡分析

盈亏平衡分析(break even analysis)的原理就是根据量本利之间的关系,计算项目的盈亏平衡点的销售量,从而分析项目对市场需求变化的适应能力。一般来说,盈亏平衡点是指企业既不亏又不盈或营业利润为零时的销售量。根据是否考虑资金的时间价值,盈亏平衡分析可分为静态盈亏平衡分析和动态盈亏平衡分析。

1. 静态盈亏平衡分析

静态盈亏平衡分析是在不考虑资金的时间价值情况下,对投资项目的盈亏平衡进行分析。当某年的营业利润为零时,可以得到该年盈亏平衡点的销售量为(这里假设只有一种产品):

$$Q_t = F_t \div (p - v) = (F_c + D_t) \div (p - v) \tag{7-25}$$

式(7-25)中,Q_t 为第 t 年的盈亏平衡点销售量(又称保本销售量);F_t 为第 t 年的固定成本,这里假设非付现固定成本只有折旧,即 $F_t = D_t + F_c$,D_t 为第 t 年的折旧;F_c 为付现固定成本;p 为产品单价;v 为产品的单位变动成本;假设各年的付现固定成本、产品单价和产品的单位变动成本均不变。

当产销量低于盈亏平衡点销售量时,投资项目处于亏损状态;反之,当产销量超过盈亏平衡点销售量时,项目就有了盈利。当企业在盈亏平衡点附近经营,即销售量接近于 Q_t 时,投资项目的经营风险很大,或经营上的安全程度很低,销售量微小的下降都可能使企业发生亏损。

单一产品的盈亏平衡分析比较简单,根据给定的各年的付现固定成本、折旧、产品单价和单位变动成本，可由上述公式计算出各年的静态保本销售量。

当一个投资项目同时生产多种不同的产品，或对一个生产多种产品的整个企业进行盈亏平衡分析时，则需要考虑多品种产品的情况。在进行多品种盈亏平衡分析时，加权平均法是较常用的一种方法。有关计算分析公式如下：

销售收入 = 销售量×单价

边际贡献 = 销售量×(单价－单位变动成本)

边际贡献率 = 边际贡献÷销售收入

销售比重 = 某产品销售收入÷全厂各产品销售收入合计

全厂综合边际贡献率 = $\sum$ 某产品边际贡献率×该产品销售比重

全厂综合保本额 = 全厂固定成本÷全厂综合边际贡献率

某产品保本额 = 全厂综合保本额×该产品销售比重

某产品保本量 = 某产品保本额÷该产品单价

2. 动态盈亏平衡分析

静态盈亏平衡分析没有考虑资金的时间价值、所得税、利率以及通货膨胀等因素的影响，由此计算出的盈亏平衡点销售量仅仅能使项目的当期达到盈亏平衡，却不能保证项目的净现值恰好为零。在考虑资金的时间价值和所得税等因素的条件下，项目的动态平衡点就是项目净现值为零的那一点，即动态保本销售量就是使项目净现值为零的销售量。

考虑单一产品的情况，令 $NPV=0$，则可得到项目各年的动态保本销售量的计算公式：

$$\sum_{t=1}^{n} \frac{[Q_t(p_t-v_t)-F_{ct}](1-T)+T \cdot D_t}{(1+i)^t} - I = 0 \tag{7-26}$$

式(7-26)中，T 为所得税税率；Q_t 为各年的保本销售量；p_t 为各年的产品单价；v_t 为各年的产品单位变动成本；F_{ct} 为各年的付现固定成本；i 为项目的基准收益率；I 为初始投资（并假设在第0年一次性投入项目）。

利用上述公式即可分析各种情况下项目各年保本销售量的变化情况。

此时，各年的折旧额相同，假设各年的销售量、产品单价、单位变动成本、付现固定成本以及折旧均相同，可以利用上述公式直接导出动态盈亏平衡销售量(保本销售量)的计算公式如下：

$$Q^* = \frac{F_c + \left(\frac{n}{PVIFA_{i,n}} - T\right) \cdot \frac{D}{1-T}}{p-v} \tag{7-27}$$

其中，年金现值系数为：

$$PVIFA_{i,n} = \frac{(1+i)^n - 1}{i \cdot (1+i)^n} \tag{7-28}$$

在需要对若干个方案进行比较的情况下，若是某一个共有的不确定性因素（如销售量、产量、寿命、产品价格、单位变动成本等）影响这些方案的取舍，则可以利用盈亏平衡分析帮助决策。

(五) 敏感性分析

1. 敏感性分析的定义

敏感性分析通常是指单因素分析，它是在保持其他条件不变的前提下，研究单个市场风险要素（如利率、汇率、证券价格和商品价格等）的变化可能会对投资项目收益、金融工具或资产组合的收益或公司经济价值所产生的影响。例如，缺口分析和久期分析采用的都是利率敏感性分析方法。缺口分析可用于衡量当期收益对利率变动的敏感性；久期分析可用于衡量经济价值对利率变动的敏感性。

2. 敏感性分析的局限性

敏感性分析计算简单且便于理解，在市场风险分析中得到了广泛应用。但是，敏感性分析也存在一定的局限性，主要表现在对于较复杂的金融工具或资产组合，无法度量其收益或经济价值相对市场风险要素的非线性变化。因此，在使用敏感性分析时要注意其适用范围，并在必要时辅之以其他市场风险分析方法。

3. 敏感性分析在公司投资项目决策中的运用

敏感性分析可以用来衡量当投资方案中某个因素发生了变动时对该方案预期结果的影响程度。如果某因素在较小范围内发生了变动就会影响原定方案的经济效果，即表明该因素的敏感性强，风险损失后果较大；如果某因素在较大范围内变动，才会影响原定方案的经济效果，即表明该因素的敏感性弱，风险损失后果较小。

通常来说，敏感性因素的指标有以下几种：

(1) 投资额，包括固定资产投资和追加的流动资产投资。

(2) 项目寿命期。

(3) 产品的产销量。

(4) 产品价格。

(5) 经营成本，特别是其中的变动成本。

(6) 项目寿命期末的设备残值。

(7) 折现率。

在长期投资决策中，敏感性分析通常用来研究有关投资方案的现金净流量或固定资产寿命发生变动时，对该方案的净现值和内部收益率的影响程度。同时，它也可以用来研究有关投资项目的内部收益率变动时，对该方案的现金净流量或使用年限的影响程度。敏感性分析有助于企业领导了解在执行决策方案时应注意的问题，从而可以预先考虑措施与对策，避免决策上的失误。

对于投资项目评价，单因素敏感性分析是指假定影响投资项目评价指标的众多因素中其他因素均保持预测值不变，只有一个因素的预测值发生变动时对有关评价指标所产生的影响程度的分析。单因素敏感性分析一般可按以下步骤进行：

(1) 选定拟进行敏感性分析的投资项目评价指标，如净现值、内部收益率、净年值等。

(2) 选定要作敏感性分析的因素，如产品销售量、产品单价、单位变动成本、付现固定成本、投资额、项目寿命期、基准收益率和所得税税率等。

(3) 确定各因素拟进行敏感性分析的变动范围及变动间距。

(4) 依次计算每个因素的数值变动一定幅度后评价指标的最终结果，并可以进一步绘制因素变动率与评价指标数值之间的示意图；

(5) 根据计算结果和绘制的图形判断各因素的敏感性强弱。如果某因素的微小变动就导致评价指标很大幅度的变动，则说明该因素的敏感性强，反之则敏感性弱。对于敏感性很强的因素，在投资项目的实施过程中应重点加以控制，以避免不利情况出现。

【例题 7-3】 某一投资方案的有关资料如表 7-4 所示,所采用的数据是根据对未来可能出现的情况进行预测得到的,未来的投资额、付现成本和销售收入都有可能在±30%的范围内变动。企业采用直线法计提折旧,基准收益率为 15%。试对这三个因素作敏感性分析。

表 7-4 　　　　　　　　　　投资项目的原始数据 　　　　　　　　　　金额单位:万元

年份	第 0 年	第 1~9 年	第 10 年	基准收益率	所得税税率
初始投资	2 000			15%	33%
销售收入		1 800	1 800		
付现成本		1 100	1 100		
期末残值			120	净现值	
净现金流量	−2 000	531.04	651.04	694.83	

解:根据已知数据可得计算分析结果如表 7-5 所示。

表 7-5 　　　　　　　　　　投资项目敏感性分析 　　　　　　　　　　金额单位:万元

项目	不确定因素变化时对项目净现值的影响							临界值分析	
因素变动率	−30%	−20%	−10%	0	10%	20%	30%	净现值为零时的因素变动率	净现值
投资额变动	1 195.46	1 028.58	861.71	694.83	527.95	361.08	194.20	41.64%	0
销售收入变动	−1 120.96	−515.70	89.57	694.83	1 300.09	1 905.36	2 510.62	−11.48%	0
付现成本变动	1 804.48	1 434.60	1 064.71	694.83	324.95	−44.94	−414.82	18.79%	0

由此可见,当销售收入和付现成本不变时,投资额增加到 41.64% 以上时会使方案变得不应被接受;当投资额和付现成本不变时,销售收入低于预期值的 11.48% 以上时会使方案变得不应被接受;而当投资额和销售收入不变时,付现成本高于预期值 18.79% 以上时会使方案变得不应被接受。因此,三个因素的敏感性由强到弱的排序依次为销售收入、付现成本和投资额。

(六) 情景分析

与敏感性分析对单一因素进行分析不同,情景分析是一种多因素敏感性分析方法,它结合设定的各种可能情景的发生概率,研究多种因素同时作用时可能产生的影响。一般的情景分析需要计算度量分析指标,要注意考虑各种头寸的相关关系和相互作用。

情景分析中所用的情景通常包括基准情景、最好的情景和最坏的情景。情景可以人为设定(如直接使用历史上发生过的情景),也可以从对市场风险要素的历史数据变动的统计分析中得到,或通过运行描述在特定情况下市场风险要素变动的随机过程得到。例如,银行可以分析利率和汇率同时发生变化时,可能对其市场风险水平产生的影响;也可以分析重大历史事件重演(如历史上出现过的政治、经济或金融危机等)及一些假设事件时,其市场风险状况可能发生的变化。

(七) 决策树分析

前面所述的敏感性分析方法虽然有助于决策人员找到对投资项目的公司风险影响最大的因素,但是这些因素未来向不利方向变动的可能性有多大,在敏感性分析中尚未解决。因此对项目的公司风险作全面分析时,仅用敏感性分析是不够的。在进行敏感性分析找到关键因素的基础上,还应进一步作概率分析,才能对投资项目的公司风险作出综合的判断。

1. 决策树分析的定义

决策树分析又可称为概率分析,是通过研究各种不确定性市场因素发生不同幅度变动的概率分布及其对投资方案经济效果的影响,对方案的净现金流量及其经济效果指标作出某种概率描述,从而对方案的风险情况作出比较准确的判断。

决策树由决策结点、机会结点与结点间的分枝连线组成。通常,人们用方框表示决策结点,用圆圈表示机会结点,从决策结点引出的分枝连线表示决策者可作出的选择,从机会结点引出的分枝连线表示机会结点所示事件发生的概率。

2. 决策树分析的注意事项

在利用决策树时,应从决策树末端起,从后向前,步步推进到决策树的始端。在向前推进时,应在每一阶段计算事件发生的期望值。需特别注意:如果决策树所处理问题的计划期较长,计算时应考虑资金的时间价值。计算完毕后,开始对决策树进行剪枝,在每个决策节点删去除了最高期望值以外的其他所有分枝,最后步步推进到第一个决策结点,这时就找到了问题的最佳方案。

3. 决策树分析的不同情况

(1) 各年现金流完全无关。各年现金流完全无关是指投资项目各期现金流是相互独立的,每期的现金流之间没有任何因果关系,所以第 t 期现金流发生哪种结果不依赖于第 $t-1$ 期的情况。

(2) 各年现金流完全相关。各年现金流完全相关是指投资项目各年现金流以相对而言完全一样的方式发生偏离,即每年的实际现金流相对于预计现金流分布的均值的偏离程度都相同,所以第 t 年现金流发生哪种结果完全取决于前一年现金流发生的情况。在各年现金流完全相关的情况下,可以按照与各年现金流完全无关的情况同样的方法计算每年净现金流量的期望值和标准差、投资项目净现值的期望值及变差系数。

(3) 各年现金流部分相关。各年现金流部分相关是指投资项目各年现金流既不完全相关又不完全无关,第 t 年现金流发生哪种结果在一定程度上取决于前一年现金流发生的情况。在各年现金流部分相关的情况下,第 1 年现金流的结果不依赖于以前发生的事件,因此每种可能的现金流发生的概率称为初始概率;从第 2 年开始,每一年现金流量发生的结果将取决于前一年出现哪种情况,因此每种可能的现金流发生的概率称为条件概率;各年的现金流序列构成多种可能的组合,每一个特定的现金流组合可能发生的概率称为联合概率。

在实际经济活动中,影响投资方案经济效果的大多数因素(如投资额、成本、销售量、产品价格、项目寿命期等)都是随机变量,我们可以预测其未来可能的取值范围,估计各种取值或值域发生的概率,但不能肯定地预知它们取什么值,因此就需要对投资项目进行概率分析。

假设投资项目有 m 种可能出现的净现金流量状态,各种状态所对应的净现金流量序列为$\{y_j\}$,各种状态发生的概率为P_j($\sum_{j=1}^{m}P_j=1$),则在第j种状态下,方案的净现值为:

$$NPV_j = \sum_{t=0}^{n}\frac{CF_{jt}}{(1+y)^t} \qquad (7-29)$$

式(7-29)中,CF_{jt}为在第j种状态下,第t周期的净现金流量;n为项目的寿命期。则投资方案的净现值期望值为:

$$E(NPV) = \sum_{j=1}^{m}NPV_j \cdot P_j \qquad (7-30)$$

净现值的方差为:

$$D(NPV) = \sum_{j=1}^{m}[NPV_j - E(NPV)]^2 \cdot P_j \qquad (7-31)$$

标准差为:

$$\sigma(NPV) = \sqrt{D(NPV)} \qquad (7-32)$$

对于独立方案,计算其净值期望值和标准差的大小,可以分析其获利能力及风险的大小。对于几个互斥方案,可以比较它们的变异系数的大小,以便衡量其相对风险的高低,从而作出决策,变异系数计算公式为:

$$V = \sigma(NPV)/E(NPV) \qquad (7-33)$$

(八) 压力测试

1. 压力测试的定义

压力测试是通过测算公司在遇到假定的小概率事件等极端不利情况下可能发生的损失,分析这些损失对公司盈利能力和资本金带来的负面影响,进而对单一企业、集团和行业体系的脆弱性作出评估和判断,并采取必要措施。

2. 压力测试的方法

压力测试的目的是评估在极端不利的情况下的损失承受能力,主要采用敏感性压力测试和情景压力测试进行模拟和估计。

(1) 敏感性压力测试。敏感性压力测试旨在测量单个重要风险因素或少数几项关系密切的因素由于假设变动对银行风险暴露和银行承受风险能力的影响。

(2) 情景压力测试。情景压力测试是假设分析多个风险因素同时发生变化及某些极端不利事件发生对银行风险暴露和银行承受风险能力的影响。

3. 压力测试的内容

压力测试通常包括银行的信用风险、市场风险、流动性风险和操作风险等方面内容。压力测试中,公司应考虑不同风险之间的相互作用和共同影响。

针对信用风险可以采取的压力情景包括但不局限于以下内容:国内及国际主要经济体的宏观经济出现衰退;房地产价格出现较大幅度向下波动;贷款质量恶化;授信较为集中的企业和同业交易对手出现支付困难;其他对银行信用风险带来重大影响的情况。

针对市场风险的压力测试情景包括但不局限于以下内容:市场上资产价格出现不利变

动;主要货币汇率出现大的变化;利率重新定价缺口突然加大;基准利率出现不利于银行的情况;收益率曲线出现不利于银行的移动及附带期权工具的资产负债,其期权集中行使可能为银行带来损失等。

压力测试情景还包括以下情况:银行资金出现流动性困难;因内部或外部的重大欺诈行为及信息科技系统故障带来的损失等。压力测试情景根据假设程度的不同,一般包括轻度压力情景、中度压力情景及严重压力情景。这三种压力情景按照顺序不断增强,其中轻度压力情景比目前实际情况更为严峻。

公司应根据本行业务发展、风险状况和风险管理能力,制定本行压力测试方案,并定期进行修订和完善。有关压力测试方案应得到本行高级管理层和董事会的批准和认可。压力测试方案应包括本行压力测试的目标、程序、方法、频度、报告线路及相关应急处理措施等内容。公司应在本行压力测试方案的框架下开展各项具体的压力测试工作。

4. 压力测试的步骤

公司压力测试应包括以下步骤和程序:确定风险因素,设计压力情景,选择假设条件,确定测试程序,定期进行测试,对测试结果进行分析,通过压力测试确定潜在风险点和脆弱环节,将结果按照内部流程进行报告,采取应急处理措施和其他相关改进措施,向监管当局报告等。

公司应当根据压力测试的结果,对市场风险有重大影响的情形制订应急处理方案,如采取对冲、减少风险暴露等措施降低市场风险水平,以减少银行可能发生的损失和银行声誉可能受到的损害,并决定是否及如何对限额管理、资本配置和市场风险管理的其他政策和程序进行改进。董事会和高级管理层应当定期对压力测试的设计和结果进行审查,不断完善压力测试程序。

(九) 事后检验

事后检验(back testing)是指将市场风险度量方法或模型的估算结果与实际发生的损益进行比较,以检验度量方法或模型的准确性和可靠性,并据此对度量方法或模型进行调整和改进的一种方法。

若估算结果与实际结果近似,则表明该风险度量方法或模型的准确性和可靠性较高;若两者之间的差距较大,则表明该风险度量方法或模型的准确性和可靠性较低,或者是事后检验的假设前提存在问题;介于这两种情况之间的检验结果,则暗示该风险度量方法或模型存在问题,但结论不确定。

 延伸阅读 7-3

股指期货罕见"溢价"

近期,长期贴水股指期货罕见持续升水。多位私募受访人士认为,随着市场底部特征逐步明确、国内外潜在不确定因素逐步明朗,资金的风险偏好逐步提升,市场对于股票未来看多的预期是致使大量股指期货品种出现升水的主要原因;未来股指期货的效率会进一步提高,贴水呈震荡收窄的趋势。

股指期货持续升水利好正在建仓的中性策略,升水使得策略对冲成本为负,还可赚取股指升水的钱,故而当下时点为中性产品开仓的较好时点。

1. 政策暖风频吹,市场预期转向使股指期货罕见升水

大岩资本首席投资官黄铂认为股指期货罕见持续升水主要有以下两方面的原因:首先,随着市场底部

特征逐步明确,国内外潜在不确定因素逐步明朗,资金的风险偏好逐步提升,致使通过股指期货对冲短期市场风险的需求降低;其次,自2022年9月以来,存量量化AB款产品在逐步清退中,这部分杠杆类产品以市场中性策略为主,所以在平空头期货对冲的过程中会导致股指期货基差缩小甚至升水。

2. 对冲成本下降,股指升水长期利好中性策略

私募排排网数据显示,截至2022年12月初,近一个月有业绩记录的2 703只股票量化产品平均收益率为5.42%,其中2 343只股票量化产品实现正收益,占比为86.68%。

分策略来看,有业绩记录的746只市场中性策略产品近一个月整体收益为1.82%,其中579只市场中性策略产品实现正收益,占比为77.61%;有业绩记录的936只指数增强产品近一个月整体收益为7.89%,其中903只指数增强产品实现正收益,占比为96.47%;另外,有业绩记录的1 021只空气指增产品近一个月整体收益为5.79%,其中861只空气指增产品实现正收益,占比为84.33%。

3. 多个衍生品工具陆续上市,量化私募再添新的风险管理工具

近期证监会同意中金所开展上证50股指期权交易,相关合约正式挂牌交易时间为2022年12月19日。除了上证50股指期权,2022年还有深圳100ETF期权、中证1 000股指期货和期权等推出,市场认为,这些新的风险管理工具对量化策略有积极影响。新工具的推出为量化策略提供了更多的风险管理工具,增加了量化策略投资研究的范围,为对冲、套利、期权等策略提供了更多的研究和应用角度。

4. 量化策略近期表现较为分化,股票多头策略反弹明显

大岩资本首席投资官黄铂指出,公司2022年以来主打低波动、高夏普的稳健性策略,年内业绩在同类产品的优势比较明显。业绩稳定的原因主要来自丰富多元的因子储备及极其严苛的风险管理。整体而言,90%以上的收益来自选股收益,风格和行业的收益占比不足10%。

回顾近期市场,启林投资直言,2022年9月以来市场进入量化相对难做的状态,公司整体超额收益有所回撤。分策略来看,基本面策略相对回撤更大,量化表现相对较好。原因在于三季报发出之后,业绩较好的成长类公司反而大幅跑输市场,相关的基本面因子预测性较差。

悬铃资产表示,2022年受大环境影响,市场整体不算乐观,公司整体业绩虽然相较之前几年有所下降,但依然有不错的表现。分策略来看,公司核心的可转债套利策略依然稳定贡献收益,这是套利策略的特性决定的,也符合公司预期。

资料来源:周倬睿.量化大事件!股指期货罕见"溢价",还有这个大消息![EB/OL].(2022-12-11)[2022-12-12]. https://mp.weixin.qq.com/s/ZChGdP6dsXK0AiygbksOfw.

第三节 市场风险监测与控制

一、市场风险监测

(一) 市场风险管理的组织架构

一般而言,公司对市场风险管理应当包括董事会、高级管理层和相关部门三个层级。

1. 董事会

董事会承担对市场风险管理实施监控的最终责任,确保公司能够有效地识别、计量、监测和控制各项业务所承担的各类市场风险。

2. 高级管理层

高级管理层负责制定、定期审查和监督执行市场风险管理的政策、程序及具体的操作规程,及时了解市场风险水平及其管理状况,并确保银行具备足够的人力、物力以及恰当的组织结构、管理信息系统和技术水平来有效地识别、计量、监测和控制各项业务所承担的各类

市场风险。

3. 相关部门

公司应当确保各职能部门具有明确的职责分工、相关职能被恰当分离,以避免产生潜在的利益冲突。交易部门应当将前台和后台严格分离,前台交易人员不得参与交易的正式确认、对账、重新估值、交易结算和款项收付,必要时可设置中台监控机制。负责市场风险管理的部门应当职责明确,与承担风险的业务部门保持相对独立,向董事会和高级管理层提供独立的市场风险报告,并且具备履行市场风险管理职责所需要的人力和物力资源。负责市场风险管理的工作人员应当具备相关的专业知识和技能,并充分了解本行与风险有关的业务、所承担的各类市场风险,以及相应的风险识别、计量、监测和控制方法及技术。

(二)市场风险报告

1. 市场风险报告的内容

市场风险报告应当定期、及时地向董事会、高级管理层和其他管理人员提供。不同层次和种类的报告应当遵循规定的发送范围、程序和频率。

向董事会提交的市场风险报告通常包括银行的总体市场头寸、风险水平、盈亏状况,以及对市场风险限额和市场风险管理的其他政策和程序的遵守情况等内容。

向高级管理层和其他管理人员提交的市场风险报告通常包括按地区、业务经营部门、资产组合、金融工具和风险类别分解后的详细信息,并具有更高的频率。

风险管理部门应当能够运用有效的分析和报告工具,向高级管理层和交易前台提供有附加价值的风险信息,来辅助交易人员、高级管理层和风险管理专业人员进行决策。

市场风险报告应当包括如下全部或部分内容:

(1)按业务、部门、地区和风险类别分别统计的市场风险头寸。

(2)按业务、部门、地区和风险类别分别度量的市场风险水平。

(3)对市场风险头寸和市场风险水平的结构分析。

(4)盈亏情况。

(5)市场风险识别、度量、监测和控制方法及程序的变更情况。

(6)市场风险管理政策和程序的遵守情况。

(7)市场风险限额的遵守情况,包括对超限额情况的处理。

(8)事后检验和压力测试情况。

(9)内部和外部审计情况。

(10)市场风险经济资本分配情况。

(11)对改进市场风险管理政策、程序以及市场风险应急方案的建议。

(12)市场风险管理的其他情况。

2. 市场风险报告的频度

(1)在正常市场条件下,通常每周向高级管理层报告一次;在市场剧烈波动情况下,需要进行实时报告,但主要通过信息系统直接传递。

(2)后台和前台所需的头寸报告,应当每日提供,并完好打印、存档、保管。

(3)风险值和风险限额报告必须在每日交易结束之后尽快完成。

(4)根据高级管理层或决策部门的要求,风险管理部门应当有能力随时提供各种满足特定需要的风险分析报告,以辅助决策。

二、市场风险控制

(一) 限额管理

实施市场风险管理是为了确保将所承担的市场风险规模控制在可以承受的合理范围内,使自身所承担的市场风险水平与其风险管理能力和风险承受能力相匹配。限额管理正是对公司市场风险进行有效控制的一项重要手段。常用的市场风险限额包括交易限额、风险限额和止损限额等。

1. 交易限额

交易限额是指对总交易头寸或净交易头寸设定的限额。总头寸限额对特定交易工具的多头头寸或空头头寸分别加以限制;净头寸限额对多头头寸和空头头寸相抵后的净额加以限制。如累计外汇敞口头寸比率为累计外汇敞口头寸与资本净额之比,其值不得高于20%。市值敏感性比率为修正持续期缺口乘以1%每年。

在外汇买卖交易中,每个银行对限额管理的政策和制定的限额大小是不一样的。首先,额度的大小取决于该银行对外汇业务的进取程度,是希望在外汇市场中表现为市场领导者、市场活跃者,还是一般参与者,甚至市场不参与者。银行在市场中扮演的角色不同,必然会造成额度不同。其次,额度的大小取决于最高领导层对外汇业务收益的期望值和对汇率风险的容忍程度。通常,风险越大,收益越高。最后,额度的大小取决于交易头寸的灵活程度和交易货币的种类,如果允许交易员的交易头寸有较大灵活度,而且交易货币的种类较多,则额度需要制订得较大。总之,银行如果在外汇交易方面进取性较强,则内部限额较大,反之则内部限额较小。

2. 风险限额

风险限额是指对采用一定的计量方法所获得的市场风险规模设置限额,例如,对采用内部模型法计量得出的风险价值设定的风险价值限额,对期权性头寸设定的期权性头寸限额等。期权性头寸限额是指对反映期权价值的敏感性参数设定的限额,包括对衡量期权价值对基准资产价格变动率的delta、衡量delta对基准资产价格变动率的gamma、衡量期权价值对市场预期的基准资产价格波动性的敏感度的vega、衡量期权临近到期日时价值变化的theta以及衡量期权价值对短期利率变动率的rho所设定的限额。

3. 止损限额

止损限额是指所允许的最大损失额。通常,当某项头寸的累计损失达到或接近止损限额时,就必须对该头寸进行对冲交易或立即变现。止损限额具有追溯力,即适用于1日、1周或1个月内等一段时间内的累计损失。

公司应当制订对各类和各级限额的内部审批程序的操作规程,根据业务的性质、规模、复杂程度和风险承受能力设定、定期审查和更新限额。市场风险限额既可以分配到不同地区、业务单元和交易员,又可以按资产组合、金融工具和风险类别进行分解。公司应当根据不同的限额对控制风险的不同作用及其局限性,建立不同类型和不同层次的限额相互补充的合理限额体系,以有效控制市场风险。同时,公司应当确保不同市场风险限额之间的一致性,并协调市场风险限额管理与流动性风险等其他风险类别的限额管理。

公司在设计限额体系时应当综合考虑以下主要因素:自身业务性质、规模和复杂程度;能够承担的市场风险水平;业务经营部门的既往业绩;工作人员的专业水平和经验;定价估值和市场风险度量系统;压力测试结果;内部控制水平;资本实力;外部市场的发展变化情况等。公司总的市场风险限额以及限额种类、结构应当提交董事会批准。

公司在实施限额管理的过程中,还需要制订并实施合理的超限额监控和处理程序。负责市场风险管理的部门应当通过风险管理信息系统监测对市场风险限额的遵守情况,并及时将超限额情况报告给相应级别的管理层。该级别的管理层应当根据限额管理的政策和程序决定是否批准提高限额。如果批准,还需要明确此超限额情况可以保持多长时间。对于未经批准的超限额情况,应当按照内部的限额管理政策和程序进行处理。同时,交易部门也应当及时主动地汇报超限额情况。另外,管理层应当根据一定时期内的超限额发生情况,决定是否对限额管理体系进行调整。

(二) 市场风险对冲

除了采用限额管理来控制市场风险,公司还可以通过金融衍生产品等金融工具,在一定程度上实现控制或对冲市场风险的目的。风险对冲是指对通过投资或购买与管理基础资产收益波动负相关或完全负相关的某种资产或金融衍生产品来冲销风险的一种风险管理策略。当原风险敞口出现亏损时,新风险敞口能够赢利,并且使赢利能够尽量全部抵补亏损。

套期保值比率就是用于套期保值的资产头寸对被套期保值的资产头寸的比率。最优套期保值比率就是使得套期保值组合的价值变动对被套期保值的资产价值的变化敏感性为 0。无论多头套期保值还是空头套期保值,实际的最优套期保值数量 N 等于:

$$N = n \times \frac{Q_H}{Q_G} = \frac{\mathrm{d}(\Delta H) \times Q_H}{\mathrm{d}(\Delta G) \times Q_G} = \frac{\mathrm{d}(r_H) \times H_0 \times Q_H}{\mathrm{d}(r_G) \times G_0 \times Q_G} = \frac{\mathrm{d}(r_H) \times V_H}{\mathrm{d}(r_G) \times V_G} \qquad (7\text{-}34)$$

式(7-34)中,n 为最优套期保值比率;H 是需要套期保值的现货价格;G 是用以进行套期保值的期货(或其他衍生品)的价格,下标 H、G 分别表示需要进行套期保值的现货、用以进行套期保值的期货(或其他衍生品);r、Q、V 分别为需要现货(下标 H)或衍生品(下标 G)的收益率、数量、价值。

方差最小的最优套期保值比率就是使整个套期保值组合收益率的波动率最小化的套期保值比率。套期保值组合收益率的波动率方差为:

$$\sigma_P^2 = \sigma_H^2 + n^2 \sigma_G^2 - 2n\rho_{HG}\sigma_H\sigma_G \qquad (7\text{-}35)$$

对式(7-35)求关于 n 的一阶导数,令其等于 0,可得方差最小的最优套期保值比率:

$$n = \rho_{HG} \frac{\sigma_H}{\sigma_G} \qquad (7\text{-}36)$$

(三) 缺口管理

1. 缺口管理的定义

缺口管理(gap management)就是通过调控利率敏感性资产和利率敏感性负债之间的差额,将风险暴露头寸降低到最低程度,以获取最大收益。它是公司防范利率风险,保证银行利差最大化的重要措施。

2. 缺口管理的基本做法

其基本做法就是在对利率变动预测的基础上,随着利率变动,调整敏感性资产负债结构及计划期内的敏感性缺口的正负与大小。公司采用何种方式防范利率风险,取决于利率变动情况。即当利率上升时,采用正缺口管理方式;而当利率下降时,则采用负缺口管理方式。通过改变敏感性缺口的大小,公司可以达到利润最大化。

3. 敏感性缺口目标值的计算公式

为了明确敏感性缺口在多大区间变动才能保证公司的收益率,下面的公式可以确定敏感性缺口的目标值。

$$\frac{\text{敏感性缺口目标值}}{\text{赢利敏感性资产}} = \text{利率差允许变动幅度} \times \frac{\text{利率差预期值}}{\text{利率变动预期值}}$$

4. 缺口管理的局限性

缺口管理虽然比较常用,但也有不完善之处。首先,它没有考虑一个时期内各种头寸的不同特点,特别是它假定了所有头寸是同时到期或可以同时重新定价,这种简化方式会对计算结果的准确程度有很大影响;其次,它还忽略了不同头寸的利率差异及由此产生的不同的现金流。尽管如此,由于缺口管理的简明适用,仍不失为利率管理常用的方法之一。

(四) 久期管理

当市场利率变动时,银行资产价值和负债价值的变动方向与市场利率的变动方向相反,而且银行资产与负债的久期越长,资产与负债价值变动的幅度越大,即利率风险越大。这样我们就可以根据久期分析(即不同久期缺口情况下利率变动对银行市场价值的影响)的变动趋势预测,调整久期缺口,对公司市场价值进行管理。

根据表 7-2 不同久期缺口情况下利率变动对银行市场价值的影响(详见本节市场风险分析方法中的缺口分析),可以结合利率变动趋势预测,调整久期缺口,对金融机构市场价值进行管理,预测利率风险管理。当预测利率上升时,保持负久期缺口;当预测利率下降时,保持正久期缺口;并适时调整久期缺口,使公司价值增值最大化。

银行还可以对标准久期管理进行改善,如可以不采用对每时段头寸使用平均久期的做法,而是通过计算每项资产、负债和表外头寸的精确久期来计量市场利率变化所产生的影响,从而消除加总头寸/现金流量时可能产生的误差。另外,银行还可以采用有效久期分析法,即对不同的时段运用不同的权重,在特定的利率变化情况下,假想金融工具市场价值的实际百分比变化来设计各时段的风险权重,从而更好地反映市场利率的显著变动所导致的价格的非线性变化。银行也可以把久期和凸度结合起来,准确估计证券价格。

延伸阅读 7-4

中国银行保险监督管理委员会发布《商业银行银行账簿利率风险管理指引(修订)》

为推动商业银行提升银行账簿利率风险管理水平,弥补监管制度短板,中国银行保险监督管理委员会对《商业银行银行账户利率风险管理指引》(银监发〔2009〕106 号)进行了全面修订,经公开征求意见,发布《商业银行银行账簿利率风险管理指引(修订)》(以下简称《指引》)。

银行账簿利率风险是银行面临的主要风险之一。近年来,国内商业银行不断完善银行账簿利率风险管理体系,加强信息系统建设,在风险管理、利率敏感性计量和压力测试等方面积累了一定经验。随着我国利率市场化改革基本完成,新的利率市场环境需要银行不断提升银行账簿利率风险管理精细化水平。

《指引》修订结合我国银行业实际情况,合理借鉴国际监管标准。《指引》内容包括总则、风险治理、风险计量和压力测试、计量系统与模型管理、计量结果应用和信息披露、监督检查、附则七个章节,以及名词解释、利率冲击情景设计要求、客户行为性期权风险考虑因素、模型管理要求、标准化计量框架、监管评估六个附件。《指引》在银行风险管理、风险计量、监督检查等方面提出了细化要求。

《指引》修订内容主要体现在规范银行账簿利率风险的治理架构和风险管理政策流程,明确风险计量、利率冲击情景和客户行为假设的具体要求,完善信息系统、模型和数据管理要求,引导银行加强计量结果应用,强化监管评估等方面。同时,《指引》明确商业银行在适用相关监管要求时应遵循匹配性原则,并根据银行系统重要性或业务复杂程度不同,进行差异化的风险计量。

资料来源:中国银行保险监督管理委员会办公厅.中国银行保险监督管理委员会发布《商业银行银行账簿利率风险管理指引(修订)》[EB/OL].(2018-05-30)[2022-12-14]. http://www.cbirc.gov.cn/cn/view/pages/ItemDetail.html?docId=180859.

(五)内部管理方法

内部管理方法(internal management method)是指通过公司内部经营活动的调整来达到保值目的的方法,主要用于管理外汇交易风险,具体有以下几种。

1. 选择计价货币法

在国际金融市场上,货币有本币和外币之分,又有硬币和软币之分。公司在交易过程中,选择合适的计价货币,是防范汇率风险的重要方法。其实质是汇率风险由谁来承担的问题,是进口商,还是出口商,这又要取决于公司的市场竞争力等多种因素。

在选择计价货币时应遵循以下六个原则:

(1)"收硬付软"原则。公司在出口贸易、借贷资金输出时,力争选择硬货币来计价结算;在进口贸易、借贷资金输入时,力争选择软货币计价结算。

(2)进、出货币一致原则。公司进口使用某种货币计价,那么出口也应采用该种货币计价,这样做可以将汇率风险通过一"收"一"支"相互抵销。如果计价货币升值,则进口成本提高,公司遭受损失,然而出口收益却因此增加,公司有盈有亏,两者相抵,风险降低或消除。

(3)选择可自由兑换货币原则。自由兑换的货币流动性大,在调拨时比较方便。例如,美元、欧元、英镑就比泰铢、比索的流动性大。因此,公司应偏向选择可自由兑换货币。

(4)以本币作计价货币原则。在国际经济活动中,如果用本币计价结算,收、付不需要买卖外汇,也就不承担汇率变动的风险,但这种方法给贸易谈判带来一定困难,因为这实际上是将汇率风险转嫁给了对方,所以只能在其他方面给对方做些补偿,交易才能达成。

(5)多种货币组合原则。多种货币组合原则也称一篮子货币计价原则,是指在进出口合同中使用两种以上的货币来计价以消除汇率波动的风险。若一种货币发生贬值或升值,而其他货币价值不变则不会给公司带来很大的汇率风险损失;若计价货币中的几种货币升值,另外几种货币贬值,则升值货币所带来的收益可抵消贬值货币带来的损失,从而减轻或消除汇率风险。

(6)综合考虑汇率与利率的变动趋势。公司在国际市场上筹集资金时要特别注意,低利率的债务不一定就是低成本的债务,高利率的债务不一定就是高成本的债务,必须把利率和汇率的变动趋势综合起来考虑。一般地讲,硬货币利率低,软货币利率高。

2. 提前或推后收付法

提前或推后(leading or lagging)收付是指在预测汇率将朝某方向变化时,提前或推迟外汇收付,以便尽可能减少汇率风险,得到汇价变动的好处。对于出口商或债权人来说,当预测计价结算货币汇率趋跌时,应设法提前收汇,以防止将来外汇汇率下跌而使出口商或债权人收到的外币兑换本币减少;当预测计价结算货币汇率趋升时,应设法推迟收汇,以期在外汇汇率上升后,使出口商或债权人收到的外币可兑换成更多的本币。对于进口商或债务人来说,情况恰恰相反。

3. 净额结算法

净额结算又称轧差(netting),是指公司之间(多指跨国公司内部的子公司间)相互抵消各自的头寸以获得净额,一些公司只剩债权净额,而另一些公司只剩债务净额,然后债务净额公司向债权净额公司清偿,以此结清款项。净额结算法分为双边和多边净额结算。双边净额结算只在两个公司之间进行债务净额的结算,而多边净额结算在多个公司之间进行债务净额的结算。

债权债务的结算有两种方法:一是现金总库法,即净债务人将款项汇到总库,再由总库将款项付给净债权人;二是直接冲销法,即债权债务双方直接结算,不需要中介,所以该方法更经济、合理。

净额结算法可节省大量的兑换和交易成本,但许多国家的外汇管理却限制双边或多边净额交易。

4. 配平法

配平法(matching method)是指以同种货币或与该种货币有某种固定联系的货币,以等值数额和同样的期限,创造一笔流向相反的货币流量的方法。

配平法分为自然配平法和平行配平法。其中,自然配平法是指以同种货币创造反向流量的方法;平行配平法是指以某种固定联系的货币创造反向流量的方法,其固定联系是指两种货币汇率走势一致。例如,人民币实行与美元挂钩的汇率政策,因此美元是与人民币有固定联系的货币,美元相对于其他货币升值时,人民币也相应地对其他货币升值。

平行配平法不受同种货币的限制,因此更灵活。但自然配平法由于使用同种货币,可以完全保值;而平行配平法却不能完全保值,因为彼此有固定联系的两种货币,其上浮和下浮的幅度往往并非完全一致。

5. 调整价格法

在进出口贸易中,不论选取的结算货币是"软通货"还是"硬通货",其结果往往是使一方承担外汇风险,而另一方则不承担。在实际交易中,由于贸易条件、交易动机、市场行情和商品质量等因素的制约,进出口商有时不得不在出口贸易中按"软通货"收汇,而在进口贸易中按"硬通货"付汇。此时,进出口商可通过价格调整来降低汇率波动所造成的损失,即把汇率风险分摊到价格中去,以达到减少汇率风险的目的。对进口商来说,当计价货币趋于上升(硬币)时,可设法提高出口商品的价格即加价保值,加价后的单价等于原单价乘以(1+货币的预期升值率);当计价货币趋于下跌(软币)时,可要求降低进口商品的价格即压价保值,压价后的单价等于原单价乘以(1-货币的预期贬值率)。

这种方法也受到许多条件的制约,一方的受益往往以另一方的受损为代价。在卖方市场情况下,对进口商来说,如果坚持降价,则有可能失掉贸易机会;相反,对出口商来说,要求提价则容易达到目的。在买方市场下,情况则相反。

6. 订立保值条款

订立保值条款就是在经济合同中议定有关外汇风险承担的条款,保护双方当事人的利益,可以选用的保值条款有以下几种:

(1)用"一篮子"货币保值。即选用多种货币共同作为保值货币,即在合同中规定一种计价结算货币,同时用其他多种货币组成的"一篮子"货币保值。实践证明,这种保值措施实用且有效,已广泛用于公司进出口、国际金融组织向会员国提供的贷款等业务中,并且达到了良好的效果。

(2) 用硬货币保值。即在合同中规定以硬货币计价,用软货币支付,并载明两种货币当时的汇率。在执行合同过程中,如果支付货币汇率下跌,则对合同中金额进行等比例的调整,按照支付日的支付货币汇率计算,这样做使得实收的计价货币金额与签订合同时相同,可以弥补支付货币汇率下跌的损失。

(3) 用黄金保值。即用黄金保值,具体做法是将支付货币按黄金市场价格转化为黄金的盎司数量,合约到期时,再按当时的黄金市场价格折成合同货币收付。黄金保值条款通行于固定汇率时期,现极少使用,因为黄金已不再是各国货币的定值标准,黄金与货币间的固定联系已不复存在,黄金保值便失去了意义。

不管采用哪种方法,都不可能保证合同货币价值完全不变,只不过相应减少其波动幅度。

(六) 金融组合管理方法

金融组合管理方法(financial portfolio management method)是指借助金融产品组合管理与交易来防范汇率交易风险的方法。一般而言,银行的汇率风险可以通过以下渠道加以控制:各种限额控制、表内套期保值和表外套期保值。表内套期保值是指银行通过对其资产和负债的币种加以匹配来避免因汇率变动而引起的利差亏损;表外套期保值则是指银行通过对远期外汇合同、外汇期货合同、外汇掉期合同和外汇期权合同等表外工具的运用,对其表内的汇率风险进行套期保值。

(七) 资产负债管理

会计风险虽然影响合并资产负债表的价值,但并不代表母公司经济价值的损失。尽管如此,公司也不应该忽视会计风险,因为会计账目是一些政府税收(主要是所得税及相关税种)、对公司的信用评级及投资者评价公司业绩的主要依据,关系到公司在资本市场上的融资能力,风险管理人员需要采取措施来管理会计风险。风险净头寸是外汇风险产生的必备条件,风险净头寸越小,公司受汇率变动的影响就越小,风险净头寸为零时最安全。风险管理者应该增加强势货币资产,减少强势货币负债;减少弱势货币资产,增加弱势货币负债。风险管理者还应从财务角度调整受险资产和受险负债,改变风险净头寸的强度与币种,从而实现对外汇风险的管理。

(八) 投融资策略

1. 投融资多元化

公司在管理经济风险时,还应该在投资和融资方面实现国际多元化。对投资而言,公司尽可能选择多个国家、多种币种进行投资,在同一种币种中选择多种不同类型、不同期限的投资方案进行投资。对融资而言,公司应尽可能从不同的资本市场上利用多种工具融资,还可以通过多种货币、多种渠道筹资,尤其是可多借软货币等。

2. 融资的货币组合与生产经营使用的货币组合匹配

在本币升值的情况下,由于成本相对提高,外币销售收入减少,公司未来现金流量净现值也减少。如果公司生产出口产品所需的资金是通过融资渠道获得的出口市场的当地货币,那么,由于偿债成本降低,现金流出减少,公司未来现金流量净现值的减少可以在一定程度上得到弥补。

例如,日本汽车出口到美国,生产汽车所需资金是从美国银行获得的美元借款。这样,当日元对美元升值时,该汽车制造商所需偿付的美元借款成本(以日元来衡量)就较低。当这两方面的减少在数量上相等或相近时,销售减少的现金流入就可以被偿债成本的降低完全或基本抵消。

当公司实现了上述全部或部分目标后,将处于一种"有备无患"的有利地位。一旦汇率发生意外变动,公司就能灵活快速地应对变化并作出调整,以缩小其影响,始终立于不败之地。

延伸阅读7-5

大商所多措并举,支持实体经济

大连商品交易所(以下简称"大商所")日前发布了《关于免收交割手续费等相关费用的通知》,2023年全年将免收期货交割手续费等4项费用。

自2020年实施交割手续费相关降费政策以来,大商所已累计免收交割手续费等费用1.58亿元。并且,大商所近年来始终坚持多措并举支持企业利用期货市场稳定生产经营。伴随着产业企业对大连期货市场参与度的提升,大商所在市场定价中的力量进一步增强,市场风险承载转移能力和实体经济服务能力也进一步提升。

值得注意的是,大商所是国内目前唯一对套期保值交易手续费进行全部减免的交易所,也是唯一实施套期保值和投机差异化保证金管理的交易所。

首先,由于套期保值交易手续费100%减免,2022年大商所累计为实体企业减免套保交易手续费约2亿元。同时,2022年5月初,大商所将套期保值交易手续费的减收方式由"先收后返"优化调整为"每日直接减免"。

其次,大商所通过差异化保证金管理来降低套期保值客户资金的占用。目前,大商所已对19个品种实施套期保值和投机差异化保证金管理,各品种一般月份套期保值交易保证金水平较投机保证金低1至7个百分点,每日可为实体企业减少约50亿元的保证金占用。

此外,随着期货市场功能和合约连续性的提升,实体企业对于参与近月合约套保的需求日渐增长,自2022年4月15日起,大商所以线型低密度聚乙烯、聚氯乙烯和聚丙烯3个品种为试点,取消了以上3个品种期货合约交割月前月10%的保证金梯度,并将交割月前7个交易日的套期保值交易保证金水平从20%下调至15%,将套期保值差异化保证金业务由一般月份进一步延伸至临近交割月和交割月,为产业通过期货市场进行风险管理提供更多便利。

截至目前,大商所已有21个期货品种和11个期权工具,覆盖农业、能源化工、煤炭矿产等国民经济主要领域,为不同产业提供了丰富的风险管理工具。2022年8月8日,黄大豆1号、黄大豆2号和豆油期权在大商所挂牌上市。目前,大商所正在积极推动在黄大豆1号、黄大豆2号、豆粕和豆油期货及期权上引入境外交易者参与,从而提升相关品种价格有效性和影响力,为境内外企业风险管理提供便利。

近年来,大商所还沿着产业格局变化和政策调整方向,顺应产业趋势"一品一策"完善产品及规则制度。例如,在焦煤品种上,及时跟进焦煤贸易从进口为主转向国内供应为主的变化,将焦煤合约标准品定位由进口煤调整为国产煤,让国内大循环背景下的主产区煤价成为市场主导。另外,大商所还采取以做市业务为核心的系列措施,改善各主要品种合约连续性,让近、中、远期合约都能发挥作用,为企业避险和定价提供了更加丰富的选择。

在多措并举支持企业利用期货市场稳定生产经营下,2022年前10个月,大商所期货及期权累计日均持仓1190万手、同比增长15%,其中产业客户日均持仓634万手、同比增长34%,产业客户数也同比增

7-3 新奥天然气股份有限公司关于2023年度煤化工产品套期保值额度预计的公告

38%。产业企业对大连期货市场参与度的提升,也意味着大商所在市场定价中的力量进一步增强,市场风险承载转移能力和实体经济服务能力进一步提升。

资料来源:陈嘉玲.明年全年免收 4 项费用 大商所多措并举支持实体经济[EB/OL].(2022-12-02)[2022-12-13]. http://www.cb.com.cn/index/show/zj/cv/cv135188471267.

第四节 市场风险经济资本配置

一、市场风险经济资本的计算

除了采用限额管理、市场风险对冲等风险控制方法,公司还可以配置一定数量的经济资本来抵御市场风险可能造成的损失。计算监管资本用的风险价值置信水平采用99%的单位置信区间;持有期为 10 个营业日;市场风险要素价格的历史观测期至少为 1 年;至少每 3 个月更新一次数据。在此基础上,度量市场风险监管资本的公式为:

$$市场风险监管资本 = (附加因子 + 最低乘数因子) \times VaR$$

同时,《巴塞尔资本协议市场风险补充规定》要求采用内部模型计算市场风险资本的银行对模型进行事后检验,以检验并提高模型的准确性和可靠性。监管当局应根据事后检验的结果决定是否通过设定附加因子来提高市场风险的监管资本要求。附加因子设定在最低乘数因子(巴塞尔委员会规定为3)之上,取值在0~1。如果监管当局对模型的事后检验结果比较满意,模型也满足了监管当局规定的其他定量和定性标准,就可以将附加因子设为0,否则,可以设为0~1的一个数,即通过增大 VaR 值的数因子,对内部模型存在缺陷的银行提出更高的监管资本要求。

但是,银行在实施内部市场风险管理时,可以根据其风险偏好和风险管理策略选择置信度和持有期来计算 VaR,经济资本的计算也是如此。其计算公式如下:

$$市场风险经济资本 = 乘数因子 \times VaR$$

虽然大多数银行都采用乘数因子乘以 VaR 这一公式计算市场风险经济资本,但其中 VaR 值的计算所选用的置信度、持有期等参数可能不同于计算监管资本所用的参数,因此计算出来的结果会有所不同。乘数因子也由银行根据实际情况确定。

二、风险调整收益率和经济增加值

通过运用经济资本计算和风险预算方法,公司就可以获得每个交易员、投资组合、各项交易及业务部门所占用的市场风险经济资本,进而计算经风险调整的收益率(risk-adjusted return on capital, RAROC)和经济增加值(economic value added, EVA)。

(一) 经风险调整的收益率

应用于市场风险管理的经风险调整的收益率(RAROC)可以简单表示为:

$$经风险调整的收益率(RAROC) = 税后净利润 \div 经济资本$$

如果一笔交易只发生几天,并且只在这几天中占用了所配置的经济资本,则需要将 RAROC 调整为年度比率,以便与其他交易的 RAROC 相比较:

$$RAROC_{annual} = (1+RAROC_T)^{\frac{250}{T}} - 1 \qquad (7-37)$$

(二) 经济增加值

经济增加值(EVA)意为公司在扣除资本成本之后所创造的价值增加值。经济增加值强调资本成本的重要性,督促金融机构减少运营过程中所占用的资本,达到增加金融机构价值的目的。

应用于市场风险管理的经济增加值可以表示为:

EVA ＝税后净利润－资本成本
　　＝税后净利润－经济资本×资本预期收益率
　　＝(经风险调整的收益率－资本预期收益率)×经济资本

经风险调整的收益率和经济增加值可以用来评估交易员、投资组合、各项交易以及业务部门的业绩表现,其前提是:市场数据信息准确、真实,财务实行集中管理,规范统一。

从现代公司管理,特别是风险管理的角度来看,市场交易人员(或业务部门)的收入和奖金应当以 EVA 为参照基准。如果交易人员(或业务部门)在交易过程中承担了很高的风险,那么其所占用的经济资本同样很多,即便交易人员(或业务部门)在当期获得了很高的收益,其真正创造的 EVA 也是有限的。因此,采用 RAROC 和 EVA 这两项指标来度量交易人员和业务部门的业绩,有助于在公司内部树立良好的风险管理意识,并鼓励严谨的价值投资取向,从而减少甚至避免追逐短期利益的高风险投机行为。

延伸阅读 7-6

证监会同意上证 50 股指期权上市交易

证监会 2022 年 12 月 9 日消息,证监会近日同意中国金融期货交易所开展上证 50 股指期权交易。相关合约正式挂牌交易时间为 2022 年 12 月 19 日。

上市上证 50 股指期权,有利于提升标的资产的关注度,提升期现货市场整体流动性。同时,其有助于进一步满足投资者避险需求,健全和完善资本市场稳定机制。

1. 提升成分股流动性

股指期权是资本市场的风险管理工具,是多层次资本市场的重要组成部分。近年来,我国股票市场规模稳步扩大,投资者风险管理需求随之增加。

据了解,合约标的方面,根据《上证 50 股指期权合约及相关规则征求意见稿》,上证 50 股指期权的合约标的是上海证券交易所编制和发布的上证 50 指数。"上证 50 指数以上证 180 指数样本为样本空间,挑选上海证券市场规模大、流动性好的最具有代表性的 50 只证券作为样本,综合反映上海证券市场最具市场影响力的一批龙头企业的整体表现。"市场人士说。

"上证 50 指数覆盖的成分股是 A 股市场上的权重股,它们的稳定对于提高整个资本市场韧性至关重要。"厦门大学经济学院教授韩乾表示,上证 50 指数期权的推出,将进一步活跃相关成分股股票。这些成分股多为大型国企、央企或银行券商等金融机构,提升这些成分股的流动性和活跃度对于促进估值水平合理具有重要意义。

证监会指出,下一步将督促中国金融期货交易所进一步做好各项工作,保障上证 50 股指期权的平稳推出和稳健运行。

2. 风险管理工具进一步丰富

证监会同意中国金融期货交易所开展上证 50 股指期权交易,标志着境内股指期权市场再度扩容,风险管理工具进一步丰富。

据了解,股指期权作为应用较为普遍、广泛的风险管理工具,在管理股票市场风险的功能作用上和股指期货有较强的互补性,期货以风险对冲功能为主,期权以价格保险功能为主。

专家表示,此次推出上证50股指期权,有助于进一步完善我国金融衍生品市场体系,深化金融衍生品市场对现货市场的风险保护程度,促进提升标的资产的关注度,提升期现货市场整体的流动性;也有利于为市场提供不同维度、更加多元、更为精细化的交易与风险管理工具,丰富投资策略,更好地满足居民对于财富增值保值的需求。

资料来源:昝秀丽.证监会同意上证50股指期权上市交易 相关合约12月19日挂牌交易[EB/OL].(2022-12-10)[2022-12-13]. https://www.cs.com.cn/xwzx/hg/202212/t20221210_6312891.html.

本章小结

本章的主要学习内容是市场风险基本概述及市场风险管理的基本内容。通过本章学习,学生应主要了解市场风险的概念、特点,熟悉市场风险的四种不同分类及其具体内容,以及产生的原因;重点掌握市场风险度量的敏感性指标、收益率曲线、敏感性指标、市场风险缺口分析、久期分析、外汇敞口分析、盈亏平衡分析、敏感性分析、情景分析、决策树分析、压力测试和事后检验等分析方法,以及市场风险控制的方法,包括限额管理、对冲、缺口管理、久期管理、内部管理方法、金融组合管理方法、资产负债管理、投融资策略和监管资本预算等。

本章重要概念

市场风险 利率风险 汇率风险 收益率曲线 久期 缺口分析 外汇敞口 期货期权

7-4 练一练

7-5 练一练答案

第八章 法律风险管理

- 内容提要
- 重点难点
- 学习目标
- 知识框架
- 思政育人
- 第一节 法律风险概述
- 第二节 法律风险管理概述
- 第三节 法律风险管理体系
- 本章小结
- 本章重要概念

内容提要

本章主要讲解了企业法律风险及企业法律风险管理的概念及组成,并结合企业风险管理的工作环节,对企业法律风险环境分析、企业法律风险评估、企业法律风险应对及企业法律风险管理监督与检查的操作实务进行了介绍。

重点难点

本章重点为企业法律风险的概念与特征及影响法律风险形成的因素;难点为结合相关理论及企业的具体情况分析企业法律风险管理在不同工作环节的实务操作。

学习目标

通过本章学习,学生应掌握企业法律风险的内涵与特征,了解企业法律风险的主要类型;熟悉企业风险管理环境分析、企业法律风险评估、企业法律风险应对及企业法律风险管理监督与检查的工作要点,了解在不同工作环节的工作方法。

知识框架

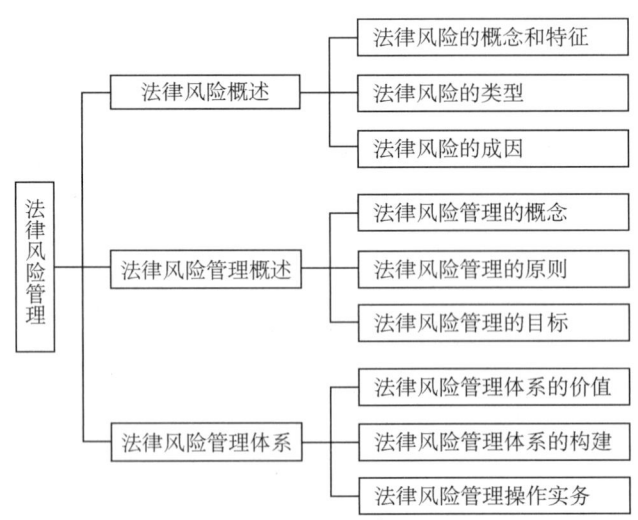

思政育人　　　瑞幸咖啡依然"任尔东西南北风"

此前,瑞幸咖啡曾自曝财务造假,引发资本市场哗然。2020年5月19日晚间,瑞幸咖啡公告称,收到纳斯达克交易所通知,要求其从纳斯达克退市。

2020年年底,瑞幸被指控财务造假,同意支付1.8亿美元的罚金,与SEC达成和解。2021年9月,瑞幸发布的公告公布了多项关键重组新进展,包括与美国集体诉讼的原告代表签署了1.875亿美元的和解意向书,并向开曼法院提交了债务重组方案,以及2020年财报及部分最新运营数据。

瑞幸向SEC提交的经审计后的2020年年报显示,截至2020年12月31日,其营收达40.33亿元,较2019年增长33.3%。同时运营亏损达25.87亿元,较2019年的32.12亿元有所收缩。财报显示,2020年、2019年和2018年,瑞幸咖啡的净亏损分别为56.03亿元、31.61亿元和16.19亿元,三年累计亏损超100亿元。

摘牌之后,很多人都觉得瑞幸咖啡的下一步就是破产清算。令人意外的是,瑞幸咖啡在国内的运营并未受太大影响。2021年12月9日晚间,瑞幸咖啡发布未经审计的2021年第三季度财务报告。财报显示,2021年三季度瑞幸咖啡总净收入为23.502亿元,比上年同期的11.43亿元增长105.6%,总营收增长显著。门店方面,瑞幸咖啡三季度门店总数量增加至5 671家。其中,新增自营门店4 206家,较上年同期增加了6.4%;新增联营店(即加盟店)1 465家,较上年同期增加了66.7%。

2022年1月27日,大钲资本宣布其牵头的买方团完成对瑞幸咖啡部分股东股权的收购,买方团其他成员包括IDG资本和Ares SSG Capital Management。本次交易完成后,大钲资本成为瑞幸咖啡控股股东,持有公司超过50%投票权。本次股权收购交易完成,也意味公司在股权上与陆正耀、钱治亚彻底切割。

在经历了许多风波后,如今的瑞幸似乎扫去了退市阴霾,但在这背后,国内的咖啡市场竞争也进入白热化阶段。市场数据显示,国内2021年咖啡领域投资案例共21起,总金额接近60亿元,是此前两年的总和。到2023年之前,国内咖啡市场都处于扩容期,整个咖啡赛道的竞争拥挤度将进一步升级。

思考:海外上市中企违法是否能够免受我国的法律处罚?瑞幸咖啡在我国将面临哪些法律风险?

资料来源:张书瑷. 瑞幸咖啡财务造假案进展:12亿元罚款已交完,此前公司实控人发生变更[EB/OL]. (2022-02-06)[2023-03-07]. https://finance.sina.com.cn/world/gjcj/2022-02-06/doc-ikyamrmz9298291.shtml.

第一节　法律风险概述

市场经济也是法治经济,法律就像一把双刃剑,既约束企业经济行为,又为企业提供合法的保护。企业法律风险不是对企业某一类风险的概括,而是所有企业风险在一定阶段的表现形式,企业的战略风险、财务风险、市场风险、运营风险最终往往都会表现为法律风险。当前,我国经济迅速发展,国内市场融入全球经济,全球经济一体化使国内更多企业广泛地参与到国际市场竞争中。因此,企业如何更好地突出自己的竞争优势、如何在法律提供的空间内依法经营运作、如何依靠法律有效地防范市场经营风险,在激烈复杂的市场竞争中立于不败之地将成为企业经营的关键要素。

一、法律风险的概念和特征

(一)法律风险的概念

法律风险是指企业预期与未来实际结果发生差异而导致企业必须承担法律责任,并因此给企业造成损失的可能性。企业法律风险与企业的自然风险、商业风险的不同之处在于其以承担法律责任为主要表现形式。

(二) 法律风险的特征

1. 法律风险具有确定性

这是基于法律风险主要是由企业违反法律或者是没有及时采取法律手段进行救济导致的。这种确定性是相对的,例如,侵犯他人商标权的行为,如果该商标所有权人追究侵权人的民事责任,该企业就会承担民事责任;也可能该商标所有权人没有追究其侵权责任,从而使侵权企业避免了该法律风险的发生。

2. 法律风险具有可控性

自然风险和商业风险产生的原因是不可抗力和市场因素,因此不可能从根本上避免此类风险的发生。而法律风险是完全可以从根源上加以防范和控制的。只要企业建立了完善的法律风险防控机制,并严格依照法律规定从事各种生产经营活动,懂法、守法并及时利用法律维护自身合法权益,许多法律风险都是可以控制甚至完全避免的。

3. 法律风险具有损害性

这种损害性体现在责任承担和经济损失上。责任承担包括企业为违法行为而承担的民事责任、行政责任,甚至是刑事责任;经济损失主要是企业承担民事责任所带来的赔偿损失、承担行政责任带来的罚款、停业损失等及承担刑事责任的罚金。

二、法律风险的类型

从公司的业务流程去分析评估公司的法律风险,不仅能够更加迅速地熟悉公司的环境,详尽地了解公司的结构、业务模式和管理流程,还能够在这些流程中更加准确地发现公司可能存在的法律风险。

1. 公司设立过程中的法律风险

公司在设立过程中的不规范行为,往往会为公司的健康运行埋下隐患,并导致公司成立后内部纠纷频频,而有的在公司成立过程中就产生了纠纷,导致公司无法成立。例如,发起人出资不足或者抽逃注册资本金,发起人违反出资义务,出资权利瑕疵等引发的纠纷,以及设置虚拟股东引发纠纷、隐名出资人引发的纠纷。在公司解散过程中,涉及公司清算、债务承担等也会引发大量纠纷。刑法上涉及的罪名有虚报注册资本罪、虚假出资、抽逃出资罪等。

2. 公司治理结构中的法律风险

公司治理结构是公司内部如何分配权力,确定职责。其包括股东(大)会、董事会、监事会、其他特别委员会、高级管理人员在公司决策中的地位,各自的权利义务,相互的合作和监督,议事规则等。公司治理结构中的法律风险包括但不限于:公司未设立分工明确的股东(大)会、董事会、监事会;公司监事或监事会无法执行职务;公司股东(大)会、董事会、监事会、特别委员会无有效的议事规则;公司从未或未定期召开会议;公司长期无法形成有效决议;公司经理和财务负责人未经过合法机构选聘;公司高级管理人员忠诚义务和保密义务未得到书面承诺,或高级管理人员违反忠诚义务和保密义务;公司董事会无法有效掌控经营管理层的活动等。

3. 公司资产、债权债务管理中的法律风险

公司资产、债权债务管理的目标是保障公司资产的安全和完整,及时收回债权、清偿债

务。公司在经营过程中会形成厂房、设备、原材料、存货等各种形式的资产,这些资产在使用过程中可能会因为管理制度的缺失或人为因素而存在灭失、报废、侵害他人权益等法律风险。而债权债务的法律风险就在于因缺乏足够的风险防范措施,导致公司无法主张到期债权,或因不及时归还到期债务而使公司面临诉讼风险。

4. 采购、生产开发、销售过程中的法律风险

采购过程中的法律风险包括但不限于双方未签署合法有效的采购合同;供给商无生产资格或资质、供给商恶意欺诈;供给商无法按期交付;供给商交付数量、质量不符合约定;采购运输、仓储过程中出现灭失、变质、损坏等;供给商出现不可抗力,无法履行合同约定的义务等。

生产过程中的法律风险包括但不限于未遵照法律法规确定的规则生产;产品未取得行政部门的许可或质量检测证书文件;侵犯他人知识产权;生产过程中使用的技术、设备、软件未得到合法授权;生产厂房、设备、工艺、管理流程存在重大安全隐患;缺乏必要的检验检测流程导致产品质量瑕疵等。

销售过程中的法律风险包括但不限于产品未取得合法销售的批准;销售合同未经过评审;无法满足交付期;质量瑕疵;客户违约;不正当竞争的行为;发布违法或虚假广告等。

5. 人力资源管理中的法律风险

人是各种生产要素中最活跃、最具有创造力的要素。企业对人力资源管理无不极其重视。人力资源管理主要包括人力资源规划、人才发掘、岗位定编及描述、面试谈判、劳动合同、薪酬福利、社会保险、考勤、培训开发、岗位调整、绩效考核、企业文化、离职辞退等事项。人力资源管理过程中的法律风险包括但不限于:公司规章制度的设置违反法律法规;聘用员工未履行告知义务或审查员工资料出现偏差;在劳动合同、支付薪酬、工作时间、社会保险等管理上偏离法律法规的规定;辞退员工缺乏相应的流程或违规;员工处于危险的作业环境中缺乏相应的保障措施等。

6. 会计核算、税务申报中的法律风险

会计核算中的法律风险主要是指公司会计系统缺乏必要的内部控制而存在重大错报或会计人员徇私舞弊导致公司资产被挪用或侵占的可能性。税务申报中的法律风险主要是指公司未依法申报税收或税收筹划未获得税务部门认可而导致补交税款或行政处罚的可能性。

会计核算中的法律风险包括但不限于:公司会计核算系统缺乏必要的分工;缺乏必要、有效的内部控制;会计人员存在道德风险;会计核算和财务报告违反法律法规的规定等。

税务申报中的法律风险包括但不限于公司未依法申报纳税;公司会计资料缺失,未通过税务检查或监督;公司发票管理流程缺失;公司税收筹划未获得认可等。

7. 投资融资项目的法律风险

公司为扩大经营规模必然会向特定领域投资,在投资过程中也伴随进行各项融资活动。公司投融资项目的法律风险包括但不限于:投融资项目不符合国家产业政策而未获得行政机关审批;项目未得到相关行政机关立项、论证、测试、审查通过;项目资金链出现问题;项目实施中出现的各种产权、合同、侵权纠纷等。

8. 知识产权管理中的法律风险

公司知识产权管理中的法律风险是指公司无形资产缺乏必要的有效的内部制度保护而

被非法泄露、传播、复制、仿冒的可能性。其包括但不限于：公司缺乏知识产权保护的规划和流程；公司商业秘密缺乏保护措施；公司知识产权未进行合法、有效、有计划的注册申请；许可他人使用公司知识产权缺乏有效监管；对侵权行为缺乏必要的制裁措施和行动等。

 延伸阅读 8-1

法律风险的其他分类标准

企业法律风险的分类按不同分类标准主要有以下几种：

(1) 按人们认识程度划分，法律风险可分为显性法律风险和隐性法律风险。
(2) 按风险存在的时间划分，法律风险可分为静态法律风险和动态法律风险。
(3) 按法律风险产生的结果是否具有单一性划分，法律风险分为纯粹法律风险和投机法律风险。
(4) 按承担责任划分，法律风险分为刑事法律风险、民事法律风险、行政法律风险。
(5) 按法律风险发生的概率划分，法律风险分为必然性法律风险、或然性法律风险、一次性法律风险。
(6) 按引发法律风险的因素来源划分，法律风险分为外部环境法律风险和企业内部法律风险。
(7) 按法律风险的存续时间划分，法律风险分为持续性法律风险和阶段性法律风险。
(8) 按照法律风险的产生与人的意识行为的关系划分，法律风险分为客观类法律风险和主观类法律风险。

资料来源：徐永前.企业法律风险管理基础实务[M].北京：中国人民大学出版社，2014.

8-1 视频-企业法律风险的概念、成因、类型

三、法律风险的成因

（一）政策调控风险

政策调控风险是指企业没有根据国家宏观政策（如货币政策、财政政策、行业政策、地区发展政策等）的变化适当调整企业原有的战略或行为，导致企业的战略或行为与国家政策产生偏差或相抵触，并最终因此产生了相应法律责任的风险。

国家政策会根据宏观环境的变化而改变，这必然会影响到企业的经济利益。在市场经济条件下，受价值规律和竞争机制的影响，各企业争夺市场资源，都希望获得更大的活动自由，因而也可能会触犯国家的有关政策，而国家政策又对企业的行为具有强制约束力。国家与企业之间由于政策的存在和作用，在经济利益上会产生矛盾，从而产生政策调控法律风险。

政策调控风险主要包括反向性政策调控风险和突变性政策调控风险。反向性政策调控风险是指市场在一定时期内，政策的导向与企业的经营内在发展方向不一致而产生的风险，当企业的生产及经营运行状况与国家调整政策不相容时，就会加大这种风险，各级政府之间的政策差异也会导致政策调控风险；突变性政策调控风险是指管理层政策口径发生突然变化而给企业的生产及经营造成的风险，国内外政治经济形势的突变会加大企业生产及经营的政策调控风险。

（二）法律变动风险

法律变动风险是指包括全国人大及其常委会制定的法律、国务院制定的行政法规和对有关法律所做的行政解释、地方人大及其常委会制定的地方性法规、各类行政规章、最高人民法院和人民检察院制定的"司法解释"等规范性文件的制定、修改和废止对企业的权利义务产生影响，从而给企业造成不确定性的风险。导致法律风险的法律条件变化包括：法律司法解释等的变化、法律空白的填补、法律实践的变化。

法律变动风险包括法律状态、法律事件或法律主体行为的变化而带来的风险,上述风险主要来源于以下几方面:

(1) 企业外部法律环境的状况及其变化。这一方面指法律和行政执法力度的状况,另一方面指法律的出台、修改和废止及行政执法状况的变化。企业生存的法律环境主要包括立法和执法。法律环境的变化将影响企业和相关利益主体的行为,改变企业法律风险的原有状况。这种变化既可能使企业产生新的法律风险,又可能使现有的法律风险消除,又可能使企业发生法律风险的几率和损害程度发生波动。

(2) 企业未依据法律规定有效采取法律控制措施。换言之,就是企业未有效地行使法律赋予的权利,造成自身利益受损,削弱了企业的核心竞争力,使企业蒙受了不必要的损失。

(3) 企业或与企业发生法律关系的各类主体的行为。这种行为包括违反法律规定、违反合同约定以及侵权行为。实施上述行为的主体可以是企业,也可以是企业以外的其他主体。

(三) 经济波动风险

经济波动风险是指由社会经济发展水平周期性的波动引发的风险。经济总是处在周期性运动中,市场价格会因经济周期的作用上下波动,这种周期性的变化对企业的经营状况会产生不利影响。而企业的不良经营状况,最终会形成法律风险。例如,因经济波动导致企业履约能力下降甚至违约,包括因资金链断裂而致拖欠货款甚至支付不能,因生产能力下降而不能履行交货义务等,由此诱发的外部诉讼、股东纷争甚至企业破产等法律风险。

宏观经济总体形势和微观经济状况(产业结构调整、交通运输、资源配置等)的变化,都会成为影响企业生存和发展的重要因素。经济环境的变化直接影响企业的盈利水平、支付能力或履约能力。而企业实际盈利和预期盈利能力的下滑,则进一步影响了企业外部(主要是合同关系)和企业内部(股东之间、劳资之间)的种种关系。当各方以经济为纽带的平衡被打破时,各种市场行为的参与者为保有既得利益或减少损失,可能作出违约及其他背信弃义的行为,这时就会引发各种法律风险。这种风险将会给企业带来各种不利影响,严重的甚至导致企业破产。

(四) 应对策略错误风险

企业的风险应对策略包括对识别出的风险进行定性分析、定量分析和风险排序,制订相应的应对措施和策略。错误的风险应对策略是指将给企业带来更大风险的应对策略。

应对策略错误风险主要由企业决策因素和企业内部制度因素造成。企业决策因素是指企业在对成本、风险和预期效益之间进行权衡后作的经营决定,这种法律风险是企业在可以预见风险的前提下进行抉择的结果,也往往是经营活动中必须承担的风险。企业的内部制度因素主要是由企业内部制度不健全、设计不科学、未得到有效执行导致企业作出错误的应对策略。科学的企业管理离不开完善的企业制度,企业的制度缺陷是企业决策失误进而导致法律风险的重要原因。

(五) 自然因素风险

企业所在国家或地区的气候、自然资源、地理位置、自然地理条件等自然因素与企业经营活动密切相关,也是企业风险管理不可忽视的环节,所以有必要了解自然因素所引发的法律风险并进行相应的法律风险管理。

自然因素风险是指因自然原因或自然事件的发生给企业带来相应的法律风险,如合同履行不能、证据灭失、债务人履行能力下降或灭失、担保物毁损或灭失等法律风险。

延伸阅读8-2

2021年度我国自然灾害受灾情况统计

2022年2月28日,国家统计局公布《中华人民共和国2021年国民经济和社会发展统计公报》。

报告显示：2021年全年平均气温为10.53℃,比上年上升0.28℃。共有5次台风登陆。全年农作物受灾面积1174万公顷,其中绝收163万公顷。全年因洪涝和地质灾害造成直接经济损失2477亿元,因干旱灾害造成直接经济损失201亿元,因低温冷冻和雪灾造成直接经济损失133亿元,因海洋灾害造成直接经济损失30亿元。全年大陆地区共发生5.0级以上地震20次,造成直接经济损失107亿元。全年共发生森林火灾616起,受害森林面积约0.4万公顷。

可见自然环境的发展变化也会给企业带来市场机会或环境威胁。因此,企业需密切关注自然环境的变化,特别是自然资源的短缺与环境的破坏。

资料来源：国家统计局.中华人民共和国2021年国民经济和社会发展统计公报[EB/OL].(2022-02-28)[2023-03-07].http://www.stats.gov.cn/xxgk/sjfb/zxfb2020/202202/t20220228_1827971.html.

（六）影响企业法律风险的其他因素

1. 企业外部因素的影响

（1）政治环境。政治环境是指企业面临的外部政治形势、状况和制度,包括国内政治环境和国际政治环境。国家通过计划手段、行政手段、法律手段和舆论手段来管理和影响经济,因此企业必须服从国家管理、遵守法律,在法律规定的范围内活动,合法经营,否则会面临相应的法律风险。例如,有部分企业因法律意识淡薄,生产经营一些假冒伪劣产品,这种行为虽会给企业带来暂时的盈利,但该行为严重损害了消费者利益,为国家法律所不容,极有可能承担法律责任。

（2）科技环境。在科学技术飞速发展的时代,谁拥有了技术优势,谁就可能占领了市场。科学技术的发展,使商品的市场生命周期迅速缩短,生产越来越多地依赖科技的进步。以电子技术、信息技术、新材料技术、生物技术为主要特征的新技术革命,不断改造着传统产业,使产品的数量、质量、品种和规格有了新的飞跃,同时也使一批新兴产业建立和发展起来。新兴科技的发展、新兴产业的出现,可能给某些企业带来新的市场机会,也可能给某些企业带来风险。例如,有的企业不注重自身知识产权的保护,商标被他人抢注、商业秘密被他人泄露、专利权被他人侵犯等导致企业的工作成果被他人剥夺,导致企业的无形资产及有形资产流失。同时,有的企业不遵守相应的知识产权规定,侵犯他人知识产权,从而导致与其他主体产生法律纠纷,形成企业法律风险。

（3）市场社会文化环境。文化是一个复杂的整体概念,它通常包括价值观念、信仰、兴趣、行为方式、社会群体及相互关系、生活习惯、文化传统和社会风俗等。文化是人类后天学习获得的,并为全人类共同享有。文化使一个社会的规范、观念更为系统化,文化解释着一个社会的全部价值观和规范体系。由于文化是长期形成的产物,在不同国家、民族和地区之间,文化之间的区别要比其他生理特征更为深刻,它决定着人们独特的生活方式和行为规范,也会影响到企业的经营发展。若企业不重视周边文化的影响,制造出与相关文化相违背的事件,就会导致相应的法律风险,如外贸企业在出口产品时要注意进口国的相应文化习俗,若是出口一些国家禁止接受的物品则会遭到相应的海关法规的处罚。

（4）企业所处行业。企业所处行业决定其法律监管和法律风险环境的不同。例如,涉及人身安全的医药和生物技术、烟草行业、消费品的监管制度非常严格,资本要求高,同时涉及许多知识产权风险;而金融、保险行业基于其产品的法律性,金融法规和监管严格,该行业法律风险识别度、重视度也比一般行业高。

2. 企业内部因素的影响

(1) 企业组织形式。鉴于公司法和相关部门对企业组织形式有不同的资质要求和监管标准,企业的组织形式也会影响到其法律风险。例如,上市公司比一般的公司多了证监会管理和相应的监管条例的约束,如果不遵守监管规定,上市公司将面临巨额罚款、股东起诉、潜在的刑事诉讼,甚至可能有被摘牌的风险,而未上市的企业就几乎不会有上述风险。

(2) 企业内部人员。企业作为一种社会组织形式,人的因素是最重要的,也是企业法律风险的主要成因之一。实质性因素是指增加法律风险发生机会或扩大损失严重程度的物质条件,既包括合法的行为(如赊销导致的坏账损失),又包括违法的行为(如蓄意破坏企业财产)。道德因素是指形成法律风险的恶意行为或不良企图等因素,如偷工减料导致产品事故等。

(3) 企业对法律的重视程度。企业是否注意法律宣传培训并提高员工的法律意识和素质在企业法律风险管理体系中具有重要意义。企业全体员工尤其是企业经营者法律意识的提高是有效控制和防范法律风险的前提,而法律意识的提高则有赖于法律宣传培训制度的建立和有效运行。法律宣传培训制度包括宣传和培训两方面的内容:在法律宣传方面,企业应充分利用企业网站、内部刊物等多渠道进行企业相关法律知识的宣传;在法律培训方面,企业应建立法律培训机制,明确培训对象、培训目的、培训内容、培训时间、培训人员、培训老师、培训经费预算等。

(4) 企业内部是否建立完善的法律风险管理体系。完善的法律风险管理体系是企业风险管理的最高层次,企业应根据企业自身特点建立法律风险管理组织体系和法律风险管理信息系统。法律风险管理组织体系为企业提供法律风险管理体系有效运行的基础,而法律风险管理信息系统为法律风险流程的执行提供了相应的信息技术保障并提供了一个沟通交流的平台。若企业对普通法律事务的管理缺乏统一的文档管理和信息技术支持,缺乏企业法律管理的数据和先例的支持,都会直接影响企业法律管理,造成企业法律风险。

(5) 企业管理层对企业法律风险管理战略的重视程度。由于法律风险战略需要公司管理层的确定和批准,涉及的问题也十分复杂和重大,若企业管理层不重视法律风险管理工作,不但影响风险控制计划的权威性,也会造成风险态度的不确定、风险控制措施提出的随意性和矛盾性,从而最终影响到法律风险控制的有效性,这都将直接导致企业法律风险的发生。

第二节 法律风险管理概述

一、法律风险管理的概念

法律风险管理是指识别、评价、应对、控制法律风险的企业管理活动过程。法律风险管理是一个循序渐进、不断完善的动态过程,它由诸多相互影响的要素、流程所组成。法律风险管理的目标在于对这些要素、流程的平衡,集应用法学、风险学、管理学于一体,强调以事前管理的方式系统梳理企业所面临的法律风险,并根据化解法律风险的方案,对企业的管理制度、工作流程和常用文本等企业日常运行的基本要素进行优化,以实现企业效益的最大化和法律风险的最小化。

与传统的法律管理相比,法律风险管理最大的不同在于其立足在事先预防和控制,通过系统的方法主动发现企业经营中可能发生的问题,并综合考虑问题的轻重缓急和成本高低等因素,预先采取防范措施,避免相应风险的实际发生或将其危害抑制在可控的范围。

二、法律风险管理的原则

法律风险管理的原则是指企业根据整体战略思想和发展目标所确定的法律风险管理的基本方针,是企业法律风险防范体系的基石。企业法律风险管理的原则主要包括以下内容。

1. 全面风险管理原则

法律风险产生于企业经营的各个环节,法律风险管理过程贯穿企业经营管理的全过程和各个管理环节,实现全程控制、全程管理、整体把握。

2. 全员参与原则

基于法律风险所涉环节涉及企业管理各方面,企业法律风险管理须企业全体人员共同参与。

3. 规范化运作原则

法律风险管理也是制度、流程规范化的过程,要明确企业各部门、关键岗位在法律风险防范与救济中的职责和作用,合理配置资源,建立制度,将法律风险管理纳入企业各项管理流程,形成系统化的制度体系。

4. 动态化调整原则

法律风险本身是一个动态的系统,随着法律环境的不断变化,新的风险点不断出现。随着时间的推移,法律风险的影响范围和发生的可能性也在产生变化,从而影响法律风险的排序。因此,企业对法律风险的管理应保持动态性管理,以保证其准确性和针对性。

5. 以事先防范为主、以事中控制和事后补救为辅原则

对于企业来说,法律风险防范管理的最好方式是事先防范,未雨绸缪,防患于未然;在事前未防范到位或无法防范的情况下,采取事中控制、化解或事后补救措施进行弥补,但事先预防是企业法律风险管理的重心。

6. 正确处理风险与收益关系原则

对风险的过度控制可能带来商业机会的丧失和管理成本的增加,作为市场主体,企业法律风险管理的最终目标并不是单纯地追求所有法律风险的最小化。企业需要正确处理好业务发展和企业风险承受能力之间的关系,在法律风险可承受的范围内,使企业利益最大化的同时,实现风险程度和风险控制成本最小化。

三、法律风险管理的目标

法律风险管理的一个重要目标就是保证企业在法律风险实际发生时能够及时有效地化解危机,求得企业的持续发展。企业在面临法律风险时,借助于法律风险管理,一方面可以

通过经济补偿使生产经营得以及时恢复,最大限度保证企业经营的稳定;另一方面可以为企业提供其他方面的帮助,使其生产经营活动尽快恢复到损失前的水平,并促使企业尽快实现持续增长的计划。总而言之,法律风险的存在导致企业价值的减少,这就构成了法律风险成本。全面、系统的法律风险管理,可以使得法律风险成本最小化,从而实现企业价值最大化。这也是企业法律风险管理所要达到的目的。

延伸阅读8-3

法律风险管理与合规管理

2018年,国务院国有资产监督管理委员会(以下简称"国务院国资委")颁布的《中央企业合规管理指引(试行)》(以下简称《合规指引》),标志着国务院国资委从强调全面风险管理转变为强调合规管理。工作重心集中在央企对法律法规和规章制度的遵从性方面,以提高可操作性的方式促进管理措施的真正落实。此前,2006年颁布的《中央企业全面风险管理指引》(以下简称"《风险管理指引》")一直是国务院国资委强调的重点。

合规管理(compliance management)这一理念源自美国。在20世纪后半期,为了保护投资人利益,司法部门从量刑角度对企业管理行为提出了更高的要求。而在源于美国的金融风暴于2008年起席卷全球后,美国的政府部门对于企业的管理行为提出了更高的监管要求。

那么,合规管理有哪些特征,其与风险管理到底有何区别?

一、内涵外延的区别

依据《合规指引》第二条规定:本指引所称合规风险,是指中央企业及其员工因不合规行为,引发法律责任、受到相关处罚、造成经济或声誉损失以及其他负面影响的可能性。而《风险管理指引》第三条规定:所称企业风险,指未来的不确定性对企业实现其经营目标的影响。企业风险一般可分为战略风险、财务风险、市场风险、运营风险、法律风险等;也可以能否为企业带来盈利等机会为标志,将风险分为纯粹风险(只有带来损失一种可能性)和机会风险(带来损失和盈利的可能性并存)。

二、识别范围的区别

《合规指引》要求:中央企业及其员工的经营管理行为符合法律法规、监管规定、行业准则和企业章程、规章制度以及国际条约、规则等要求。即在合规风险识别上,应将企业及其员工的经营管理行为作为识别对象,法律法规、监管规定、行业准则和企业章程、规章制度以及国际条约、规则等要求为识别依据。《风险管理指引》将法律风险的识别分为"收集风险管理初始信息"和"风险评估"两个部分,并在信息搜集方面给出了部分指引:在法律风险方面,企业应广泛收集国内外企业忽视法律法规风险、缺乏应对措施导致企业蒙受损失的案例,并至少收集与本企业相关的以下信息:国内外与本企业相关的政治、法律环境;影响企业的新法律法规和政策;员工道德操守的遵从性;本企业签订的重大协议和有关贸易合同;本企业发生重大法律纠纷案件的情况;企业和竞争对手的知识产权情况。因此,初始信息搜集的范围即为法律风险的识别范围。

三、操作流程的区别

从《合规指引》第二条的定义来看,合规管理是一个分阶段实施且内容交织、循环往复的复杂过程,按通常的逻辑顺序依次为风险识别、风险应对、制度制定、合规培训、合规审查、责任追究、考核评价七个部分。而《风险管理指引》第五条规定,风险管理基本流程包括以下主要工作:收集风险管理初始信息;进行风险评估;制定风险管理策略;提出和实施风险管理解决方案;风险管理的监督与改进。

资料来源:东莞市中国国际贸易促进委员会委员会.企业合规管理方法——从法律风险管理到合规管理[EB/OL].(2020-02-05)[2023-03-07]. http://www.dg.gov.cn/dgsmch/gkmlpt/content/2/2793/post_2793591.html#1522.

8-2 中央企业合规管理办法

第三节 法律风险管理体系

企业法律风险管理体系是指企业根据法律风险的特性,对企业的生产、经营、管理等环节的法律风险进行全面识别、评估和防范的动态管理模式,是由系统的制度和流程组成的有机整体。

一、法律风险管理体系的价值

法律风险管理体系涉及企业运营和管理的方方面面,主要由法律风险的识别、法律风险的评估和法律风险的防范三个部分构成,如图 8-1 所示。风险识别是指通过科学方法对法律风险进行检测,全面、系统地判断企业面临的法律风险;风险评估是指对通过风险识别所发现的风险点及风险状况进行定期评价分析,以实现对法律风险控制体系的改进和更新;风险防范是指依据法律风险识别和评估的结果,制定、实施合理的控制措施,实现对法律风险的有效防范和控制。以上三个方面相互作用,循环往复,形成一个动态的法律风险管理体系。

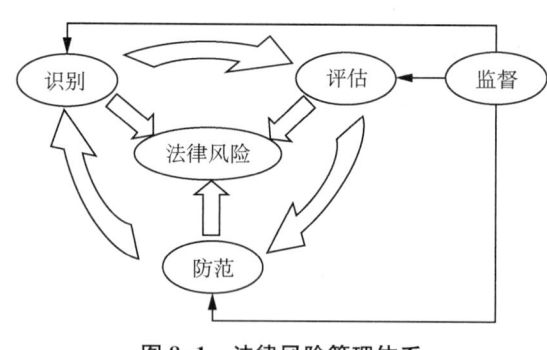

图 8-1 法律风险管理体系

法律风险管理体系的建设虽然会增加企业的管理成本,但完善的法律风险管理体系将给企业带来长远的收益。它所带来的机制效应也是显著的,主要表现为:促成法律风险管理上升为企业战略性的议题;促成管理法律风险成为整个企业法律工作的核心目标;促成法律风险管理成为一项有特定内涵的独立工作;促成量化分析技术在法律风险管理中的广泛使用;促成法律风险管理朝着动态实时的方向发展;促成法律风险管理组织的层次和规模有效加强;促成信息化成为法律风险管理长效机制的基础。

二、法律风险管理体系的构建

(一)法律风险管理体系的构建环节

1. 构建流程

构建企业法律风险管理体系首先要树立法律风险管理的理念,企业法律风险管理体系是一件极其繁杂且系统的工程,企业的发展方向、未来前途都围绕着企业的战略思想进行。因此,企业在构建内部法律风险管控体系时应首先明确企业法律风险的环境信息,结合法律风险清单着手构建分析与评价体系,如图 8-2 所示。企业通过对法律风险进行定性、定量的分析,考虑导致法律风险事件的具体原因、发生的可能性及其后果,根据分析结果之间的比较确定法律风险等级,帮助企业作出法律风险应对的决策。同时,企业应该建立案件过错分析制度,对案件发生的趋势与意向进行分析与研究,做好动态监控。根据风险应对策略的成败总结经验,分析管理中存在的缺陷与不足,不断完善企业制度,提升管理力度。

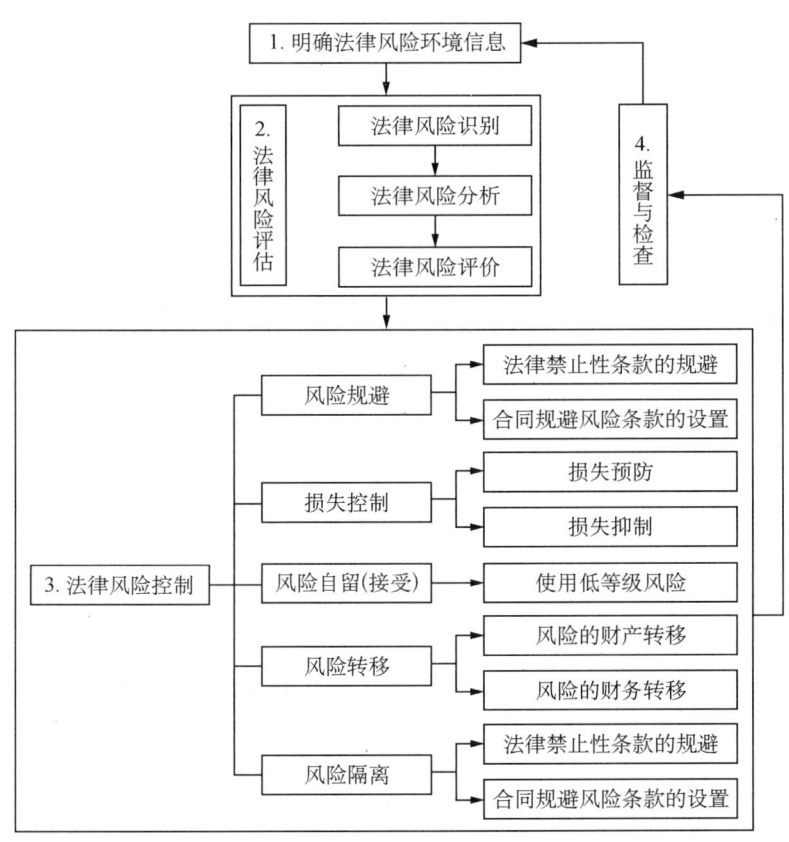

图 8-2 法律风险管理体系的构建环节

2．工作机构

相较于传统的法律工作，法律风险管理体系的建设无论在工作的层次、数量还是难度上都有很大不同，没有相应组织体系的保障，该工作无法深入和持久。

工作机构包括领导小组、项目工作组、联合工作组三种类型，其各自的职责和构成人员分别如下：

领导小组：主要职责是负责推进、指导项目开展，调配项目资源，协调解决重大事项。一般情况下，领导小组由公司领导任组长，各部门领导任组员。从工作层次上看，法律风险管理的一些重大问题，如法律风险管理战略、重大法律风险清单及控制计划等，需要公司管理层甚至董事会、股东会批准，所以需在经营层层级以上建立相应的法律风险管理机构。

项目工作组：主要职责是负责整个项目的组织管理和具体实施，通常由公司内部法律工作人员、外聘咨询人员和外聘法律顾问构成。

联合工作组：主要职责是负责项目进行过程中的信息传递和沟通工作，通常由公司内部法律工作人员及各部门指定的项目联系人构成。

3．人员配置

法律风险管理是一种预防性、日常性的工作，需要系统、全面地进行风险的识别、分析、测评等一系列工作，信息丰富、工作量大。法律风险又涉及大量与业务部门沟通、协调的问题，从风险识别、风险测评、风险控制措施提出及风险控制计划实施，都需要业务部门的深度参与。所以,企业需配置相应层级和相应的人员以满足法律风险管理工作的需要。基本的人员配置情况如下:1名部门领导负责整体的组织协调工作;3至4名律师咨询顾问,其中项目负责人主要负责项目整体的管理工作,其他人主要负责项目实施过程中的相关工作;2至3名内部法律岗位人员专职负责项目实施的相关工作。

4. 人员职责分工

内部法律人员的职责是:项目组织,即组织、召集相关会议,与各部门沟通、协调;项目监督指导,即监督中介机构工作情况,对项目成果质量进行把关;项目实施,即确定风险清单,进行风险评价、分析,梳理相关案例、法规,提出法律意见,制订风险控制计划,编撰各类分析、评估报告。各相关部门按企业法律风险控制计划要求实施各项企业法律风险控制措施,法律部门定期跟踪了解控制计划落实情况,并督促和指导各部门完成相关控制措施。

咨询顾问人员的职责是:项目管理,即对项目计划、进度进行把控;项目实施,即设计、下发、回收、整理风险调查问卷,访谈相关人员并记录、梳理访谈内容,搜集、整理各类数据信息,汇总、编撰各类文本、材料;项目汇报,即安排启动会、阶段汇报会等及项目实施,即确认风险清单,提出法律意见,梳理参考法规,编撰风险评估报告,分别制定企业法律风险防范制度及实施计划,并最终形成《企业法律风险管理体系建设报告》。

(二)法律风险管理体系的构建目标与注意事项

法律风险管理体系的构建目标就是把公司的一切生产经营活动都纳入制度化轨道,从而有效降低企业生产成本和交易成本,提高企业生产效率和交易效率,为企业业务创新提供制度保障,进而实现企业利益最大化。只有企业法律风险防范体系的各子系统都运转良好,法律风险才能得到有效控制,才能为企业可持续性的高效增长提供强有力的法律保障。

建立企业法律风险管理体系应当注意以下几方面的内容:

(1)法律风险识别的系统性。法律风险管理体系对企业法律风险的识别应当是结构化、全方位的。企业应当按照内部的管理职能和运作流程,全面梳理企业实际经营管理过程中所面临的法律风险,并对这些风险进行准确分类,使法律风险的识别成为一项规范性工作。

(2)法律风险分析的定量性。企业法律风险管理体系应当对识别出的风险进行量化测评,将不同法律性质、分散在不同领域和部门的法律风险,统一用可能性、损失度和风险期望值等标准来衡量。通过定量分析使各种风险具有可比性,并从经营管理的角度区分轻重缓急,使企业法律工作找到从事后救济到事前防范的切入点。

(3)法律风险控制的整体性。法律风险产生于企业的日常运转中,对于法律风险的控制也必须真正运用到企业生产经营管理的第一线才能发挥作用。企业也应当将法律风险管理作为企业所有部门和全体员工的职责,明确各个岗位和环节的法律风险管理控制责任,使法律风险管理真正成为全面管理、全员管理、全过程管理。

(4)法律风险管理体系运行的持续性。法律风险的管理和控制是一项长期性的工作,它伴随着企业从成立、发展到终结的整个生命周期。法律风险管理体系的运行是动态的,企业应该根据内外部环境的变化,对这一管理体系不断进行调整和优化,以保证其始终能适应企业发展的需要。

(5)企业法律风险管理信息化建设的完善。只有将法律风险管理体系的制度、流程等进行信息化,才能逐步实现对法律风险长期、动态、高效控制。

三、法律风险管理操作实务

(一) 法律风险管理环境信息分析操作实务

法律风险环境分析又称明确法律风险环境信息,是指应用适当的方法对企业内外部环境中与法律风险相关的信息包括企业风险管理资源配置情况进行收集、分析、整理、归纳的一系列过程。法律风险环境分析是后续法律风险管理活动得以顺利实施的必要基础。

明确法律风险环境信息是一个动态的过程,企业要保持法律风险环境信息的持续更新。企业可根据本行业和企业业务经营管理的特点具体分析,明确内部、外部法律风险环境信息的收集范围和分析方式,为法律风险评估和应对提供充分的信息保障。

企业外部法律风险环境是指企业生存的客观环境中使企业产生法律风险的因素,包括法律法规的出台和修订,监管机构、消费者、竞争对手等法律主体对企业的法律行为等因素。对企业外部法律环境进行分析的前提是对外部法律风险环境信息进行收集。外部法律风险环境信息是指与公司法律风险管理相关的政治、经济、文化、法律等各种相关信息,外部法律风险环境信息包括但不限于宏观环境、企业所在行业的自由特征、法律环境信息、企业自有特征等。

企业内部法律风险环境是指企业内部产生法律风险的因素,包括企业的制度流程、组织职能、风险文化、企业领导者、员工的风险偏好、风险意识与法律素质等。对企业内部法律风险环境进行分析的前提是对内部法律风险环境信息进行收集。内部法律风险环境信息是指企业内部与企业法律风险及其管理相关的各种信息,包括法律风险和法律风险管理的历史及现状。内部法律风险环境信息包括但不限于企业的基本信息、企业与法律相关信息、企业法律风险相关信息。

律师接受企业委托后,应协助企业收集法律风险环境信息。在收集法律风险环境信息的过程中,要坚持全面性、专业性、保密性原则,确保搜集到的环境信息能够覆盖企业全部的风险点,并能最大限度地反映企业的风险分布情况。在收集完企业外部及内部相关法律风险环境信息后,企业应根据所收集的信息确定企业法律风险准则。企业法律风险准则是衡量法律风险重要程度所依据的标准,要体现企业对法律风险管理的目标、价值观、资源、偏好和承受度。所以企业法律风险准则宜在企业法律风险管理工作开始实施前制定,并根据实际情况进行相应调整。企业在确定法律风险准则时,应当结合下一个步骤,即法律风险评估的内容确定,根据风险识别、风险分析及风险评价的结果,调整企业对法律风险准则的确定,使之与企业实际情况相匹配。企业法律风险准则确定之后并非一成不变的,而是要根据企业的实际情况以及风险的分析结果进行相应的调整,以达到纲领性的效果。

 延伸阅读 8-4

2021 年退市新规出炉　今年退市股票进一步提升

在 2021 年来临之际,A 股迎来"史上最严退市制度",2020 年 12 月 31 日晚间,沪深交易所发布退市新规,规则自发布之日起施行。值得注意的是,正式落地后的退市新规较此前的征求意见稿的退市力度再升级,全面修订了财务指标类、交易指标类、规范类、重大违法类退市标准。

回顾 2021 年整年,受 A 股退市新规、美股监管收紧等因素影响,上市公司退市节奏也明显加快。

2021 年,退市企业数创下新高。Wind 数据显示,按照摘牌日期计,2020 年 A 股市场全年强制退市公司数量达16家。另据《证券日报》整理,截至2021年10月26日,2021年以来A股市场已有26家上市公司退市,其中17家强制退市,8家重组退市,1家主动退市。

经济学者付立春曾发文提到,2021年应该是一个退市大年,或者是退市新周期的元年。在退市制度改革的框架之下,退市制度的执行会更加严格,退市数量也会越来越多。

资料来源:庆山.2021,这些公司为何走到退市边缘?[EB/OL].(2021-11-19)[2023-03-07].https://new.qq.com/rain/a/20211119A08PK800.

(二)法律风险评估操作实务

1. 企业法律风险识别

风险识别是指在风险事件发生之前,运用各种方法系统地、全面地、连续地认识所面临的各种风险(风险源),以及造成风险事故发生的各种因素(风险转化条件)的活动。企业法律风险识别是指在企业法律风险事故发生之前,根据事先构建的风险识别框架运用科学的风险识别方法系统地、连续地对法律风险进行认识、辨别的活动。为了有效管理法律风险,企业必须要知道所面临的风险,亦即进行法律风险识别。法律风险识别是进行法律风险分析及评价的前置作业。法律风险的识别首先要查找企业各业务单元、各项重要经营活动、重要业务流程中存在的法律风险;其次对查找出的法律风险进行描述、分类,对其原因、影响范围、潜在的后果等进行分析归纳;最后生成企业的法律风险清单。这一阶段的主要工作步骤如下:

(1)构建法律风险识别框架,编写《法律风险识别指南》。构建科学的法律风险识别框架,是进行法律风险识别的前提与基础。法律风险识别工作的首要工作,是选择合理的识别维度来搭建风险识别框架。为保证法律风险识别的全面性、准确性和系统性,公司应构建符合自身经营管理需求的法律风险识别框架。

(2)根据公司内部各部门的职能分工,梳理出各部门从事的主要管理、业务活动,搜集与企业法律风险相关的法律、法规、诉讼案例、投诉材料等。

(3)项目组根据预先确定的风险识别模型,运用法规梳理法、案例分析法、德尔菲法、头脑风暴法等方法逐一判断上述每种业务或管理活动中是否可能存在法律风险,并确定风险名称及风险行为,形成初步的法律风险清单。

(4)项目组根据各风险及风险行为与各部门的相关性,将初步法律风险清单拆分成各部门法律风险清单。

(5)项目组在各部门法律风险清单基础上设计部门法律风险调查问卷及访谈提纲,在各部门进行问卷调查和访谈调研,征求各部门对本部门法律风险清单的意见,并根据相关意见对各部门法律风险清单进行调整。

(6)项目组将调整后的各部门法律风险清单再次通过集中讨论、会议评审、征求意见等形式请各部门进行确认。确认完成后,项目组补充各风险及风险行为涉及的相关部门、外部主体、经营管理流程、参考法规、引用案例等具体内容,并形成最终版本的公司法律风险清单和部门法律风险清单。

2. 企业法律风险分析

法律风险分析是指对识别出的法律风险进行定性、定量、半定性半定量的分析,为法律风险的评价和应对提供支持。一般情况下,首先采用定性分析,以初步评定法律风险等级,揭示主要法律风险。在可能和适当的时候,要进一步进行更具体和定量的法律风险分析。

法律风险分析要考虑导致法律风险事件的原因、法律风险事件发生的可能性及后果、影响后果和可能性的因素等。

企业法律风险分析的内容(亦称风险分析指标)包括三个部分：一是风险发生可能性，即在一定时间段内风险发生频次的高低；二是风险影响程度，即风险一旦发生后可能给企业造成的损失程度；三是风险水平(亦称风险损失期望值)，即综合考虑风险发生可能性与风险损失度后对风险严重程度作出的判断，具体表现为风险可能性与风险损失度的乘积。

企业法律风险分析的主要工作步骤为：

(1) 项目组根据法律风险分析方法在公司法律风险清单基础上制作法律风险分析表。分析表包含每个风险行为的细化分析维度，并内置相关计算公式。在分析评价过程中只需确定每个分析维度的评估值，即可自动计算出风险可能性、损失度及风险水平的数值。

(2) 项目组组织专家团队对法律风险分析表中各风险行为的相关分析维度逐一进行评估。专家团队应包括项目组成员、法律专家以及熟悉相关业务、管理活动的人员。

(3) 项目组整理法律风险分析表计算结果，提交专家团队讨论、校验和调整，并将调整后的分析结果发各部门征求意见，然后根据相关意见再次调整分析结果。

3. 企业法律风险评价

企业法律风险评价是指将法律风险分析的结果与企业的法律风险准则相比较，或在各种风险的分析结果之间进行比较，确定法律风险等级，以帮助企业作出法律风险应对的决策。法律风险评价是基于上述环境分析、风险识别和风险分析的内容得出的，是法律风险准则的细化。

企业法律风险评价的主要工作步骤是：

(1) 项目组对全部法律风险的风险水平分析数值进行分析，并根据分析结果初步确定法律风险分级标准。

(2) 项目组通过集中讨论的方式，对上述法律风险分级标准结合公司实际情况进行调整，确定最终分级标准，并划分风险等级。

(3) 项目组根据法律风险清单中各风险涉及的相关部门、外部主体、经营管理流程等信息，结合风险分析、分级结果，统计各部门、各外部主体及各经营管理流程涉及的风险数量、风险类型、风险等级等基础数据，绘制相关图表。

(4) 项目组根据上述基础数据和相关图表并结合公司实际情况，分别从部门维度、外部主体维度、部门与外部主体交叉维度及经营管理流程维度，进行风险评价。分析内容根据公司实际需求确定，如风险分布特点、风险成因、风险趋势等。

(5) 项目组在上述风险评价结果基础上，结合公司实际需求，对相关风险及风险行为进一步从法律专业角度进行评价，提出法律建议，并将其纳入风险清单。

 延伸阅读 8-5

上市公司违规担保　　山煤国际被上交所监管关注

2015 年 5 月 28 日，山煤国际(600546)发布公告，因全资子公司山煤国际能源集团华南有限公司(以下简称"华南公司")违规对外担保事项，2015 年 5 月 27 日公司收到上海证券交易所上市公司监管一部出具的《关于对山煤国际能源集团股份有限公司及其有关责任人予以监管关注的决定》，对山煤国际和时任董事长郭海、时任总经理王松涛、时任财务工作负责人王瑞增、时任董事会秘书马凌云予以监管关注。

公监函显示,2014年6月,华南公司为其供应商广州大优煤炭销售有限公司向光大银行广州分行的219 552 625.84元借款提供了连带保证责任担保。该笔对外担保金额占公司2013年度净资产的2.8%,占公司2013年度净利润的31%。此后,大优公司因经营业绩为亏损状态,其相关债务被银行要求提前清偿,公司可能因此承担担保责任。公司未披露前述事项,也未按规定履行董事会决策程序。

另外,公司在知悉华南公司上述事项后进行了补充披露,控股股东山煤集团采取了补救措施,承诺如果公司因上述担保事项遭受了实际经济损失,山煤集团同意对公司所遭受的实际经济损失进行补偿,减免了上市公司可能承担的潜在损失。

对此,山煤国际表示依据公司绩效考核管理办法及人事管理制度,对华南公司主要责任人进行了责任追究。根据调查,目前除了华南公司并无其他公司存在同类问题。另外,公司要求下属各公司视自身实际情况进一步完善内控制度,尤其是公章管理,明确规定了各公司涉及融资、担保、投资等行为的相关文件在使用公章时必须提交公司内部决策依据及母公司审批依据。

资料来源:证券时报网. 山煤国际因违规担保被上交所监管关注[EB/OL].(2015-05-29)[2023-03-07]. https://finance.eastmoney.com/a2/20150529511608244.html.

(三) 法律风险应对操作实务

根据风险管理理论,对待风险一般有四种不同的控制策略,分别为避免、降低、转移和接受。避免风险是指积极采取控制措施,使风险尽可能不发生;降低风险是指通过采取控制措施,降低风险发生的可能性或降低风险造成的损失程度;转移风险是指通过采取控制措施,转移风险的发生及其带来的后果;接受风险是指企业自己承担风险事故所致损失及后果。

对于企业来说,选择企业法律风险应对策略的基本原则为企业法律风险控制收益大于企业法律风险控制成本。所谓企业法律风险控制收益,通常包括避免或降低风险发生带来的财产损失及企业依法经营、规范运作给企业形象、商誉等带来的保护和提升。所谓企业法律风险控制成本,包括直接成本和间接成本两部分。直接成本是指企业采取控制措施所投入的人力、物力等;间接成本是指企业法律风险控制给企业经营管理效率或既定战略目标等带来的负面影响。

根据上述原则,在选择每项法律风险的应对策略时,企业应首先根据该风险发生的可能性及损失度,分析判断其在不同控制态度下的企业法律风险控制成本和企业法律风险控制收益,然后将两者进行衡量比较,并选择其中收益成本比最大的一种策略,如图8-3所示。选择企业法律风险应对策略应该至少考虑企业的战略目标、核心价值观和社会责任等方面的因素;企业对法律风险管理的目标、价值观、资源、偏好和承受度等;企业法律风险应对策略的实施成本与预期收益;利益相关者的诉求和价值观;对企业法律风险的认知和承受度,以及对某些企业法律风险应对策略的偏好。

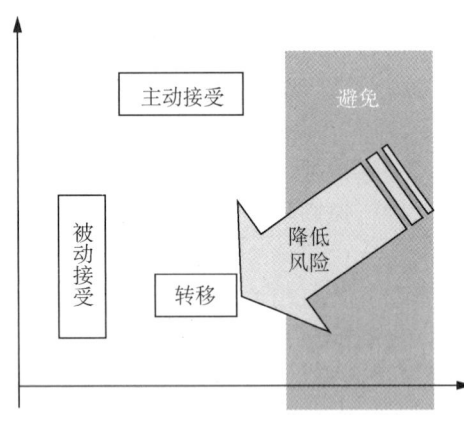

图8-3 企业法律风险应对策略图

企业在确定企业法律风险策略后,应根据企业法律风险应对现状,从制度、流程、活动等角度提出应对措施。企业法律风险应对措施通常包括以下几种类型:

(1) 资源配置类是指设立或调整与法律风险应对相关的机构、人员,补充经费或风险准备金等,如针对合同管理不当风险,可以增加法律审查人员。

（2）制度、流程类是指制定或完善与法律风险应对相关的制度、流程，如针对营销方案违规风险，制定营销方案管理办法或在现有重大营销方案审核流程中增加专业法律审查环节。

（3）标准、规范类是指针对特定法律风险，编撰规范、标准类文件，供相关人员使用，如针对产品设计研发侵权风险可以制定《产品设计研发知识产权审核指南》。

（4）技术手段类是指利用技术手段规避、控制或转移某些法律风险，如针对办公软件使用侵权风险，建立公司内部终端标准化控制系统，对所有终端安装软件进行监控。

（5）培训类是指对某些关键岗位人员进行企业法律风险培训，提高其企业法律风险意识和企业法律风险管理技能，如对客服人员、市场人员加强法律知识培训。

（6）信息类是指针对某些企业法律风险事件发布预警信息。

（7）活动类是指开展某些专项活动，规避、控制或转移某些企业法律风险。

企业应根据风险应对现状评估结果确定应该采用的控制措施类型。对于评估结果为机构、人员或经费配置不足的风险，应采用资源配置类的措施；对于评估结果为无管理要求或要求不明确的风险，应采用制度、流程类或标准、规范类的措施；对于评估结果为有明确要求但未得到严格执行的风险，应采用技术手段类或活动类的措施；对于评估结果为风险意识有待提高的风险，应采用培训类的措施。

企业法律风险应对是一个递进的动态过程，需要根据内外部企业法律风险环境变化对采取的措施进行评估调整，以确保措施的实时有效性。执行企业法律风险应对措施会引起组织风险情况的改变，需要跟踪、监督有关风险应对的效果和组织的环境信息，并对变化的风险进行评估，必要时重新制订企业法律风险应对措施。

（四）法律风险监督与检查操作实务

企业通过监督与检查，定期或不定期对法律风险管理制度的及时性和有效性进行评价，对未有效控制或未完全有效控制法律风险的管理措施进行持续改进，并更新法律风险清单，进入下一个法律风险管理闭环，实现体系的滚动更新。并通过监督与检查，查找企业管理制度和流程的漏洞，从而完善相关制度。

法律风险应对实施评估是由企业最高决策机构、组织实施机构和配合执行机构三类主体定期和不定期对企业的法律风险应对措施实施的状况、工作的开展进行综合的评定，具体由法律部门牵头各业务部门进行配合完成，法律风险应对实施评估的工作流程如下：

（1）企业在经过1年以上的法律风险应对计划落实工作以后，法律风险管理体系转入应对评估模块。由应对评估小组针对法律风险应对计划和措施根据评估对象设定评估维度和评分标准，制定法律风险应对计划落实情况评分表、法律风险应对措施效果评分表等。

（2）由各部门根据法律风险应对评估内容全面提交法律风险应对计划情况的有关材料。

（3）应对评估小组对各部门的应对评估材料，根据企业部门的职责及业务活动与法律风险的关联性和企业法律风险应对计划的实施进展情况来综合评分，对每一部门的每一项应对措施的实施情况从完成角度和质量角度进行客观的评价和分析。

（4）上述工作完成后，法律风险应对评估小组会将评分情况反馈给各业务部门，各部门就评估评分结果与评估小组进行沟通。通过沟通反馈，评估小组根据应对的评估结果提出重大法律风险应对计划的改进建议，包括应对措施具体内容和实施方式的调整建议及应对措施负责部门、配合部门、进度安排的调整建议,并对评分结果作出适当调整。

(5)法律风险应对实施评估体系将通过表格和报告输出的方式,展现企业的法律风险应对工作的落实状况,形成法律风险应对评估指南,包括表格和报告等,这些表格和报告主要包括措施评分表、各部门评分表、企业法律风险应对评估报告。

本章小结

本章的主要学习内容是法律风险管理概述及法律风险管理体系的主要构成。通过本章学习,学生应认识法律风险管理的概念、特征,了解企业法律风险的影响要素;重点掌握法律风险管理体系涉及三个主要构成部分,即法律风险的识别、法律风险的评估和法律风险的防范。

本章重要概念

法律风险　政策调控风险　法律变动风险　经济波动风险　法律风险管理体系　风险识别

8-3 练一练

8-4 练一练答案

第九章 金融风险管理

- 内容提要
- 重点难点
- 学习目标
- 知识框架
- 思政育人
- 第一节 金融风险概述
- 第二节 金融风险管理方法
- 本章小结
- 本章重要概念

内容提要

本章主要讲解了金融风险含义、特征、分类及产生原因,金融风险管理的含义,金融机构面临的信用风险、流动性风险、操作风险具体的风险管理工具和方法。

重点难点

本章重点为金融风险的含义、特征,信用风险、流动性风险、操作风险的风险管理工具和方法;难点为流动性风险管理的具体方法。

学习目标

通过本章的学习,学生应理解并掌握金融风险的含义、特点,以及金融风险的具体分类;掌握信用风险、流动性风险、操作风险的管理工具和方法。

知识框架

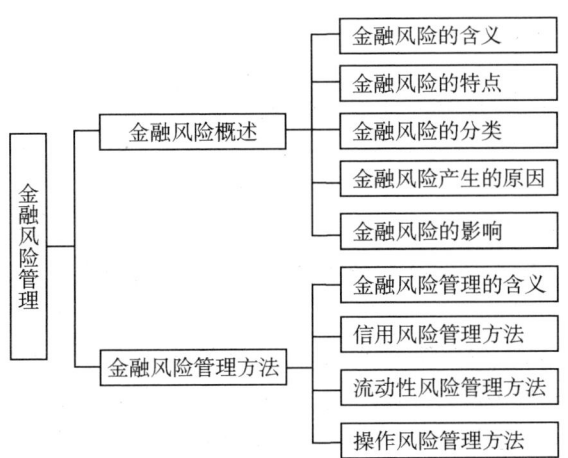

 思政育人 央行:防范化解金融风险是金融业永恒的主题

党的二十大新闻中心在 2022 年 10 月 20 日晚举行第五场集体采访,邀请青海、宁夏、新疆、中央和国家机关、中央金融系统、中央企业系统(在京)代表团新闻发言人出席,介绍各自代表团学习讨论中国共产党第二十次全国代表大会报告情况,并回答记者提问。

中央金融系统代表团新闻发言人、中国人民银行党委委员、副行长,国家外汇管理局党组书记、局长潘功胜在集体采访中介绍,深入贯彻落实中国共产党第二十次全国代表大会报告精神,是金融系统的一项重要的政治任务。我们将以中国共产党第二十次全国代表大会报告为指引,从宏观和战略的层面来说,金融系统的重点工作主要集中在这样几个方面:

第一,坚持党中央对金融工作的集中统一领导。把加强党的领导贯穿于金融工作的全过程、各方面,坚决、高效落实党中央的重大决策部署,不断完善党管金融的体制机制,把党的领导这一制度优势转化为金融治理效能。

第二,坚持金融服务实体经济的宗旨。实施好稳健的货币政策,强化跨周期和逆周期调节,为促进经济增长、扩大就业、稳定物价、维护国际收支平衡营造良好的货币金融环境。引导金融资源更好地支持经济社会发展的重点领域和薄弱环节,以高质量的金融服务促进中国经济高质量发展。

第三,坚持统筹发展和安全,牢牢守住不发生系统性金融风险的底线。防范化解金融风险是金融业永恒的主题,金融系统将把防控金融风险放在更加突出的位置,健全和完善金融风险的防范、预警和处置机制,维护好国家的金融稳定和金融安全。

第四,坚持深化金融改革开放。深入推进金融供给侧结构性改革,大力发展普惠金融、绿色金融、科技金融、数字金融等,推动多层次资本市场的健康稳定发展。深化汇率市场化改革,保持人民币汇率在合理均衡水平上的基本稳定。推动金融业高水平双向开放,积极参与国际金融治理。提升金融监管能力,加强金融法治建设。

第五,坚持全面从严治党,以高质量党建推动金融事业的高质量发展。持续建设一支忠诚、干净、担当、专业的金融干部人才队伍,严厉惩治金融腐败,确保金融工作的政治性、人民性。

资料来源:岳怀让.央行:防范化解金融风险是金融业永恒的主题.[EB/OL].(2022-10-21)[2022-12-19]. https://www.thepaper.cn/newsDetail_forward_20393663.

第一节 金融风险概述

一、金融风险的含义

在实际生活中,人们习惯于将某个结果不确定或者可能带来损失的时间看成是"有风险的"。股票市场里的价格变幻莫测,其风险对投资者而言主要在于市场价格与买价之间差价的不确定性,因为差价决定了投资者的收益或者损失的大小;商业银行等金融机构时刻面对着供款者是否按时按量还款等风险。由此可见,风险的本质特征是不确定的。本书把风险定义为"在一定条件下和一定时期内,各种结果发生的不确定性而导致行为主体遭受损失的大小及其可能性的大小"。

金融风险是指由金融变量的变动所引起的资产组合的未来收益偏离其期望收益的可能性和幅度。根据定义,金融风险既可能包含高于预期收益的正偏差,又可能包含低于预期收益的负偏差,也就是说,金融风险有可能带来更多的收益,也有可能带来损失。

二、金融风险的特点

(一)金融风险具有不确定性

金融活动的不确定性导致了未来收益的不确定性,即金融风险,因而金融风险本质上是一种不确定性。如果掌握了一定的信息,就可以运用概率论、统计学等方法估计出未来各种可能结果发生的概率,在此基础上,可对金融活动的不确定性(即金融风险)进行测度,并有针对性地采取相应的风险管理措施,以降低风险损失,甚至规避金融风险。

(二) 金融风险具有普遍性

金融风险普遍存在于所有的金融活动中。虽然现实生活中人们常称某些金融业务是"无风险业务",但是这并不表明这些活动绝对没有风险,而是相比较而言,这些活动的风险极低,乃至可以忽略不计。例如,通常说国库券是无风险的,实质上是指与企业债券、股票等相比,国库券的发行者是政府,一般不会发生违约等现象,尤其是在短期内,但也有例外发生。因此,从严格意义上来说,所有的金融活动只存在风险大小之分,不存在完全无风险之说。

(三) 金融风险具有隐蔽性

金融风险并非只有在金融危机爆发时才存在,金融活动本身的不确定性带来的损失很可能因信用关系而一直被良好的表象所掩盖。这种"滞后性"是由以下因素决定的:首先,授信业务是一种循环过程,导致许多损失或不利因素被信用循环所掩盖;其次,银行等存款性金融机构具有创造派生性存款的功能,从而使即期金融风险的后果被通货膨胀、借新还旧、贷款还息等形式所掩盖;最后,金融业务的垄断和政府干预或政府特权,使一些本已显现的金融风险被人为掩盖。

(四) 金融风险具有扩散性

金融活动渗透到了经济活动的方方面面,金融主体间的联系也日益密切,各种债权债务关系、交易关系错综复杂,金融风险的发生具有强烈的扩散性效应,由小到大、由此及彼、由单个主体到整个体系,其范围和强度是一个不断放大的过程。金融风险的扩散性主要表现在以下两个方面:首先,金融机构作为储蓄和投资的信用中介,一方面联结着成千上万的储蓄者,另一方面联结着众多的投资者,金融机构经营管理的失败,必然因连锁反应造成众多储蓄者和投资者的损失;其次,金融业不仅向社会提供信用中介服务,而且通过贷款创造派生存款,从这个意义上来说,金融风险具有数量上成倍扩散的效应。2007 年,于美国爆发的次贷危机是金融风险扩散性的一个极好例证,这起原本是单一国家、单一市场、单一业务的金融事件,在极短的时间内迅速蔓延到其他国家、其他市场和其他业务,最终引发了一场全球性的金融动荡。

延伸阅读 9-1

美国次贷危机

一、起源

在美国,有相当数量的低收入者或金融信用不高的人群。按美国房屋贷款原来的严格审查程序,他们是不太可能获得购房贷款的。但低收入者的住房,是一个巨大的市场,只要降低贷款的门槛,购房的需求就会释放出来。

于是,从 20 世纪 80 年代开始,美国一些从事房屋信贷的机构,开始了降低贷款门槛的行动,不仅将贷款人的收入标准调低,甚至没有资产抵押也可得到贷款买房,进而形成了比以往信用标准低的购房贷款,"次贷"也因此得名。

20 世纪末期,美国经济非常繁荣,似乎淹没了这一风险。进入 21 世纪后,次贷风行美国,利率低到了 1%,贷款买房又无需担保、无需首付,且房价一路攀升,房地产市场日益活跃。美联储储蓄低利率和房产价格一路飙升,编织出一幅美好的前景,巨大的诱惑驱使着次贷在美国的欣欣向荣。到2006年年末,次贷已经涉及了500万个美国家庭,已知的次贷规模达到1.1万亿至1.2万亿美元。

假如美国的房地产价格可以一直上升,假如利率持续维持超低的水平,次贷危机也许就不会发生。然而,利率不会永远处于降息周期,经济周期更意味着经济不会总是无限增长。为防止市场消费过热,2005年到2006年,美联储先后加息17次,利率从1%提高到5.25%。由于利率传导到市场往往滞后一些,2006年美国次贷仍有上升,但加息效应逐渐显现,房地产泡沫开始破灭,房价不断下跌,抵押品贬值,储蓄利率上升,贷款利率也相应上升,借款者还的钱越来越多。

本来次贷贷款人就是低收入者,加息导致其还不了贷款,只好不要房子了。贷款机构收不回贷款,只能收回贷款人的房子,可收回的房子不仅卖不掉,而且还不断贬值,于是贷款机构资金周转出现问题。从2007年2、3月开始,美国一些次级抵押贷款企业开始暴露出问题,首先是新世纪金融公司因濒临破产被纽约证交所停牌。

二、扩散

次贷之所以酿成危机,是因为次贷早已经通过美国金融创新工具——资产证券化放大成为次级债券,弥漫到了整个美国乃至全球的金融领域。一些具有"金融创新"工具的金融机构,为抵押贷款企业创新了新的资金来源:将一个个单体的次贷整合"打包",制作成各种名字的债券,给出相当诱人的固定收益,再卖出去。于是,银行、资产管理公司、对冲基金、保险公司、养老基金等金融机构都成了这种债券的购买者,抵押贷款企业就有了新的源源不断的融资渠道,制造出快速增长的新的次贷。

次级债进入债券交易市场后一度"不俗的表现"使投资者淡忘了它的风险。但是,当房地产泡沫破裂、次贷贷款人还不起贷时,不仅抵押贷款企业陷入亏损困境,无力向那些购买次级债的金融机构支付固定回报,而且那些买了次贷衍生品的投资者,也因债券市场价格下跌,失去了高额回报,同样掉进了流动性短缺和亏损的困境。

那些购买了房地产次级债的金融机构也损失惨重。自2007年3季度开始,金融机构开始报告大额损失,抵押贷款和其他资产的价值大幅下跌。截至2008年1月底,花旗、汇丰、UBS、美林、摩根斯坦利等大型银行和证券公司,还有法国的兴业银行、巴黎银行,英国的北岩,瑞士的瑞银,其后大概还有买了不少债券的德国银行都出现了次贷相关资产的损失。

美国的金融产品、金融衍生产品和金融创新是在世界范围内是较为先进的,次贷这样一种创新使美国不够住房抵押贷款标准的居民买到了房子,同时通过资产证券化变成次级债,将高风险加载在高回报中,发散到了全世界,当风险冒出来,就脱不开"连带责任",从这个意义上说,凡是买了美国次级债的国家,就要被迫为美国的次贷危机"买单"。

资料来源:南方日报.次贷危机传导路线图[EB/OL].(2008-04-12)[2022-12-19].http://finance.sina.com.cn/j/20080412/13444740682.shtml.

(五)金融风险具有周期性

受经济周期和货币政策变化的影响,金融风险呈现出周期性的特点。一般来说,在经济复苏和繁荣时期,货币政策较宽松,资金充裕,企业经营状况良好,金融风险处于低发期;反之,在经济衰退和萧条时期,货币政策紧缩,经济生活中各环节的矛盾不断激化,股市下跌,贷款拖欠,金融风险则处于高发期。

(六)金融风险具有复杂性

金融市场上任何组成成分的不利变化都会导致金融风险的发生,这些成分包括金融制度变革、金融参数波动、市场参与者的主观意愿等,同一时点上的风险因素会交织在一起,相互作用、相互影响,从而产生协同作用,将风险放大。所以金融风险的成因十分复杂,某种金融风险的发生,既可能是单一因素的变化,又可能是多种因素变化的综合结果。

例如,某笔贷款发生信用风险,其诱因可能是借款人主观上不愿意还款,也可能是其经营失败,没有能力还款;利率风险、汇率风险及一些外部因素等也有可能会同时冲击证券市场、金融机构等。

(七) 金融风险具有可管理性

金融风险所能带来的后果虽然可怕,但也是可以加以控制和管理的。首先,金融市场是有组织、有秩序的市场,这个市场是有其规律可循的。只要按照规律,因势利导,就能控制这个市场中的风险。其次,金融风险理论研究和相关管理工具的不断发展给金融风险管理提供了有效手段。最后,计算机和网络的发展,为金融风险管理提供了有力的技术支持。因此,在相应的理论知识指导下,通过选择合适的金融风险管理工具可以在一定程度上达到管理金融风险的目的。

三、金融风险的分类

对金融风险的分类可以采用不同的标准,本书主要根据以下几种不同的标准对金融风险进行分类。

(一) 按照金融风险的形态进行分类

按照形态进行分类,金融风险可以分为信用风险、流动性风险、操作风险、市场风险、其他风险。本节主要站在金融机构的角度对金融风险进行介绍。

1. 信用风险

(1) 信用风险的含义。信用风险是指债务人或交易对手未能履行合约所规定的义务,或信用质量发生改变而影响金融产品价值,从而给债权人或金融产品持有人造成经济损失的风险。在商业银行中,信用风险主要存在于授信业务中。

狭义的信用风险是指交易对手无力履行合约而造成经济损失的风险,即违约风险。广义的信用风险则是指各种不确定因素对金融机构信用的影响,使金融机构的实际收益与预期目标发生背离,从而导致金融机构在经营活动中遭受损失或获取额外收益的一种可能性。在实务中,人们主要采用狭义的定义。

(2) 信用风险的分类。信用风险是一种非常复杂的风险,根据其成因可以分为违约风险、交易对手风险、信用转移风险、可归因于信用风险的结算风险等主要形式。

第一,违约风险是指有价证券发行人在证券到期时无法还本付息而使投资者遭受损失的风险。它通常是指债务人违约。违约风险蕴含于所有需要到期还本付息的证券当中。

第二,交易对手风险是指交易对手未能履行契约中的义务而造成经济损失的风险。

违约风险和交易对手风险是客观存在的,不以证券发行人或交易对手的经济状况、还款意愿为转移。理论上讲,每一个经济体中的自然人与法人均会对应一个违约概率,且该违约概率恒大于0且小于1。

第三,信用转移风险是指债务人的信用评级在风险期内由当前评级状态转移至其他所有评级状态的概率或可能性。

第四,结算风险是指由于交易对手的信用原因,转账系统中的结算不能按预期进行而产生的风险。

延伸阅读9-2

永城煤电债券违约

永城煤电控股集团有限公司(以下简称"永城煤电")成立于2007年6月,总部位于河南省永城市,为地方国有企业,经营范围包括对煤炭、铁路、化工及矿业的投资与管理,发电及输变电,机械设备制造、销售等。该公司控股股东是河南省最大国有企业河南能源化工集团有限公司,持股比例为96.01%,实控人为河南省国资委。2020年11月10日,永城煤电发布公告称,因流动资金紧张,公司2020年度第三期超短期融资券"20永煤SCP003"未能按期足额偿付本息,已构成实质性违约,涉及本息金额共10.32亿元,从而引发信用风险。在永城煤电宣布实质违约当日,评级机构迅速作出反应。中诚信国际信用评级有限责任公司表态,发布评级下调公告,决定将永城煤电公司主体长期信用评级由AAA降为BB,并列入可能降级观察的名单。同时永城煤电10亿元债券违约事件造成了市场恐慌情绪,多只信用债大幅调整。中证公司债指数一跌再跌,引发市场发生多米诺骨牌一样的连锁反应

永城煤电债券违约事件表明永城煤电的履约能力下降,从而给信用提供方造成了潜在损失。同时,永城煤电公司主体长期信用评级由AAA降为BB导致其债务的市场价值发生变动,信用风险不断扩大。永城煤电债券违约既有客观因素,又有企业自身问题。客观因素主要是突发新冠病毒感染冲击与宏观经济放缓,引发部分行业和企业经营长时间受拖累,现金流承压;但就企业本身看,资产负债结构失衡,自身造血能力不足,内部治理不完善,导致企业财务不稳健,抗风险能力弱,甚至不排除存在恶意"逃废债"等行为。

资料来源:王金安,陈蕾.金融风险管理[M].北京:中国人民大学出版社,2021.

2. 流动性风险

(1)流动性风险的含义。流动性风险是金融机构更容易面临的风险,是金融机构管理过程中天然存在的最基本的风险种类之一,它主要是指经济主体由于金融资产流动性的不确定性而遭受经济损失的可能性。在商业银行系统内,流动性风险是指商业银行无力为负债的减少或资产的增加提供融资而造成损失或破产的风险。原中国银监会于2009年发布的《商业银行流动性风险管理指引》对流动性风险的定义为"流动性风险是指商业银行虽然有清偿能力,但无法及时获得充足资金或无法以合理成本及时获得充足资金以应对资产增长或支付到期债务的风险"。

流动性风险如果得不到控制,就会引发令银行界望而生畏的挤兑事件。由此可见,由流动性的不确定性变动带来的金融风险也是危害严重,需要对流动性风险进行管理。

(2)流动性风险的类型。流动性风险的根源在于负债与资产的不对称性,是流动性供给与流动性需求不匹配导致的,当流动性需求远远超过流动性供给时,就会发生流动性风险。因此,流动性风险可分为资产流动性风险和负债流动性风险。

资产流动性风险是指资产头寸在市场深度不足或市场崩溃时,无法在不显著影响市场价格的情况下快速变现的风险。

负债流动性风险包含两层含义,第一层含义指金融机构(尤指商业银行)的偿付能力不够而产生的风险,第二层含义是商业银行的融资能力问题,即无法迅速以较低成本借入资金的能力,需偿付到期款项时不能够以充裕的资金进行结算的可能。

延伸阅读9-3

海南发展银行因支付危机破产

1998年6月21日,中国人民银行发表公告,关闭刚刚诞生2年零10个月的海南发展银行。这是新中

国金融史上第一次由于支付危机而关闭一家银行。

海南发展银行成立于1995年8月,是海南省唯一一家具有独立法人地位的股份制商业银行,其总行设在海南省海口市,并在其他省市设有少量分支机构。它是在合并原海南省5家信托投资公司的基础上,吸收了40多家新股东后成立的。该银行成立时的总股本为16.77亿元,海南省政府以出资3.2亿元成为其最大股东。关闭前有员工2 800余人,资产规模达160多亿元。

如此一家银行,为什么开业不到3年,就被迫关闭了呢?

事实上,早在海南发展银行成立之时,就已经埋下了隐患。成立海南发展银行的初衷之一就是为了挽救一些有问题的金融机构。1993年,海南的众多信托投资公司由于大量资金压在房地产上而出现了经营困难。在这个背景下,海南省决定成立海南发展银行,将5家已存在问题的信托投资公司合并为海南发展银行。据统计,合并时这五家机构的坏账损失总额已达26亿元。有关部门认为,可以靠公司合并后的规模经济和度化管理,使它们的经营好转,从而摆脱困境。1997年年底,遵循同样的思路,有关部门又将海南省内28家有问题的信用社并入海南发展银行,从而进一步加大了其不良资产的比例。

在海口,商业银行的数量非常多,竞争激烈,因此,海南发展银行走上了恶性竞争的道路。在海发行未兼并托管城市信用社之前,各信用社无一例外地采取了高息揽储的方式吸引存款,有的年利率高达25%。但信用社的贷款利率并不高,这就直接造成了多数城市信用社高进低出,贷款利息收入并不能覆盖所有的存款成本只能靠新的高息存款支付到期的存款,然后再吸入高息存款,进入了严重违背商业规律的恶性循环。于是,资不抵债、入不敷出,无法兑付到期存款,成了信用社的通病,并严重影响社会安定。这也正是中国人民银行决定兼并海发行、托管信用社的最直接原因。但是合并后成立的海南发展银行,并没有按照规范的商业银行机制进行运作,而是大量进行违法违规的经营。其中最为严重的就是向股东发放大量无合法担保的贷款,许多贷款的用途根本不明确,实际上是用于归还股东入股时临时拆借的资金。所以,海发行的资本金实际上是股东上交后又以这种违规贷款的方式拿走,导致银行资本金不足。

由于上述原因,海南发展银行从开业之日起就步履维艰,不良资产比例大、资本金不足、支付困难、信誉差。在有关部门将28家有问题的信用社并入海南发展银行之后,海发行明确规定,只保证28家信用社储蓄存款本金和合法利息的支付。但一些储户却不这样想,他们将钱存入信用社,就是为了获高息。

1998年春节过后,不稳定的因素开始出现了。一大早,在海发行的营业网点排成长队的取款人便成为一个话题,从而导致人们心理的恐慌,恐慌的心理又反过来增加了储户的取款。于是,海发行出现了"挤兑"。持续几个月的挤兑耗尽了海南发展银行的准备金,而其贷款又无法收回。

为保护海南发展银行,国家曾紧急调拨了34亿元人民币抵御这场危机,但只是杯水车薪。为控制局面,化解金融风险,国务院和中国人民银行当机立断,宣布1998年6月21日关闭海南发展银行。从宣布关闭海南发展银行起至其正式解散之日前,由工商银行托管海南发展银行的全部资产负债。6月30日,在原海南发展银行各网点开始了原海南发展银行存款的兑付业务。由于公众对工行的信任,兑付业务开始后并没有造成大量挤兑,大部分储户只是把存款转存工行,现金提取量不多。

资料来源:努力的小孩.海南发展银行倒闭的原因[EB/OL].(2017-02-09)[2022-12-19].http://www.360doc.com/content/17/0209/00/35773701_627791860.shtml.

3. 操作风险

不同机构对操作风险的定义还存在一定的分歧,但是业界对操作风险应包括的基本内容已达成一定的共识,以巴塞尔协议Ⅱ对操作风险的定义为主要代表,操作风险是指金融机构由于人员失误、外部事件或内部流程及控制系统发生不利变动而可能遭受损失的风险。原中国银监会于2007年发布的《商业银行操作风险管理指引》对操作风险进行了以下定义,因不完善或有问题的内部程序、员工和信息科技系统,以及外部因素造成损失的风险。

操作风险的表现形式主要有内部欺诈,外部欺诈,雇员活动和工作场所安全性风险,客户、产品及业务活动引起的操作风险,实物资产损坏,营业中断和信息技术系统瘫痪,执行、交割和流程管理中出现的操作风险。操作风险存在于金融业务的各个方面，具有普遍性。此外，承担操作风险并不能给金融机构带来潜在盈利，因此对它的管理策略应该是在一定的管理成本约束下，尽可能降低操作风险。

操作风险真正进入金融风险管理范围的时间较短，大概在20世纪末，但其极大的危害性极让它在较短的时间内就受到监管者和风险管理者的高度重视，并自巴塞尔协议Ⅱ起，必须独立计量监管资本，抵御操作风险。

延伸阅读9-4

巴林银行破产

巴林银行(Barings Bank)创建于1763年，素以发展稳健、信誉良好而驰名，由于经营灵活变通、富于创新，巴林银行很快就在国际金融领域获得了巨大成功。截至1994年，其税前利润高达15亿美元，其核心资本在全球1 000家大型银行中排名第489位，然而，如此一个金融巨头在1995年2月26日破产了，以1英镑的象征性价格被荷兰国际集团(ING)收购。导致其倒闭的关键人物是——Nick Leeson。

Leeson于1989年到巴林银行工作，时任新加坡分行期货与期权交易部门总经理，巴林银行原本有一个"99905"的错误账户，专门处理交易过程中因疏忽造成的错误，这本是金融体系运作过程中正常的错误账户。1992年夏天，伦敦总部要求Leeson另设立一个"错误账户"，记录较小的错误，并自行在新加坡处理，以省却伦敦总部的麻烦，于是Leeson又设立了一个"88888"的错误账户。几周后，伦敦总部重新要求新加坡公司用原来的"99905"的账户，而已经建立的"88888"账户却未被撤销，这个账户就成了Leeson赔钱的"隐蔽所"。

1992年7月17日，Leeson手下一名交易员犯了一个错误：当客户要求买进20手日经指数期货合约时，交易员却卖出20手，该错误当晚清算时被Leeson发现，以当日收盘价计算已亏损2万英镑，要纠正错误需买回40手合约，在种种考虑下，Leeson决定利用"88888"账户掩盖错误。此后，类似的失误都被记入"88888"账户，Leeson不想将这些失误泄漏，但账户里的损失额像滚雪球一样越来越大。如何弥补这些错误，躲过伦敦总部内部审计，以及应对新加坡证券期货交易所要求追加保证金问题成了Leeson头疼的问题。Leeson一边进行违规交易，一边造假蒙蔽巴林银行的审计人员。

从1994年年底开始，Leeson认定日经指数会上涨，大量购买日经指数期货，然而1995年1月18日，日本神户大地震，日经指数在一周内下跌了7%，使得Leeson在日经指数上的多头暴露亏损巨大。此时Leeson试图以一人之力将市场扳回，购买了更为庞大的多头头寸，并卖空日本政府债券期货合约。

但是，1995年2月23日，Leeson影响市场走向的努力彻底失败，日经指数暴跌，Leeson留下8.3亿英镑(14亿美元)的亏损，是当时巴林银行资本金的两倍。巴林银行被迫宣布破产。

从制度上看，巴林最根本的问题在于交易与清算角色的混淆。Leeson在1992年去新加坡后，任职巴林新加坡期货交易部兼清算部经理。作为一名交易员，Leeson本来应有工作是代巴林客户买卖衍生性商品，并替巴林从事套利这两种工作，基本上是没有太大的风险。因为代客操作，风险由客户自己承担，交易员只是赚取佣金，而套利行为亦只赚取市场间的差价。一般银行对于其交易员持有一定额度的风险部位的许可，但为防止交易员在其所属银行暴露在过多的风险中，这种许可额度通常定得相当有限。而通过清算部门每天的结算工作，银行对其交易员和风险部位的情况也可予以有效了解并掌握。但不幸的是，Leeson却一人身兼交易与清算二职。

Leeson之所以能够进行这种不恰当的金融衍生品交易，完全是因为巴林银行漠视操作风险，未能对如交易岗位及簿记岗位这样的不相容岗位进行分离。所以操作风险也会产生非常严重的影响。在巴林银行破产之后，巴塞尔协议也增加了对操作风险的资本金要求。

资料来源：雨非林.巴林银行破产案例分析[EB/OL].(2017-10-14)[2022-12-19]. https://www.weivol.cn/2017/10/barings-bank/.

4. 市场风险

原中国银监会于 2004 年发布的《商业银行市场风险管理指引》第三条认为,市场风险是指因市场价格,比如利率、汇率、股票价格和商品价格的不利变动而使银行表内和表外业务发生损失的风险。但是,由于市场风险主要来源于参与的市场和经济体系所具有的明显的系统性风险,市场风险难以通过分散化投资的方式来完全消除。

市场风险详细内容已在其他章节进行详细讲解,在此不再赘述。

5. 其他风险

除了信用风险、流动性风险、操作风险、市场风险,战略风险、声誉风险、法律风险、合规风险和国家风险等也成为以商业银行为代表的金融机构所关注的风险。

战略风险是指金融机构在追求短期商业目的和长期发展目标的系统化管理过程中,不适当的发展规划和战略决策所带来的对金融机构未来发展的潜在威胁。在实际操作中,战略风险可以被理解为两层意思,一是金融机构发展战略的风险管理,即针对金融机构面临的内部和外部情况,系统地识别和评估它所制定的战略存在的风险;二是从战略的角度管理金融机构的各类风险,如市场风险、信用风险、操作风险和流动性风险,保障金融机构的稳定运营。

声誉风险是指由意外事件、机构政策调整、市场表现等产生的负面结果,可能对金融机构的声誉造成损失的风险。声誉风险一般是受其他风险影响所产生的风险,它对金融机构的影响是巨大而深远的。遭遇声誉风险的金融机构在极端情况下可能会遭遇挤兑。相对来说,声誉风险比其他风险更加难以衡量、控制乃至预测。

法律风险是一种特殊的操作风险,它是指在金融机构的日常经营过程中,无法满足或违反法律要求,导致金融机构无法履行合同,引发争议甚至法律纠纷,给金融机构带来经济损失的风险。

合规风险是指金融机构违反外部监管规定和原则,而招致法律诉讼或遭到监管机构处罚,进而产生的不利于金融机构实现商业目的的风险。

国家风险也称国别风险、主权风险,是指经济主体在与非本国交易对手进行国际经济与金融往来时,因别国经济、政治和社会等方面的变化而遭受损失的风险。

(二) 按照金融风险的性质进行分类

按照金融风险的性质进行分类,可以分为系统性金融风险和非系统性金融风险。

1. 系统性金融风险

系统性金融风险又称不可分散金融风险,是指能产生使整个金融系统,甚至整个地区或国家的经济主体遭受损失可能性的风险。系统性金融风险是一种破坏性极大的金融风险,它隐含着金融危机的可能性,直接威胁着一国经济安全,通常由金融投资者自身不能控制的一些因素而引起投资报酬的变动。这些不可控的因素主要是政治、经济、自然灾害和突发事件等,其不利影响可能造成经济金融的大幅度波动,产生宏观层面上的金融风险。

2. 非系统性金融风险

非系统性金融风险又称可分散风险,是指某个产业或企业特有的风险。对于这类风险,投资者可以通过实行多样化的策略来避免遭受损失。"特有"是指这种风险的产生一般都是由经济行为主体经营管理不善、客户违约等造成的,只是个别风险,一般不会对市场整体产生影响。投资者可以通过分散化投资或转换投资品种来消除这种风险,即不要将所有鸡蛋

9-1 银保监会拟修订银行业金融机构国别风险管理办法 高国别风险准备计提比例为 40%

都放在同一个篮子里,操作风险、信用风险等都属于非系统性风险。此外,需要特别注意分散投资的程度和分散投资的品种选择,可以根据具体情况的不同来区别对待。

9-2视频:
金融风险分类

四、金融风险产生的原因

(一)信息具有不对称性

信息不对称是产生金融风险的重要原因之一。信息经济学认为,现实世界中信息是不完全的,或者是不对称的,即当事人一方比另一方掌握的信息多。信息不对称必然产生逆向选择和道德风险。逆向选择是必然造成风险损失。而借贷市场的道德风险有三种具体表现形式:一是改变资金用途;二是有还款能力的借款人不愿意归还银行贷款;三是借款人取得资金后,对于借入资金的使用效益不负责任,致使借入资金发生损失。道德风险三种表现形式的最终结果便是金融风险的产生。

(二)金融资产价格具有波动性

许多金融风险都与金融资产价格的过度波动相关,金融资产价格的急剧下跌是金融危机的一个重要标志。金融资产价格波动性的原因主要集中在四个方面:一是金融市场上投机活动的存在;二是金融市场存在大量信用和杠杆交易;三是宏观经济的不稳定;四是存在市场操纵行为,通过操纵市场,创造虚假交易繁荣和虚假价格,操纵者从中牟取利益。

(三)金融体系本身具有不稳定性

金融体系不稳定及其危机是经济生活的现实,经济繁荣时期就已埋下了金融动荡的种子。在经济发展的初期,贷款人的贷款条件越来越宽松,企业也充分利用宽松的信贷环境多借款。但是到了经济发展的后期,这些贷款无法偿还会导致金融中介机构经营状况的恶化,随后传导到经济中的各个方面,从而带来全面的经济衰退。金融体系本身的不稳定性就蕴藏着金融风险,存在金融危机爆发的可能性。

(四)金融监管不够完善

金融监管与金融风险是此消彼长的关系,即放松监管或监管不力必然加大金融风险,而金融风险的大量出现又加大了金融监管的难度。现在各种新技术新领域与金融的结合,不断衍生出新的金融产品,金融监管的步伐永远都会滞后于金融业务的创新,所以金融监管总是存在不完善之处,这也会导致金融风险的产生。

五、金融风险的影响

(一)对微观经济的影响

1. 金融风险会导致直接经济损失和潜在损失

金融风险会带来直接经济损失。例如,经济主体购买股票后,股价大跌;买进外汇进行套汇或套利时,汇率下滑等,都会给行为人造成重大损失。金融风险也会带来潜在损失。例如,一家企业可能因贸易对象不能及时支付债务而影响生产的正常进行;一家银行存在严重的信用风险,会使消费者对存款安全产生担忧,从而导致银行资金来源减少,业务萎缩等。

2. 金融风险增大了经营管理成本和交易成本

金融风险不确定性的存在加大了经济主体收集信息、整理信息的难度,这就导致经营管理成本和交易成本的增加。一方面,经济主体在实施某计划和决策过程中,如果金融风险导致市场情况发生变化,那么必须适时调整行动方案,一些计划必须修改,一些计划必须放弃,这就增大了管理成本;另一方面,由于资金融通中的不确定性,许多资产难以正确估价,不利于交易的顺利进行,增大了交易成本。

3. 金融风险降低了资金利用率

为了应对风险损失,企业都持有一定的风险准备金,这部分资金是无法用于业务创造收益的。对于银行等金融机构而言,由于流动性的不确定性,难以准确安排备付金的数额,往往导致大量资金闲置。此外,由于对金融风险的担忧,一些消费者和投资者往往持币观望,从而也就造成社会上大量资金闲置,增大了机会成本,降低了资金的利用率。

(二) 对宏观经济的影响

1. 影响金融秩序

严重的金融风险还会引起金融市场秩序混乱,破坏社会正常的生产和生活秩序,甚至让社会陷入恐慌,极大地破坏生产力。1997年发生的东南亚金融危机造成了严重后果,使世界经济增长率下降了1个百分点以上,受影响严重的国家,其经济增长率都下降了2个百分点以上,有的国家,经济更是因此倒退了10多年。因此,金融风险会对国家的金融秩序产生不同程度的影响。

2. 影响宏观经济政策的制定和效果

政府对宏观经济的调节在一定程度上也就是对市场风险的调控。金融风险反过来又影响着宏观政策,它既增加了宏观政策制定的难度,又削减了宏观政策的效果。一方面,从宏观政策的制定来看,金融风险导致市场供求的经常性变动,政府难以及时、准确地掌握社会总供给和总需求状况,以作出决策。另一方面,从政策效果来看,金融风险通常导致决策效果滞后,而且,在政策的传导过程中,金融风险有可能导致传导机制中的某些重要环节(如利率、汇率、信用等)出现障碍,从而导致政策效果出现偏差。

9-3 东南亚金融危机

3. 影响国际收支

金融风险特别是国际金融风险,直接影响着一个国家的国际收支,影响着该国国际经贸活动和金融活动的进行和发展。其主要表现在以下几个方面:一是汇率的上升或下降影响着商品的进出口总额,从而影响到一个国家的国际收支平衡表;二是利率风险和汇率风险也会引起国内外资本的流入和流出,从而直接影响着一国的资本项目;三是汇率的波动将会引起官方储备价值增加或减少。因此,国际金融风险也影响着国际收支的平衡项目。

第二节 金融风险管理方法

一、金融风险管理的含义

金融风险管理是指通过实施一系列的政策和措施来控制金融风险以消除或减少其不利影响的行为。对金融风险管理的含义应从不同角度和不同层面加以理解。

金融风险管理根据管理主体不同分为内部管理和外部管理。金融风险内部管理是指作为风险直接承担者的经济个体对其自身面临的各种风险进行管理,内部管理的主体是金融机构、企业及个人等金融活动的参与者,尤以金融机构的风险管理为代表;金融风险外部管理主要包括行业自律管理和政府监管,其管理主体不参与金融市场的交易,因而不需要对其自身的风险进行管理,而只是对金融市场的参与者的风险行为进行约束。

自20世纪70年代以来,随着国际金融市场环境的变化,金融活动范围不断扩大,金融风险不断增加且日趋复杂化,不断推动着金融风险管理理论与实践向前发展,从传统的风险管理步骤发展到现在的系统的全面风险管理框架。对不同的金融风险主体,由于所处的金融风险环境不同,其选择的金融风险管理方法及其组合也不一样。本节主要站在金融机构的角度,对金融机构面临的信用风险、流动性风险、操作风险进行主要风险管理方法的介绍。

二、信用风险管理方法

20世纪90年代,公司倒闭结构性增加、脱媒效应显现、竞争白热化、担保能力下降、金融衍生品急剧膨胀、信息技术飞速发展等因素促使人们加强了对信用风险的研究,对信用风险的管理,主要是做好风险分散、风险转移及风险补偿三种策略,下面将介绍与这三种策略匹配的信用风险管理工具。

(一)风险分散的工具

风险分散是风险管理过程中最常见的方法,也是最简单易行的。

通常的做法就是运用资产组合理论在不同的资产组合中对收益和风险进行比较,在风险评价的基础上,将所选择的资产划分等级,目的是追求收益最大、风险最小的最优资产组合。风险分散管理方法所坚持的原则是"不要把所有鸡蛋放在一个篮子里",在实践中,重点是做好资产组合的管理。

(二)风险转移的工具

风险转移是指经济主体通过各种金融工具和方法将信用风险损失转移给其他经济主体、保证人或投资者的一种风险处理方式。传统的信用风险转移大多数将风险转移给保证人或者是要求提供抵押和质押,但这种方式仅能降低信用风险,无法消除全部或绝大部分的信用风险。

一般来讲,可以利用以下几种信用衍生品进行信用风险的转移。

1. 信用违约互换

信用违约互换(CDS)是国外金融市场中最流行的信用衍生产品,是在一定期限内,买卖双方就指定的信用事件进行风险转换的一个合约。信用风险保护的买方在合约期限内或在信用事件发生前定期向信用风险保护的卖方就某个参照实体的信用事件支付费用,以换取信用事件发生后的赔付。

在信用违约互换交易中,违约互换购买者将定期向违约互换出售者支付一定费用(称为信用违约互换点差),而一旦出现信用类事件(主要指债券主体无法偿付),违约互换购买者将有权利将债券以面值递送给违约互换出售者,从而有效规避信用风险。信用违约互换的种类包括交易量最高的CDS指数合约、一篮子信用违约互换与二项数字违约互换,它们在信用风险转移方面发挥了重要的作用。

延伸阅读9-5

渣打、花旗分别开展CDS和"北上"互认基金首笔业务

渣打银行(中国)有限公司2017年9月12日称,其与中国工商银行成功开展了信用违约互换(CDS)交易,这是外资银行在中国开展的首笔信用违约互换交易。

花旗银行(中国)有限公司当日则宣布,其正式与交银施罗德基金管理有限公司签订销售代理协议,将在其零售网点代理销售施罗德亚洲高息股债基金,成为中国内地基金与香港基金互认机制下,首家推出多元化资产"北上"互认基金的银行。

2016年9月中国版CDS正式面世,渣打中国于2017年8月初获得信用风险缓释工具核心交易商资质,成为首批获得该资质的外资银行。该行此次开展的CDS交易名义本金人民币2 000万元,交易参考实体涉及电力行业,交易期限为一个月。

渣打中国金融市场部总经理杨京表示:"信用违约互换作为最主要的信用风险缓释工具之一,是目前全球交易最为广泛的场外信用衍生品,具备流动性强、定价透明、可以有效对冲信用风险并化解系统性风险的优点。虽然该产品在中国尚处在发展初期,但在支持实体经济及鼓励金融创新的大背景下,我们对该产品的发展潜力和前景充满信心。"

而花旗代销的施罗德亚洲高息股债基金,是目前所有获批的"北上"互认基金中,唯一一支多元化资产基金,可广泛布局包括股票、债券、货币、房地产投资信托在内的各类资产,可通过主动资产配置和灵活的风险对冲管理,捕捉亚洲成长机会。

花旗中国零售银行业务总监徐旻称:"近年来,在国家大力支持'一带一路''经济全球化'等倡议的背景下,国内消费者开始逐渐拓宽全球化视野。我们感受到越来越多中国客户希望通过全球化、多元化的资产配置实现财富的保值和增值。花旗银行非常乐意为客户提供全球范围内丰富的投资选择。"

资料来源:姜煜.渣打花旗分别开展CDS和"北上"互认基金首笔业务[EB/OL].(2017-09-12)[2022-12-19]. https://www.sohu.com/a/191437011_123753.

2. 总收益互换

总收益互换(TRS)是指信用风险保护的买方在协议期间将参照资产的总收益转移给信用风险保护的卖方,总收益可以包括本金、利息、预付费用及因资产价格的有利变化带来的资本利得;作为交换,信用保护卖方则承诺向对方交付协议资产增值的特定比例,通常是伦敦银行间同业拆借利率(LIBOR)加一个差额,以及因资产价格不利变化带来的资本亏损。

3. 担保债务凭证

担保债务凭证(CDO)最早产生于20世纪80年代末的美国,随后在美国、欧洲和亚洲一些国家迅速发展起来。CDO是以公司债、企业贷款或其他有价证券的债权资产为担保品所发行的债权凭证,CDO投资人未来各期所获得的利息与本金清偿,应视债权资产、债券、贷款或有价证券的信用风险而定。

在实际应用中,CDO根据参考资产交易目的、现金流量分配等因素,可以分为银行贷款担保证券(CLO)、公司债担保证券(CBO)、合成债权担保证券(SCO)及证券化资产担保证券。

(三) 风险补偿的工具

风险补偿主要是指对于那些无法通过风险分散、风险对冲或风险转移进行管理,而且又无法规避、不得不承担的风险,投资者可以采取在交易价格上附加风险溢价,即通过提高风险回报的方式,获得承担风险的价格补偿的一种方式。信用风险的补偿是信用风险管理的最后一道屏障。

信用保险是一种主要的风险补偿工具,保险人进行信用放款或信用售货,其债务人拒绝履行合同或不能清偿债务时,保险人对被保险人所受到的经济损失承担赔偿责任。其主要有出口信用保险、抵押信用保险等形式。

三、流动性风险管理方法

对于流动性风险的管理,金融机构主要采取的是风险规避的管理方法。具体的流动性风险管理方法包括资产流动性管理方法、负债流动性管理方法和资产负债流动性管理方法。

(一)资产流动性风险管理方法

从资产负债表来看,所有银行的资产基本可以分为现金资产、证券资产、贷款及固定资产四种。其中固定资产通常只占很小的比重。资产的融资流动性风险管理,就是将资金在前三类金融资产中进行合理分配,从而保持合理的流动性。

资产管理策略就是通过提高资产的变现能力、"储存"流动性来满足银行的流动性需求。该策略所采取的主要措施是保留一定量的现金、超额准备金和大量持有信誉好、流动性强、易变现的债券或国库券。当银行流动性需求突然增加,超出银行正常资金备付时,可以通过出售部分国债来满足流动性需求。

资产管理策略是比较传统也是银行常用的一种流动性管理策略。该策略的最大优势在于,当银行遭遇到流动性压力时,通过资产变现迅速满足流动性需求,银行拥有较大的自主权。但是,持有的流动性过多,会降低银行资产的收益率,因此,银行在持有流动性资产时需要平衡资产的流动性与盈利性。

银行保持资产流动性的方法主要有三种。

1. 保持足够的现金资产和短期有价证券

现金资产被称为第一准备,具有十足的流动性。银行持有的短期有价证券被称为第二准备,一般是指到期日在1年以内的债券,主要是1年以内的政府公债,其流动性仅次于现金资产。第一准备加第二准备就是银行的总准备,银行的总准备减去必须上交到中央银行的法定准备金就是超额准备金。超额准备金就是商业银行可以用来应对流动性风险的资产。

2. 各类资产期限搭配合理

银行资产的期限问题,实质上就是资产的结构问题。银行主要的四种资产有现金资产、贷款资产、证券资产、固定资产,四类资产的流动性程度和期限各不相同。例如,贷款资产的流动性期限一般要比证券投资长,而固定资产的流动性期限一般要比贷款长,现金资产流动性期限最短。期限越长,越难以变现保持流动性,期限越短,盈利性越差。因此,银行要注意使四种不同的资产保持合理的比例,不能全部持有期限很长的资产,也不能全部持有期限很短的资产,既要保证流动性,又要兼顾盈利性。

3. 通过多种形式增加资产流动性

对于一些原本流动性很差的资产,要通过多种形式增强其流动性。例如,一部分抵押贷款或应收账款可以通过证券化的形式在市场上出售,从而大大提高了这部分资产的流动性。资产的证券化使原来流动性很差的资产转换成了流动性较强的证券资产。但资产证券化或其他一些增强资产流动性的方法也存在一定的风险性,银行需要对不同的方法进行比较,选择安全性比较高的方法。

(二)负债流动性风险管理方法

对流动性进行管理,不只对资产进行管理,银行也可以通过对负债的管理来提升流动性,降低流动性风险。

负债管理方法主要有以下几种。第一,开拓和保持较多的可以随时取得的主动性负债,这是银行负债流动性管理最基本和最主要的方法,主要是通过增加借款的方式获得资金,如对于商业银行而言,可以通过发行大额可转让定期存单、发行金融债、同业拆借、央行借款的途径进行主动性负债。第二,对传统的各类存款进行多形式的开发和创新,通过创新,不断吸引客户到银行存款,从而使商业银行获得更多的流动性资金。第三,开辟新的有利于流动性的存款服务,为了增加客户存款,增强负债的流动性,商业银行应在存款服务上进行创新,加强柜台服务,保持与客户的良好关系,稳固存款。

(三) 资产负债流动性风险管理方法

资产流动性风险管理与负债流动性风险管理具有明显的片面性和不足。为此,银行开始采取资产负债综合管理的策略,即将资产与负债、资金的来源与使用等相关方面综合起来加以考虑、统筹安排。对于事前可以预测或控制的流动性需求,如正常客户提取存款、基本客户新增贷款等,银行可以通过适当安排资产结构、保存流动性资产来解决;对于一些突发性的流动性需求,如客户临时性大额贷款、提款要求,则通过主动负债的形式解决。现代的资产负债综合管理方法运用了许多新的管理分析手段。在此主要介绍三种资产负债综合管理方法。

1. 资金池法

资金池法的基本思想是,银行首先将各种负债(资金来源)汇集为一个资金池,再按照银行的业务需要在不同的资产之间进行分配。资金池如图9-1所示。

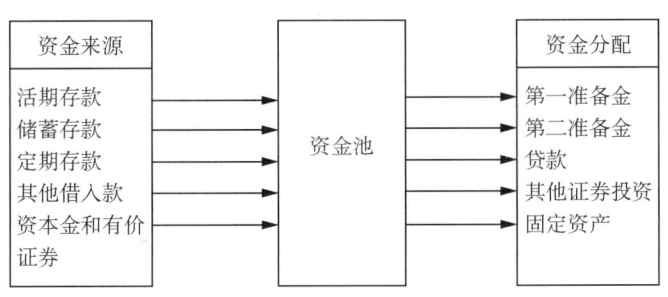

图 9-1 资金池

银行应确定盈利目标和流动性标准,然后根据确定的流动性标准,按照图9-1的顺序分配资金。一级准备金由库存现金、央行存款、同业存放和托收资金组成,是银行流动性的首要来源。二级准备金是非现金性流动资产,主要包括各种短期的公开市场证券,如国库券、市政债券等。这部分资产不仅能够为银行提供较高的流动性,而且可以带来一定的收益,从而可以增强银行的盈利能力。一级准备金和二级准备金共同为银行提供了流动性,剩余资金可以用于投资中长期证券和固定资产。资金在各部分的分配比例还应考察各个银行自身的经营重点和经营方针。资金池重点强调的是资产管理,其缺陷在于忽略了负债方面的流动性,以及忽略了不同来源的资金具有不同的流动性和稳定性。

2. 资金匹配法

资金匹配法是针对资金池法的不足而提出来的。该方法认为,金融机构的流动性状况与其资金来源密切相关。因此,资金匹配法要求银行按资金来源的不同性质确定资金在各项资产之间的分配,实际上是按照资金来源的稳定性进行分配。资金匹配法示意图如图9-2所示。金融机构可以按照不同的资金来源,建立数个"流动性、盈利性中心",每个中心根据自己资金的稳定性对各个资产项目确定相应的资金分配量。

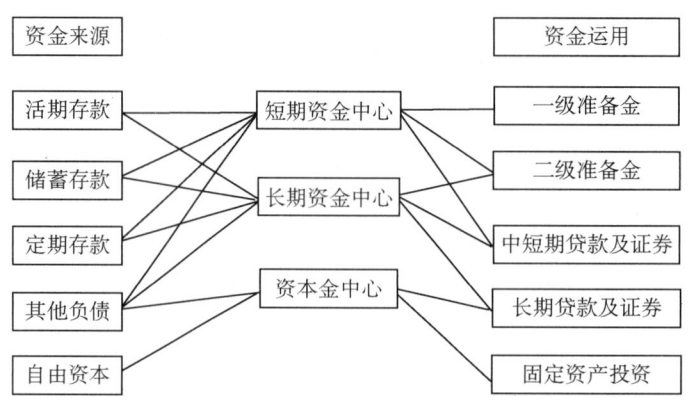

图 9-2 资金匹配法示意图

资金匹配法的主要优点在于从资产和负债两方面统筹安排,从而减少了多余的流动性资产,增加了对贷款和证券投资的资金分配,提高了银行的盈利能力。

3. 线性规划法

线性规划法就是在一定的流动性条件下,采用数学模型来确定各项资产的数量使银行经营目标最大化。建立线性规划模型,首先要建立目标函数,即需要一个明确的最优化目标。对于银行经营而言,资产管理的目标一般是在一定的约束条件下,通过资产配置实现最大盈利。银行的资产负债综合管理涉及的约束条件主要有四方面:第一,金融监管法规的约束,主要是法定准备金率和资本充足率;第二,流动性需求的约束;第三,安全性的约束;第四,贷款需求量的约束。于是根据目标函数和约束条件,就可以建立相应的线性规划模型,再利用线性规划模型的求解技术即可得到该模型的最优解。该最优解表示在既定约束条件下,为实现盈利最大化的目标,在各项资产之间所作的资金分配。通过上述资金配置过程,就可以实现流动性和盈利性的统一。

延伸阅读 9-6

北岩银行流动性风险事件

一、事件描述

北岩银行是英国主要的住房按揭银行之一,其业务模式是向客户提供各种各样的贷款,这些贷款可以有抵押,也可以没有抵押。同时,银行通过吸引存款、同业拆借、抵押资产证券化等方式来融资,并投资于欧洲之外的债券市场,美国次级债也是其重要的投资方式之一。以住房按揭为主打业务的北岩银行,其按揭类型相当细化,住房抵押比例非常高,且利率优惠。

北岩银行于 2006 年年末向消费者发放的贷款占比为 85.498%,加上无形资产、固定资产,全部非流动性资产占比高达 85.867%,而流动性资产仅占总资产的 14.137%,特别是其中安全性最高的现金及中央银行存款仅占 0.946%。在负债方面,北岩银行最主要的两个融资渠道为消费者账户及发行债务工具,特别是债务工具的发行,占比高达 63.651%,而北岩银行的资金来源只有 5%是存款。

北岩银行的贷款利率低于其他贷款机构的重要原因是北岩银行采取了完全依靠全球的金融批发市场及流动性的战略,这在几年前被普遍认为是非常成功的商业模式。但是美国次贷事件发生后,没有银行愿意向北岩银行提供资金,北岩银行头寸不足,只能向英格兰银行求助,消息传出导致北岩银行的投资者与储户丧失信心,股价在短短几个交易日内下跌近 80%,同时出现了英国 140 年来首次挤提。

二、北岩银行发生挤兑的原因

第一,资产流动性差。北岩银行非流动性资产比重过大,这种资产配置方式在市场环境稳定时可以为股东带来更高的盈利,但是一旦银行融资渠道发生问题,无法以合理价格获取资金,并且现有的流动性储备无法满足流动性需求时,银行很难以合理的价格出售资产以获得流动性,在资产方银行流动性不足。

第二,过于依赖负债流动性管理。与资产流动性管理相比,负债流动性管理策略潜藏着更大的风险性。一方面,由于货币市场的利率波动无常,信贷资金的未来变化多端,采取这种方式的银行往往面临借入资金成本不稳定,增加了影响银行净收益的不稳定因素;另一方面,陷入财务困境的银行常常最需要借入流动性,但此时其他金融机构由于考虑到贷款风险,大多不愿向困境中的银行贷放流动资金。资产管理的失误往往只造成银行潜在收入的损失;负债管理策略使用不当,则会使它陷入破产的境地。正是由于负债流动性管理策略本身对银行管理水平要求较高,并且受外界影响更大,一旦管理不当,银行就有陷入破产危机的可能。

第三,融资渠道过于单一。货币市场是北岩银行最主要的融资渠道。由于市场批发资金成本低于通过吸收客户存款获取资金,在全球金融市场流动性过剩的背景下,这种融资方式意味着以更低成本获取资金,也就可以以更低利率发放抵押贷款,提高企业的竞争能力和盈利能力。但是这种过于依赖货币市场、缺少分散化的融资渠道的负债结构,一旦货币市场遭受如次贷危机这样的冲击,市场萎缩,市场流动性下降,银行间的同业拆借大幅减少,拆借利率随之上升,北岩银行就会面临资金短缺,无法以合理的价格获取资金的情况。再加上储户挤兑,其他银行限制对北岩银行的贷款等因素,最终导致银行融资能力枯竭,完全丧失流动性。

第四,对于核心存款的重视程度不够。北岩银行的资金来源只有5%是存款,而其余的钱是靠公司债,没有充足的存款作为补充筹资渠道,银行也没有把同主要债权人的沟通放在重要的位置,导致一旦主要融资渠道无法获得资金,银行缺乏应急机制,迅速完全丧失流动性。

第五,流动性管理期限错配。北岩银行将短期借款放到长期的按揭贷款当中,这种"借短贷长"的经营方式导致资产负债的期限错配。

资料来源:14号文库.流动性风险案例分析——北岩银行[EB/OL].(2019-05-15)[2022-12-19]. https://www.xiexiebang.com/a14/201905152/c91c33332f760329.html.

四、操作风险管理方法

现阶段,操作风险已经是各国金融机构非常重视的一类风险,操作风险管理的兴起也成为全球金融界一个重要的现象。对于操作风险的管理,金融机构主要采取的是风险承担、风险转移和风险规避的管理方法,具体的操作风险的管理主要包括资本金分配、保险和降低经营风险这三种途径。

(一)资本金分配

操作风险资本金分配的出发点是鼓励业务部门积极地增强自身的操作风险管理能力,如果一个业务部门能证明通过自身采取的措施减小了操作风险出现的频率以及损失程度,那么这一业务类别的资本金也就应该有所降低,这样一来会提高业务类别的资本金回报率。

《巴塞尔协议》是商业银行进行资本金管理的重要协议,这一协议的核心思想就是用必要充足的监管资本储备来抵御和覆盖银行面临的主要风险。一家银行操作风险管理的好坏,从监管部门的视角看,最终要体现在该银行是否为其操作风险提足了必要的资本储备,是否达到了最低的监管资本要求。那么商业银行可以根据《巴塞尔协议》及我国资本监管要求为操作风险匹配充足的资本金。

对于资本金如何分配到各部分或业务类型上,方法也有不同,在此介绍得分卡法。在得分卡的方式中,银行先由专家来识别各种风险的主要来源,再对各个业务类别进行提问,通过这些提问,银行可以决定各个业务类别的风险量大小,对于每个答案都要设定分数,每一个业务部门所得的分数都显示了这一业务部门的风险大小,由此就可以设定出这一业务部门的资本金,在可能的情况下,对得分卡的分数要以实际损失为基准进行验证。

但有时无限制地降低操作风险对于管理过程来讲并不一定是最优的,进行操作风险管理是需要费用的,有时降低风险而带来的费用可能超过减少资本金数量所带来的好处,自身的资本金回报率也会降低,这时银行应该鼓励业务部门进行计算以决定自己需要的操作风险资本金,并设法优化自身的资本金回报率。

(二) 保险

保险公司传统上就是银行和证券公司转嫁操作风险的主要对象。近几年来,购买保险单来转嫁操作风险也越来越受到金融机构的重视,而且也获得了监管机构的支持和鼓励。2004年出台的巴塞尔协议Ⅱ中明确规定购买保险成为金融机构操作风险缓释的一种重要手段,在一定程度上可以产生替代资本的作用,因而可以获得监管资本减免。因此,购买保险转嫁操作风险对于金融机构风险管理具有重要意义。

金融机构通过购买针对火灾、地震、恐怖袭击和伤害、盗窃和交通事故等风险事件的保险单,将由此引发的操作风险转嫁给保险公司。此外,保险公司还有专门用于金融机构转嫁由内部人员、系统和流程问题而引发的操作风险的保险单,保险范围覆盖金融机构内部经理人员的责任和诚信、计算机犯罪、未授权交易和人员招聘责任等。近些年,一些保险公司正在努力开发可用于金融机构综合性操作风险保险的产品,如金融机构操作风险保险,覆盖了责任险、诚信保险、未授权活动险、技术险、资产保护和外部欺诈等多方面的操作风险。

(三) 降低经营风险

1. 内部控制方法

操作风险可以来自金融机构的任何一项业务、产品和流程。因此,业务部门自身对其产品和流程的管理和控制成为操作风险管理框架中的重要一环。业务部门对操作风险的管理和控制可以被纳入金融机构内部控制体系。内部控制活动主要表现为与业务管理密切融合的各项规章制度的制定和执行监督活动,因此,内部控制与业务管理活动实际上是融为一体的,业务管理部门承担着内部控制的首要和直接责任,而审计部门则负责对内部控制的有效性进行评估和监督。内部控制覆盖金融机构所有的人员、部门、分支机构、业务线路和流程,甚至负责内部控制本身的管理人员和审计部门也应该受到相应的监督和控制。

具体措施有以下几个方面:第一,提高内部审计部门的独立性,审计部分不应该隶属于某一个部门;第二,健全内部控制制度,风险内部控制制度落后会使整个风险管理体系出现漏洞;第三,管理机构内各个层级的人员,不能忽视对高层管理人员的管理;第四,提升技术水平,不断完善系统,为风险管理提供充分、完整的数据和信息。

2. 外部控制方法

外部控制方法是指通过现场或非现场的方法对商业银行的业务经营情况和财务状况进行监督管理,保证商业银行的正常运转。

在操作风险的管理上,商业银行几乎是全部依赖其内部审计部门,而内部审计部门的独立性往往不如外部审计,从而很难发现风险隐患。而法律在操作风险的控制中没有发挥应有的作用,商业银行对本行发生的案件一般按照内部管理规定处理,多数情况下未向监管部门报告。只有当银行损失无法收回的时候,才会将案件报告监管部门。而且,监管部门的介入会产生较高的成本费用,有时甚至高于案件本身的损失,且监管部门的介入导致的案件曝光会对银行的社会形象有不利的影响。

因此,对于商业银行已经发生的操作风险案件,应该通过监管部门在商业银行之间进行信息共享,防止同类事件的传染和蔓延。

本章小结

本章的主要学习内容是金融风险的管理。通过本章学习,学生应了解金融风险的含义、特征,以及金融风险产生的原因;了解金融风险管理的含义及几类常见的管理方法;掌握分别针对信用风险、流动性风险、操作风险的管理方法。

本章重要概念

金融风险　信用风险　流动性风险　操作风险　风险规避　风险自留　风险补偿
信用违约互换　资金池法　资金匹配法

9-4 中航油事件

9-5 练一练

9-6 练一练答案